Annual Development Report
on China's Cultural Tourism 2021

中国文化旅游发展报告 2021

编　著/中国旅游研究院文化旅游研究基地
河南文化旅游研究院
学术指导/中国旅游研究院

中国旅游出版社

《中国文化旅游发展报告 2021》编辑委员会

《中国文化旅游发展报告 2021》编写组

主　　编： 程遂营

执行主编： 肖建勇

副 主 编： 张　野

参与编写人员（按拼音排序）：

常卫锋　程遂营　郭　缨　郭志刚　李芳娟
李　昊　李　慧　李静静　梁增贤　刘海汀
彭恒礼　宋朝丽　宋文彤　王春燕　王　欢
王景盼　王　伟　王笑天　肖建勇　杨淑雅
杨雨晴　闫莹莹　张文姣　张　野　张英俊

旅游融入文化　非遗重归生活

近年来，值得关注的是博物馆、历史遗址、文化街区和非物质文化遗产受到游客的广泛追捧，汉服走秀、手工木作、风筝放飞等非遗相关活动成为旅游休闲的新亮点。此外，参与非遗活动者不仅有大叔大婶，还有许多高举“颜值正义”的大旗破圈而出的年轻人。古老而传统的文化遗产能不能变得更时尚？可以走轻奢的活化路线吗？文化和旅游的融合之路能够走得更远吗？

一、看见与看见的方式

对上述问题的回答，既要了解旅游消费和文化活动，更需要回到生活场景展开跨界研究。出于对消费变迁和市场趋势的敏感，有两篇文章值得分享。一篇是介绍俄罗斯摄影师“造梦西娅”的森林童话作品。密林深处，小鹿闹进仙女的聚会，静听落叶的私语；露深花重，白孔雀与女孩目光交融，双眸勾勒银河坠落的行踪；山谷秘境，巨熊与花仙抬头远望，等落山风捎过春的讯息。而照片背后的故事呢，则是森林盗猎、动物虐杀、边缘人群的被歧视和自卑感，“对不起，这世上根本就没有童话”。仿佛中国版的《装台》，每个人都喜欢舞台艺术的美好，只有少部分人才会走进幕后看到艺术镜像的真实生活。这位曾经的研究人员，如今拥有国际声誉的摄影师坚信，“这个世界，有些东西应该被看见”。应该被看见的有自然、有历史，还有思想和价值观，而最终哪些能够被看见则取决于我们看见的方式。

另一篇是讲述“容貌焦虑”情境的模特与时尚的话题。年复一年，时尚圈都在试图确立起全新的标准，试图从逐渐大众和庸俗化的既定审美中突围而出。身处俊男美女扎堆的圈子里，一点点能让人记住的特征，往往比精致的外貌更加有用。于是我们看到了“牙缝派”超模第一人劳拉·斯通（Lara Stone），看到了长着扁大鼻子的乌克兰少女巴尤利（BabyUli），还看到了登上《Vogue》封面的中国女孩高其蓁（Tin Gao），宽眼塌鼻、轮廓扁平的容貌，却以柔弱而放松的眼神呈现出“反模（Anti Model）”女性的阴郁之美。世人可以接受不完美的真实，文化遗产还需要极端的还原吗？还有必要保留千百年不变的作业流程、标准和物料吗？落红不是无情物，化作春泥更护花。很多时候，无论我们对曾经的过去如何留恋，文明总是生生不息地永续向前。

时尚太远，抖音很近。因为一位视频制作人日复一日的直播，特别是那句极魔性的开场语，“QQ 弹弹，还能拉丝，好吃又健康的高粱饴”，加上极具诱惑力的示范动作，60 后秒回童年，00 后秒变拥趸。五十年以上的历史，几代人的记忆，这算不算严格意义上的非物质文化遗产。但是这样的表现、传承、创新和当代表现形式确是赢得了年轻人的欢喜，以至于要预约、排队，甚至凭运气才能买得到定量销售的额度。

二、功能的消失与价值的重构

无论是物质的，还是非物质的文化遗产，在其产生、演化和扩散的过程中，无不具有特定的生产生活的功能。毛笔、松墨、砚台是用来写字的，写字是为在公文中表达思想、在家信中表情达意的。今天，电子邮件、微信和抖音取代了传统的信件，键盘、语音取代了笔墨纸砚。随着历史的发展和时代的进步，农耕时代的生产和生活场景已经不再，与之相适应的生产工具和生活用品也失去了其原有功能。最是人间留不住，朱颜辞镜花辞树，原是自然规律，强求不得，非要如《倚天屠龙记》的赵敏那般强留，多数情况下也是无法如愿的。那些已经失去原有的生产生活场景的文化遗产，如果不能重建缅怀和审美之外的其他功用，只是依靠政府保护、公共展示和小众兴趣，该怎样才能走得更远呢？

对非物质文化遗产，当然需要保护和传承，但也不能总想怎么去规范和提高。要相信大众的文化品位，也要相信企业家的商业智慧，当非物质文化遗产因之具有了当代价值和重建的功能，一定会传承下去，也会扩散开来。反之，那些失去了受众基础和年轻人自发传承动力的非遗项目，可能只余下文化标本的价值了。吴天明导演的电影《百鸟朝凤》，我看了两遍，对立意、格局和表演的艺术水准留下深刻的印象。可是除了影片结尾，县文化局派员向主人公宣布他的唢呐套曲列入非物质文化遗产项目外，坐在电影院里的两个小时里，萦绕我的一直都是挥之不去的忧伤。电影里的村庄、河流、芦苇荡，生活在那片土地上讨生活的庄稼人，能够给日复一日的平凡生活带来意义感的唢呐声声，太熟悉，也太令人怀念了。可是走出那片土地，走遍这颗蓝色星球的我清楚地知道：除了一曲挽歌，什么也留不住了，再也回不去了。就像城市化和现代化进程的那些每日都在消逝的自然村落，以及想象中的田园牧歌般的生活方式，还有皮影戏、华阴老腔、拉洋片、吹糖人、草鞋编织、插秧放牛的场景，都在不可逆转地远去。它们或者以文学、音乐、美术和歌曲的形式而成为历史的记忆，或者以官方认定的非遗项目成为文化标本，让我们在凝视历史时得以清楚地看见来时的路，以及路途明亮的灯火和天空中闪耀的星光。

儿时在乡下的玩泥巴、推铁环、跳房子的游戏，是一代人的记忆，再过些年，也会进到博物馆中展陈吧。然而，我清楚地知道，无论多么不舍，这些终究会沉入历史的河床或者升入遥远的星空，成为人类共同的记忆。等我们的子女，子女的子女长大了，他们会有他们的游戏，他们的幸福。在主客共享美好生活的大众旅游新时代，来自异国他乡的游客已经广泛进入目的地城乡居民的休闲场所，他们需要繁华的记忆，更需要触手可及的温暖，以及走向未来的文化、科技与时尚。当旅游越来越深入，越来越广泛地融入文化领域，置身于现代化进程中的非遗十分有必要，也完全有可能变得更加时尚。

三、当非遗遇见旅游

习近平总书记关于文化、文物和旅游工作的重要论述和批示指示精神，为非物质文化遗产的保护、传承、活化和旅游利用提出了总体要求。自 2004 年加入联合国教科文组织《保护非物质文化遗产公约》以来，我国切实履行缔约国责任和义务，按照保护为主、抢救第一、合理利用、传承发展的原则，认定和保护等项工作取得了有目共睹的成就。到目前为止，我国列入联合国教科文组织非物质文化遗产名录（名册）项目共有 42 项，位居世界第一，列入国家级非遗名录代表性项目共计 1570 项，涉及 3284 个子项和保护单位。认定和保护是基础，还要推动非遗保护创造性转化和创新性发展，从生活中来，到生活中去。2014 年的文化遗产日主题是“让文化遗产活起来”，2017 年国家出台《中国传统工艺振兴计划》，2018 年随着文化和旅游部的组建，“非遗＋旅游”成为文化和旅游融合发展的重要元素。按照习近平总书记指示要求，要让收藏在禁宫里的文物，陈列在广阔大地上的遗产，书写在古籍里的文字都活起来，努力展示中华文化的独特魅力。对此，既要有思想的统一，也要有实践的创新。

习近平总书记关于文化、文物和旅游工作的重要论述和批示指示精神，为非物质文化遗产的保护、传承、活化和旅游利用明确了现实路径。文化遗产是一个国家和民族历史文化成就的重要标志，对于文化不能仅停留于开发，更要活化，充分挖掘其深厚的文化底蕴。坚持以人民为中心，不断增加人民群众的参与度和获得感。这就要求非物质文化遗产重归当代生活，在日常场景中重构其功能，重建其价值。这是一个扬弃的过程，既不是让当代人回到过去的农耕时代，也不是原封不动地照搬过去的手工业生产方式，那不现实，也不可能。我们要做的是通过特定节日的特定仪式缅怀过去，是把传统的要素融入当代生活。当远山的涓涓细流汇入江河湖海，它看上去消失了，实际上永生了。现在的非遗保护传承是财政在负担，政府在主导。从财政预算到主管部门，再到行业协会；从法律法规到项目和传承人的评定标准，再到评定专家的组织；从非遗项目的展陈与传播到非遗传承人的培训与提升，有一个组织相当严密，运作非常规范的体系。这是我们的体制优势，各方面都取得了可圈可点的成就。问题是这样一套相马而非赛马的机制，是否也会像科举制那样内卷呢？每个认定的项目都是符合标准和程序的，可是总觉得达不到理想的效果。事实上，从过去几十年政府主导的旅游业制度创新来看，面向市场主体的旅游饭店星级的划分与评定、旅游景区等级的划分与评定，面向行政主体的优秀旅游城市、全域旅游示范区，都是长于分级短于分类。也许该是反思单一行政力量主导非遗保护与传承，市场机制在非遗利用与活化进程中缺位的时候了。

习近平总书记关于文化、文物和旅游工作的重要论述和批示指示精神，为非物质文化遗产的保护、传承、活化和旅游利用指明了未来的发展方向。每一种文明都延续着一个国家和民族的精神血脉，既需要薪火相传、代代守护，更需要与时俱进、勇于创新。中国人民在实现中国梦的进程中，将按照时代的新进步，推动中华文明创造性转化和创新性发展。无论我们多么留恋过去，时代的河流总要奔腾向前，未来有无限的可能等着我们去创造；无论我们多么强调自身的特殊性，也终要与这颗蓝色星球上的不同国家、不同地区、不同文明对话交流，为人类文明创新发展承担应有的责任。在文化创造和文明发展的过程中，宽容和自由比什么都重要，不能总是自以为是地要求年轻人这个不能做，那个不能做；应该这样做，应该那样做。保护和传承不是为故步自封，更不是为了回到过去，而是要以更加开放的心态，更加宽广的视野，吸收人类创造的一切生产、生活、科技、文化、艺术成就，让更多人沿着任何可能的方向探索。

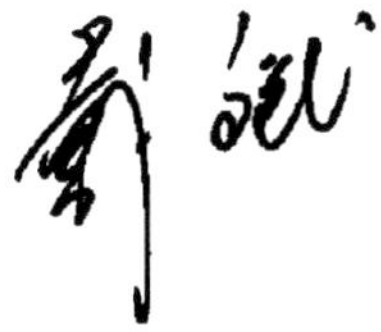

中国旅游研究院院长

2022 年 3 月

目　录

产业篇

市场篇

专题篇

总论 常态化疫情防控下文化旅游发展还有哪些机会

程遂营 肖建勇

毋庸置疑，新冠疫情对文化旅游的冲击前所未有，而且大概率还会持续反复，常态化疫情防控已经成为必然选择。自改革开放以来，我国文化旅游发展从未遇到过如此挫折，旅行社大面积歇业，景区反复关停，酒店市场增长乏力。“经此一疫，旅游业再也回不到过去了”，未来还会有机会吗？本文从“过去未去”“大势所至”“未来已来”三个方面对当前文化旅游发展做一概括和研判，期望能对业界有所启发和帮助。

第一节 过去未去

过去一年，尽管新冠疫情给文化旅游带来越来越大的困难和损失，但即使是泰山压顶，文旅人依然在匍匐前进，持续创新为业界带来一缕缕暖阳。

（一）国风国潮引人注目

2021 年，以《唐宫夜宴》《纸扇书生》《洛神水赋》《龙门金刚》等为代表的“中国节日”系列节目引起大家关注，并且圈粉无数，虎年春晚的《只此青绿》更是把国风国潮推上一个新高度。2022 年，河南卫视又创新推出“中国节气”系列节目，同样引起社会广泛关注。可以说，河南卫视在“广电 + 旅游”领域已经成功探索出一条独特的道路，并走在了全国前列。同时，近年来以网红城市著称的长沙，已经打造多个高能级、高曝光度的国风国潮品牌，譬如茶颜悦色、超级文和友、墨茉点心局、虎头局渣打饼行等，深受年轻人青睐。此外，“只有河南·戏剧幻城”的横空出世被誉为中国文旅界的现象级事件，还被称为中国主题公园行业的全新物种，虽历经多次开城与闭园，但其创新始终广受瞩目，“麦田里的博物馆”使金黄麦穗与文物交相辉映，开创了“文物 + 旅游”全新融合方式。当然，环球影城的开业也是 2021 年中国文旅界的大事件，“话痨威震天”给广大游客带来了不少快乐。

（二）微度假渐成潮流

据开元旅业集团创始人陈妙林介绍，集团旗下 2 家开元森泊度假乐园在 2021 年 10 月份已经全部完成全年营收目标，1400 多间客房共录得超 1 亿元的税后纯利润和超 3 亿元的现金流，成为开元旅业集团最亮眼的黑马。2021 年 11 月 23 日，文化和旅游部正式对外公布首批 58 家等级民宿，其中包括 31 家甲级旅游民宿和 27 家乙级旅游民宿。随着首批等级民宿名单发布，乡村民宿迎来快速发展，各地投资民宿的积极性高涨。河南信阳出台《信阳市人民政府关于促进旅游民宿高质量发展的实施意见》，推动“大别原乡、旅居信阳”目的地建设。同时，越来越多的民宿集聚区开始成为微度假人群的重要选择，“包个小院过大年”化身为虎年春节假期新时尚，黄河宿集、巴谷宿集、秦岭宿集等已经成为具有一定影响力的微度假目的地。

（三）特种市场异军突起

2021 年是中国共产党成立一百周年，也是红色旅游加速发展之年，国务院出台《关于新时代支持革命老区振兴发展的意见》，民航局、文化和旅游部联合印发《关于促进民航业与红色旅游深度融合创新发展的指导意见》，《“十四五”文化和旅游发展规划》《长征国家文化公园建设保护规划》等提出具体促进红色旅游发展的具体举措。与此同时，一批红色文化旅游项目落地开业，譬如赣州方特东方欲晓主题公园、延安红街等。其次是露营旅游如雨后春笋般蓬勃发展，在公园、郊野、河边、树木露营的人络绎不绝，各种露营设备水涨船高，露营地成为投资新风口。此外，北京冬奥会成功带动 3 亿人爱上冰雪运动，冰墩墩更是一墩难求，我国冰雪旅游实现跨越式发展。再者，康养旅游、体育旅游、考古旅游、云旅游等新业态得到快速发展。

第二节 大势所至

进入 2022 年，新冠疫情的影响并没有减弱，而且一波未平一波又起，猴痘病毒出现人际传播现象，再加上俄乌冲突等影响，国际经济形势面临的不确定性因素增加，文化旅游发展环境更加复杂多变，趋势研判越发重要。结合产业实践和政策研究，本文认为以下三个特征值得关注。

（一）全面进入存量调整阶段

有关数据显示，文化旅游投资突飞猛进、高举高打的阶段已经基本结束。地方国有文旅集团正在加紧组建、重组、并购，并扮演越来越重要的资产整合角色。譬如成立不久的河南文化旅游投资集团已经先后收购“只有河南 · 戏剧幻城”和建业电影小镇股份，确保优质头部文旅项目健康可持续发展。民营文旅集团正在加紧与资本市场对接，期望在新兴市场上放手一搏。譬如开元旅业引入红杉资本和鸥翎投资，海昌海洋与私募巨头安博凯直接投资基金（MBK Partners）展开全面合作，管理团队实现大换血。

（二）全面进入目的地整合阶段

随着旅游越来越成为一种学习方式、成长方式和生活方式，旅游目的地已经成为生活环境的总和，主客共享的理念得到越来越广泛的认同，新冠疫情更是加速了这一进程。在地方文化旅游集团中，陕西旅游集团已经形成“游 · 悠然逸境、赏 · 视觉盛宴、憩 · 宾至如归、品 · 饕餮美食、观 · 风云竞技、享 · 智慧旅服”全产业链生态。越来越多的文化旅游集团正在突破传统星级酒店、旅游景区和旅行社的边界，进入到目的地资源全面整合的新阶段，持续把主客共享的高频生活需求纳入到经营范围之中，不断增强企业的弹性专精竞争力。

（三）全面进入内容运营阶段

上海迪士尼“玲娜贝儿”的快速蹿红，北京环球度假区与《王者荣耀》的跨界联动，包括剧本娱乐市场的全面崛起，都在持续表明：文化旅游已经跨越靠山靠水靠仿古的初级阶段，正在进入一个以创意驱动、美学引领、艺术点亮、科技赋能为特征的新阶段，这一阶段中的重中之重就是内容运营。当然，在内容运营上，线上与线下的互动融合必不可少，相互赋能是必然要求。

第三节　未来已来

文化旅游作为人们美好生活的重要组成部分，新冠也好，猴痘也罢，最终都不能阻止人们对美好文化旅游生活的向往和追求。线下不行，则在线上开展云旅游、云展览、云演出、云娱乐；远的不行，就在家门口好去处、郊野公园逛一逛。在常态化疫情防控之下，仍有一些领域值得期待，也有一些机会需要把握。

（一）乡村振兴迎来热潮

众所周知，乡村振兴和城市更新是我国经济高质量发展的重大机遇，也是文化旅游投资的热点领域，但更多的机会还是在乡村振兴。2022 年 3 月 21 日，文化和旅游部等六部门联合印发《关于推动文化产业赋能乡村振兴的意见》，围绕创意设计赋能、演出产业赋能、音乐产业赋能、美术产业赋能、手工艺赋能、数字文化赋能、其他文化产业赋能、文旅融合赋能等提出明确举措。同时，乡村振兴已经引起头部文旅企业的高度重视，并开始战略性布局。譬如携程集团启动“携程度假农庄样本”工程，并计划通过网红村落孵化、乡村旅游线路打造、乡村旅游人才培养、乡村旅游内容创作以及乡村旅游基础设施基金等，全面推进乡村振兴战略；同程集团启动“同程暖村”项目，坐落于苏州太湖边上的“林渡暖村”已经开放运营。

（二）数字化充满机遇

无论愿不愿意，新冠疫情和数字科技都在重塑人们的生产生活方式。2022年，越来越多的文旅机构开始转移到线上，通过数字化运营来创造新产品，实现新发展。一方面是大量的线上云游项目开始运营；另一方面是元宇宙旅游产品开始布局，张家界景区、海昌海洋公园、大唐不夜城、华侨城集团已经率先进军元宇宙旅游。此外，数字藏品成为热点，河南博物院、湖北省博物馆、金沙遗址博物馆以及黄山景区等已经发布数字藏品，并取得良好的市场反响。下一步，随着智能汽车走进日常生活，需要密切关注文化旅游在车载场景中的应用。

（三）小众共鸣快速崛起

大众旅游时代既包括大众化旅游也包括小众化旅游，当前的消费市场社群化特征日趋明显，碎片化现象更加突出，定制化需求越来越旺，小而美项目更容易引起共鸣，恐龙级项目面临越来越大的风险。"小众带大众，度假带观光"成为一种不可忽视产业现象，宁夏选择"星星的故乡"作为主题形象，瞄准的就是一个独特的观星细分市场，但引爆了整个目的地传播。消费升级和消费下沉并不矛盾，功能性消费和意义体验的有机融合，能够更好满足人们对美好生活的向往。

（作者简介：程遂营，中国旅游研究院文化旅游研究基地主任、首席专家；肖建勇，中国旅游研究院文化旅游研究基地副主任）

产业篇

第一章　旅游演艺发展分析与展望

宋文彤　张　野

旅游演艺是文化旅游中内容更新快、创新程度高、受众面广、社会效益佳的领域。旅游演艺不仅是文旅消费的引领者，更是幸福生活的供给者。在“十四五”时期，旅游演艺作为文旅融合的生动样板，迎来了新的发展阶段。在疫情、资本、科技、文化等多重因素的影响下，旅游演艺不断进行自我调整，努力实现高质量发展。

第一节　旅游演艺发展现状

（一）旅游演艺政策利好

2021 年作为“十四五”规划的开局之年，是深入推动文化旅游融合发展的关键之年。旅游演艺作为文化旅游的重要组成部分，已成为国家和省市文旅发展规划及相关政策的重点内容。《中华人民共和国国民经济和社会发展第十四个五年规划和 2035 年远景目标纲要》明确指出:“坚持以文塑旅、以旅彰文，打造独具魅力的中华文化旅游体验……推进红色旅游、文化遗产旅游、旅游演艺等创新发展。”各省市也纷纷将旅游演艺纳入“十四五”文旅发展规划之中，如上海、海南、陕西、甘肃、新疆等省份对旅游演艺发展进行谋划布局。以河南和浙江为代表的一些省市，在“十四五”文旅发展规划中对旅游演艺的发展方向与建设重点予以强调。为加快培育文化旅游消费新业态，推动旅游演艺高质量发展，以福建为代表的部分省市出台《关于促进旅游演艺发展的实施意见》等政策文件，围绕旅游演艺的品牌化、精品化、规范化、市场化、产业化等提出各项建设任务，在体制机制、政策资金、人才培养等方面提供相应的保障措施（见表 1-1）。

此外，《加快培育新型消费实施方案》《关于推动数字文化产业高质量发展的意见》等政策文件提出建设数字化文化产业新型业态，其中，“互联网＋演艺”平台的建设、沉浸式旅游演艺的开发、旅游演艺数字化水平的提升、云演艺业态的培育等，成为旅游演艺发展的新方向。相关政策引导与措施保障，将为旅游演艺发展提供有力的支持。

表 1–1　部分省市“十四五”时期旅游演艺发展规划内容

省市	“十四五”时期旅游演艺发展规划内容
上海市	1. 扩大“演艺大世界”“演艺新空间”的产业集聚和辐射效应，形成驻演和独演品牌，打造亚洲演艺之都； 2. 推动建立一批具有地方特色和艺术优势的本地品牌演艺节目； 3. 建设青浦（长三角）演艺中心，推出“黄浦江旅游”水岸演艺； 4. 依托宋城演艺、世博大舞台等，打造文化演艺博览与滨水生态休闲区； 5. 推进演艺旅游创新发展，鼓励商业综合体引进创新演艺项目，支持和鼓励社会资本新建、改建剧场和演艺新空间，依托演艺场所，做大做强各具特色的驻场品牌，鼓励发展具有文化旅游特色的演艺产品。
浙江省	1. 推动“互联网＋旅游”深度融合，开发云旅游、云演艺等新业态，推广沉浸式体验型数字前沿产品； 2. 利用好中国（浙江）自由贸易区扩区和 RCEP 签署的契机，赋权改革，重点发展娱乐演艺旅游等业态，形成新的增长点； 3. 为旅游产品植入文化元素，推进演艺业进旅游景区； 4. 支持旅游演艺创作，实现 5A 级旅游景区和国家级旅游度假区有 1 台主题演艺节目或特色演艺活动； 5. 推进业态模式创新，发展中小型、主题性、特色类、定制类旅游演艺项目； 6. 壮大演艺经营主体，提升其创意策划、市场营销、品牌打造、衍生品开发的能力； 7. 推出 10 部具有全国影响力的演艺力作，打造 10 个旅游演艺集聚区，培育 10 个品牌音乐节，探索“音乐＋旅游”发展模式； 8. 推动文化演艺进景区，打造“白天观景、夜晚看剧”全天候旅游体验； 9. 国有文艺院团在完成公益任务基础上，参与旅游演艺所获收入可作为绩效工资来源。
河南省	1. 改造提升演艺等传统文化业态； 2. 推动演艺产业上线上云，巩固线上演播商业模式； 3. 推动旅游演艺等提质升级； 4. 大力发展演艺等领域相关装备制造业，增强装备技术供给能力。

续表

省市	“十四五”时期旅游演艺发展规划内容
陕西省	1. 做大做强做靓“陕西演艺”等文化品牌； 2. 做大做强做优陕文投、陕西演艺、曲江文投等国有文化企业； 3. 加快文艺演出院线建设，整合剧场和剧目资源，促进优质演艺资源共建共享； 4. 推动西安打造“中国演艺之都”； 5. 支持利用非遗资源发展乡村旅游等业态，推出一批具有鲜明非遗特色的演艺作品； 6. 培育云演艺、沉浸式体验等新业态； 7. 在《长恨歌》等大型演艺的基础上，结合文化资源，创新一批高品质的文化演艺产品； 8. 推动红色旅游与旅游演艺等融合发展； 9. 大力推广并不断提升《长恨歌》等陕西文化演艺品牌，丰富旅游演艺项目内涵； 10. 推动旅游演艺等文旅融合业态健康发展，提高产业关联度和附加值； 11. 培育演艺精品，推出一批实景演出和驻场演出，因地制宜发展中小型、主题性、特色旅游类演艺项目； 12. 大力发展演艺等领域装备制造业，推进产业融合，增强装备技术供给能力。

资料来源：根据网络资料整理。

（二）旅游演艺加速更新

2021 年，旅游演艺在波动中继续更新的步伐，无论是在数量上还是类型上，都呈现新的变化。从数量上看，2021 年旅游演艺数量显著增加。据不完全统计，截至 2021 年 11 月底，国内新增大、中、小型旅游演艺达 49 台，整体保持较高的增长量和较快的增长速度。就区域而言，新增旅游演艺分布在上海市、河南省、山东省等 20 个省份，特别是山东省、浙江省、江西省分别新增 5 台，高居各省市区新增剧目的榜首。就增长速度而言，2021 年旅游演艺增长速度与往年基本持平，新增剧目台数较为稳定，旅游演艺更新整体处于较高水平。

从类型上看，在多元化消费刺激下，旅游演艺产业的“老三样”——剧场演艺、实景演艺、主题公园演艺加速更迭分化，沉浸式演出、光影夜秀、节庆演出、小剧场演出等旅游演艺新业态持续分化并成为新兴热点。2021 年，宋城演艺集团继续向 ShowPark（演艺主题公园）进军，打造上海宋城演艺王国；“只有河南·戏剧幻城”等 ShowPark 相继开业，不断丰富旅游演艺类型体系。在新上映的旅游演艺剧目中，沉浸式旅游演艺占较大比例，如《寻梦·千年闽越》《海战风云》《亚丁密码》等；实景光影秀与主题光影秀成为诸多旅游景区丰富旅游产品、提升旅游吸引力的主要方式，如《九州船说・相约大海》《剑门长歌》《阿兰拉格达》等；红色旅游演艺成为年度热点与主旋律，如《重庆 1949》《铁道游击战》《巾帼》等。但是，大型实景舞台剧和大型山水实景剧占比相对较小，如《神秘神农架》《天下茶道》《西江盛典》等（见图 1-1、表 1-2）。

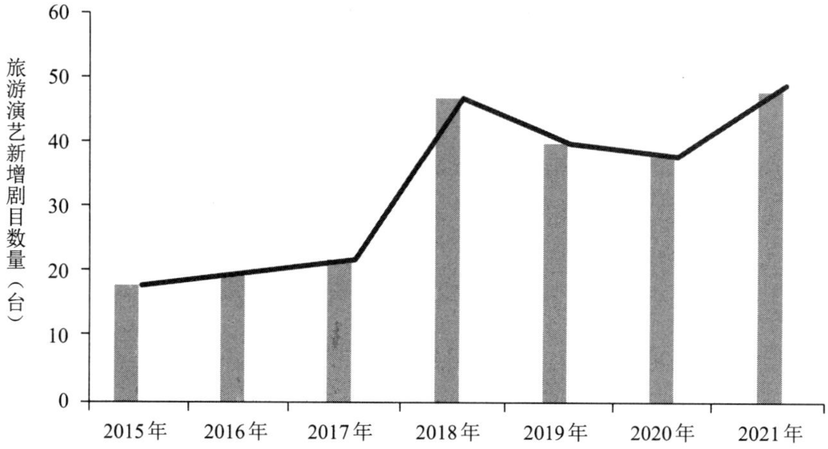

图 1-1　2015—2021 年旅游演艺新增剧目数量随年度的变化

（数据来源：根据道略产业研究院及相关资料整理）

表 1-2　2021 年部分新增旅游演艺剧目

省份	新增旅游演艺的名称
天津	《北洋歇洛克》
河北	《风华涉县》《再回太行》《长城》
山西	《平型关记忆》《太行山上》
上海	《海上生民乐》
江苏	《代号 1921》《心印中华门》
浙江	《今夕共西溪》《醉美太湖》《天下龙泉》《大闹天宫》《如梦上塘》
福建	《寻梦・千年闽越》《海战风云 》
江西	《寻梦滕王阁》《最忆韶山冲》《那年八一》《寻仙缘》《巾帼》
山东	《枪声就是命令》《沂蒙四季》《铁道游击战》《微山湖》《海誓山盟・爱在烟台》
河南	《醉梦云台》《唐宫夜宴》《只有河南・戏剧幻城》

续表

省份	新增旅游演艺的名称
湖北	《神秘神农架》《红色桑植》
湖南	《花开书堂山·光影诗书画》《天下茶道》《千年铁魂》
广东	《九州船说·相约大海》《绮梦》《女王的盛宴》
广西	《青春版刘三姐》
海南	《锦绣天成》
重庆	《三峡之光》《重庆 1949》
四川	《安顺记忆》《亚丁密码》《中国郎·山谷光影秀》《剑门长歌》
贵州	《西江盛典》《夜书·今生缘》
陕西	《延安十三年》
甘肃	《阿兰拉格达》

资料来源：根据网络资料整理。

（三）旅游演艺引领夜游

随着夜间旅游逐渐成为拉动旅游消费、助力旅游复苏的关键点，旅游演艺不断加强与夜游的融合联动发展，并成为夜间旅游发展的增长点和突破点。从整体上看，旅游演艺引领夜游主要体现在以下两个方面：

一是旅游演艺促进夜游市场的形成。从“白天看庙，晚上睡觉”的旅游内容成长为“白天观美景，夜间看演艺”的旅游模式，旅游演艺延长了旅游时间，促进旅游二次消费的产生。在旅游演艺的带动下，城市、景区的夜游内容不断丰富，夜游配套设施不断完善，最终助力夜游市场的形成。例如，在《再回相府》演艺项目的带动下，相府贵宾楼、皇城相府宾馆、郭峪古城景阳商业街等纷纷投入运营，皇城相府旅游区基本形成涵盖夜游、夜演、夜市、夜秀、夜购的夜经济新格局。

二是旅游演艺为夜游经济发展赋能。近年来，上海、云南、河南等省市纷纷出台相关政策文件助推夜间经济发展，将旅游演艺作为点亮夜经济、提升夜间旅游品质、建设夜间文旅消费聚集区的重要消费业态。国内众多地区也加快大、中、小型各类旅游演艺建设的步伐，如《夜上黄鹤楼》《三峡之光》《阿兰拉格达》等演艺成为当地夜间旅游发展的爆点。携程网相关数据显示，2021 年夜游的主题标签分别为主题公园、实景演艺、古镇、夜市、城市观光；十大夜游目的地——洛阳、上海、深圳、广州、西安、武汉、杭州、北京、三亚、成都，无一不具备较为成熟的旅游演艺体系。

（四）旅游演艺曲折复苏

在诸多不可控因素的作用下，2021 年旅游演艺的演出天数、场次、收入等均受到不同程度的影响，但是整体呈现良好的复苏态势。一方面，旅游演艺的发展深受新冠疫情的间歇性影响。疫情防控常态化背景下，文化和旅游部要求严格落实景区内演艺等重点场所的防控，严防疫情通过文化和旅游的途径进行传播。然而，受《魅力湘西》关联病例等影响，自 7 月 30 日起，国内 50 余部旅游演艺停演，武汉、榆林等城市暂停所有演艺；在多地疫情反弹的情况下，《驼铃传奇》《又见平遥》《又见五台山》等 30 余部旅游演艺于 11 月初停演。另一方面，旅游演艺深受极端天气的影响。在暴雨、台风等影响下，《只有爱・戏剧幻城》延迟开业时间，《大宋・东京梦华》《禅宗少林・音乐大典》《中华泰山・封禅大典》等纷纷停演。例如，《大宋・东京梦华》在疫情和暴雨的双重影响下，停演近 50 天（见图 1–2）。

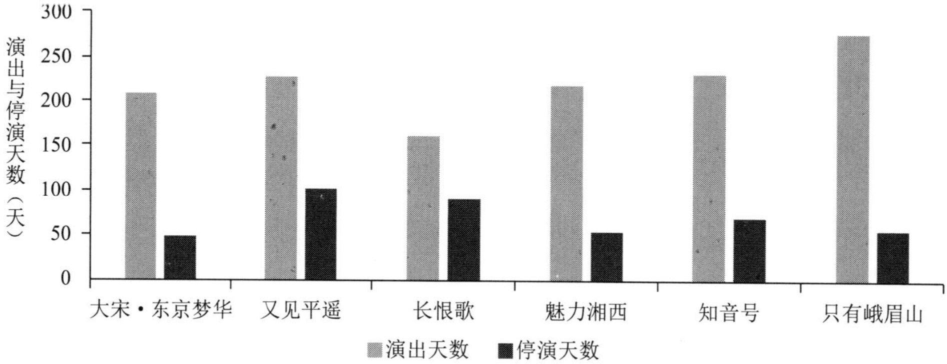

图 1–2　2021 年旅游演艺实际演出与停演天数[①]

（数据来源：根据网络相关经营信息整理）

在国内经济加快复苏、政策效应凸显、免疫屏障逐步建立的背景下，旅游者

① 演出天数统计区间为首演之日至 11 月 30 日

的旅游消费信心回归，旅游消费意愿攀升，带动旅游演艺市场复苏规模不断扩大。2020 年“十一”期间，旅游演艺演出约 2000 场，观演人数为 200 余万，演艺票房约 5 亿元，演艺市场整体恢复至疫前七成水平。2021 年，旅游演艺抓住各大“黄金周”等利好时节，复苏态势明显。例如“五一”期间，旅游演艺达 1600 场，接待观众 240 万人次，票房收入 3.6 亿元，远超去年同期水平。

部分旅游演艺达到较高的复苏水平。例如《大宋 · 东京梦华》2021 年共演出 234 场，约为 2019 年演出总场次的 73% 和 2020 年总场次的 116%;《寻梦龙虎山》在较往年提早一个月收官的情况下，2021 年共演出 200 场，约为 2019 年演出总场次的 67%；2021 年国庆期间，宋城演艺旗下各大“千古情”主秀演出 229 场，营业收入约为 1 亿元，分别恢复至 2019 年同期水平的 80%、75%。

（五）旅游演艺下沉进军

在“双循环”及国内疫情趋于稳定的态势下，国内旅游市场加速重构，都市休闲、周边游的消费热度飙升，直接推动旅游演艺下沉进军。一是旅游演艺从热门景区的“标配”逐步发展为一般性景点的重要产品。随着旅游市场的复苏，2020—2021 年各大景区加速旅游演艺布局，纷纷根据自身实际投入建设旅游演艺项目，特别是中小型旅游演艺项目成为各大景区建设的热点。二是旅游演艺从一线、新一线城市向二三线城市乃至乡村进军，并成为助力乡村振兴的重要手段。据不完全统计，大约 70% 的新增旅游演艺剧目瞄准二三线城市。例如，甘肃省 2021 年加快旅游演艺建设的步伐，省内多个市州相继挖掘当地特色文化资源，打造旅游演艺精品剧目，填补旅游演艺的空白。此外，在 2021 年新增旅游演艺中，《沂蒙四季》《再回太行》等旅游演艺项目选址于乡村，成为助力乡村振兴的重要文化旅游项目。

（六）旅游演艺投资恢复

2021 年，尽管受到新冠疫情的冲击，旅游演艺市场仍不乏新投资项目，轻量资本与重量资本都有流入，并形成以社会资本为主、以政府资本为辅的演艺投资局面。据不完全统计，2021 年投资在亿元以上的新增旅游演艺至少为 15 台，占新增剧目总数的 30% 左右。其中，“只有河南 · 戏剧幻城”以 60 亿元的投资高居演艺投资市场榜首（见表 1-3）。

表 1-3　2021 年新增旅游演艺高额投资项目

序号	省份	演艺名称	投资金额（亿元）
1	河南	《只有河南·戏剧幻城》	60
2	重庆	《重庆 1949》	8
3	江西	《最忆韶山冲》	6
4	湖南	《天下茶道》	4.5
5	贵州	《西江盛典》	3.6
6	福建	《寻梦·千年闽越》	2
7	湖南	《花开书堂山·光影诗书画》	2
8	广东	《九州船说·相约大海》	2
9	重庆	《三峡之光》	2
10	浙江	《如梦上塘》	1.6
11	浙江	《今夕共西溪》	1.5
12	山西	《太行山上》	1.5
13	江西	《寻梦滕王阁》	1.35
14	河北	《再回太行》	1.2
15	甘肃	《阿兰拉格达》	1
16	四川	《剑门长歌》	0.88

资料来源：根据网络资料整理。

第二节　旅游演艺发展特点

（一）红色旅游演艺异军突起

2021 年恰逢中国共产党建党百年，红色旅游演艺成为旅游演艺市场的主旋律。除《井冈山》《延安保育院》《12·12》《二虎守长安》等老牌红色旅游演艺大放异彩，重庆、山东、山西、陕西、河北、江西、湖北等省市也深挖红色旅游资源，重点布局红色旅游演艺项目，传播红色文化，弘扬红色精神。据不完全统计，2021 年新增红色旅游演艺剧目约占年度新增剧目的 31%。围绕中国共产党创建初期、大革命时期、红军长征时期、抗日战争时期、解放战争时期等红色故事，《重庆 1949》《铁道游击战》《微山湖》《八一》《巾帼》《红色桑植》《安顺记忆》《沂蒙四季》《再回太行》《太行山上》《平型关记忆》等红色旅游演艺在 2021 年首演，演出票房与演出场次都取得不错的成绩，真正实现红色文化从“活起来”到“火起来”的转变。以《重庆 1949》为例，2021 年国庆期间共演出 15 场，接待游客 2 万余人次，引领了重庆演艺市场的发展。

（二）沉浸式旅游演艺遍地开花

自《又见平遥》旅游演艺项目推出以来，沉浸式旅游演艺逐渐成为热门领域。2018 年沉浸式旅游演艺井喷式发展之后，沉浸式旅游演艺成为旅游演艺项目的主攻方向。《关于进一步激发文化和旅游消费潜力的意见》提出，将新一代沉浸式体验型文化和旅游消费内容作为重点建设方向；《加快培育新型消费实施方案》明确提出，积极发展沉浸式体验等新业态。在政策引导和旅游消费者体验型消费需求日益旺盛的背景下，旅游演艺逐步通过环境营造、互动、多感官体验、角色扮演等形式打造沉浸式体验。纵观 2021 年新增的旅游演艺剧目，“沉浸式”成为各旅游演艺项目关注的重点。沉浸式大型互动实景演出传奇秀《海战风云》、森林 5D 全媒体行浸式幻彩实景光影秀《花开书堂山・光影诗书画》、革命沉浸式实景剧《那年八一》、浸没式冒险秀《亚丁密码》、江南美学浸润大戏《今夕共西溪》等新剧目，皆以“沉浸式”作为项目标签。在 2021 年新上演的剧目中，有 55% 的项目以“沉浸式”为营销点，其区域范围覆盖福建、重庆、贵州、河南、湖南、山东、河北、广东、江西、四川等省市，并实现从一线城市向二三线城市再到乡村小镇的扩展，从山水旅游资源地向剧院、革命遗址的扩展，基本实现每个省市都有一台沉浸式旅游演艺的布局。

（三）“演艺 +”形式日新月异

演艺可以植入多样化的旅游场景中，一方面为某种旅游场景增添文化内容，另一方面活化某种旅游主题文化，实现旅游场景与主题文化的紧密结合。“演艺+”形式日趋多样，主要表现在：

一是“演艺+景区”。根据景区类型的不同，可以分为“演艺+商业街”“演艺+影视城”“演艺+公园”“演艺+遗址遗迹”等多种形式。例如，在八一南昌起义总指挥部旧址上演的革命旧址沉浸式实景剧《那年八一》就是“演艺+遗址遗迹”的代表。

二是“演艺+夜游”。演艺与夜游在互动中打造旅游亮点，形成旅游核心吸引物。例如，《三峡之光》情景夜游通过建筑集群创意光影、龙门峡夜游演艺等，丰富了长江的夜游体验。

三是“演艺+非遗”。借助传统的民歌、舞蹈、戏剧、曲艺、礼仪、技艺等多种形式的非物质文化遗产，以其作为主题或表现形式，最终达到以非遗丰富演艺的文化内核、以演艺增强非遗生命力的目的。例如，《西江盛典》将苗族历史典故、民间传说、民风民俗、人文景观以及苗族三大舞、三大歌、三大节等特色元素搬上舞台，向观众呈现一场耳目一新的苗族文化盛宴。

四是“演艺+剧本杀”。2020年，剧本杀成为广受热议的休闲方式之一，其特有的故事线、体验感、沉浸感也与旅游演艺发展方向不谋而合，“演艺+剧本杀”的呈现方式不断被搬上舞台。例如：在“知音号”上演的剧本杀《暗礁——长江专场》，其最大的亮点是通过五幕惊心动魄的互动话剧串联起整场剧本；《北洋歇洛克》通过9大民国奇案、超过150个案件分支、全程7小时的高密度情节、随进随出可进度存盘的游玩模式、实时更新的玩家排名和真实的货币系统，为观众深度还原了一个有真实触感的民国世界。

（四）演艺项目集聚特点显著

本年度新一批ShowPark、演艺小镇相继开业，新演艺剧目不断上演，使旅游演艺的区域集聚效应进一步凸显。从整体上看，旅游演艺呈现三大点状集聚区和五条带状集聚区。

一是三大点状集聚区，即北京、上海、西安三大“演艺之都”。早在“十二五”时期，北京就提出打造“东方演艺之都”的设想。“十三五”时期，上海和西安又分别提出建设“亚洲演艺之都”和“中国演艺之都”的口号。“十四五”时期，北京、上海、西安三地的演艺之都建设继续推进。围绕演艺之都的发展目标，紧密布局旅游演艺项目，旅游演艺的区域集聚效应愈发显著。例如，西安已形成集《长恨歌》《驼铃传奇》《秦汉风云》《西安千古情》《秦俑情》《二虎守长安》《黑娃演义》等几十部剧目于一体的旅游演艺之都；在北京，环球影城的演艺项目为北京旅游演艺增加了亮点；在上海，新布局《海上生民乐》等演艺项目，丰富了演艺之都的内容。

二是五条带状集聚区，即长江、黄河、长城、大运河、长征五条带状集聚区。其中，长江和黄河可谓“两河”旅游演艺集聚区。长江和黄河作为中华民族的摇篮，其沿线孕育了悠久深厚的文化和得天独厚的自然景观，以文化为内核，以自然景观为载体，两河沿线的旅游演艺项目不断增加。例如，长江沿线原有《知音号》《烽烟三国》《归来三峡》等旅游演艺，年度新增《三峡之光》《重庆 1949》《神秘神农架》《红色桑植》等演艺。黄河沿线原有《如梦碛口》《又见平遥》《又见五台山》等旅游演艺，年度新增“只有河南 · 戏剧幻城”《延安十三年》《醉梦云台》等演艺，沿线旅游演艺集聚效应凸显。

2019 年《长城、大运河、长征国家文化公园建设方案》公布后，长城、大运河、长征主题相关的演艺也成为建设热点。在《中国出了个毛泽东》《浴血瑞京》《长征组歌》等演艺项目基础上，2021 年《安顺记忆》开演，《夜渡于都河》《伟大的转折》等长征相关主题演艺计划于 2022 年上映，《天下雄关》《长城》《长城谣》等旅游演艺项目沿长城文化带设置，《如梦上塘》《运河四季》《梦回台儿庄》等都是大运河文化带上的典型代表。

（五）科技持续赋能演艺体验

伴随着新一代信息技术产业飞速发展、旅游演艺沉浸式演化、多元性与体验性消费需求高涨，演艺科技在旅游演艺中的使用频次越来越高，高科技创新旅游演艺的表现方式，丰富了旅游者的观演体验，助力旅游演艺提质升级。一方面，演艺科技助力旅游演艺的舞台营造与观演体验，通过激光、全息投影、AR 投影、VR 投影、VR 技术、3D 投影技术、定制化音响、冰屏、LED 屏等多媒体技术，战争特效、水特效、火特效、风沙特效、电特效等演出特效，升降机械、平移机械、飞行机械、动态雕塑、机械臂、活动观众席等舞台机械，为观众打造别开生面的视听盛宴。例如，《今夕共西溪》综合运用全息音响系统、喷泉、雾森、全息投影、仿真技术、多媒体控制等手段，让观众在360° 旋转的座椅上感受实景与虚幻的交互;《相约大海》通过海上巨型冰屏、海上多屏幕移动式组合、海上多轨式移动巨型机械、海上喷泉、水火交融特效、水上爆炸特效等高科技手段，打造海上沉浸式演艺。另一方面，在 5G 赋能、视觉技术升级、AR 与 VR 技术不断创新的背景下，旅游演艺打破时间与空间的限制，朝向“云演艺”方向发展。例如，借助“5G 直播 + 线上互动 + 六地同屏”的形式，通过抖音、央视频移动云、新华社现场云等数字平台同步直播的方式，《长恨歌》《大唐女皇》《出师表》《延安保育院》《黑娃演义》《红色娘子军》等陕旅集团六大演艺实现联动直播，观众可在线上感受旅游演艺的魅力。

第三节　旅游演艺发展趋势

（一）红色演艺持续发力

2021 年，全国各地的红色旅游热度不断升温，旅游搜索指数、旅游人次数、旅游收入持续攀升，有预测指出到“十四五”末期，红色旅游的出游人数有望突破 9 亿人次，旅游收入将突破 1 万亿元，市场潜力巨大。在多样的红色旅游产品体系中，红色旅游演艺是其中重要的板块，具有广阔的旅游客源市场。在红色旅游消费中，旅游消费群体的年轻化、红色演艺较高的偏好度等，使得红色旅游演艺具有较大的消费潜力。中国共产党成立百年以来的红色文化积淀，为红色旅游演艺项目的开发提供了重要的文化内核。现有红色旅游演艺市场的火爆，是未来红色旅游演艺发展的重要基础。因此，面对广阔的客源市场、巨大的消费潜力、丰厚的文化资源、稳定的运营基础，红色旅游演艺也是资本关注与投入的主要领域。未来红色旅游演艺将持续发力，演艺项目不断丰富，观演群体更加稳固。

（二）沉浸式演艺加速增长

在“万物皆可沉浸”的态势下，沉浸式体验成为旅游行业追逐的热点。当前，文旅消费主流群体“Z世代”正在崛起，他们追求体验性、个性化的旅游产品，这将不断加快旅游演艺的更新。而沉浸式旅游演艺具有强烈的故事性、艺术性、参与感、沉浸感等特质，与年轻群体的演艺消费需求不谋而合。在数字媒体技术、舞台装备技术日益成熟的今天，沉浸式设想逐步向沉浸现实转化。在《关于进一步激发文化和旅游消费潜力的意见》《加快培育新型消费实施方案》等政策引导下，沉浸式体验将成为文旅消费的新方向。以政策为指引，以需求为导向，以技术为支撑，加强体验感、交互感、沉浸感的营造等，将成为演艺项目更新与建设的主攻方向。沉浸式旅游演艺未来将进一步普及，并可能成长为主流演出。

（三）“云演艺”常态化发展

在新冠疫情背景下，旅游演艺被动上“云”，通过多种“云”方式呈现演艺台下的故事与演艺精彩片段，借助云演艺的形式发展潜在客源市场并减轻疫情所带来的损失。相比线下演艺，云演艺在时空界限、成本、门槛等方面的优势不断凸显。《关于推动数字文化产业高质量发展的意见》提出，将推动5G+4K/8K超高清在演艺产业中的应用，建设在线剧院、数字剧场，建设“互联网＋演艺”平台，加强演艺机构与互联网平台合作，支持演艺机构举办线上活动，促进线上线下融合。在各省市“十四五”文化与旅游发展规划中，大多将云演艺纳入文旅建设的重点。在政策利好下，5G普及、AR/VR技术不断创新，为云演艺发展提供了机会。当前，云演艺行业运营模式日趋成熟，也为云演艺的发展提供了无限可能。在疫情常态化背景下，云演艺也将常态化发展，构建多层次营销体系与消费市场，推动旅游演艺线上线下融合发展。

（四）文化内容生产日趋多样

当前，旅游演艺的演出形式、舞美、观演形式等不断创新，多元化表达也让观众眼花缭乱。但是，伴随着区域竞争愈加激烈，实现旅游演艺可持续发展还需回归以文化为内核的内容生产。当前，旅游演艺的主题文化丰富多样，历史文化与现代文化、物质文化与非物质文化、精英文化与大众文化、汉族文化与少数民族文化等异彩纷呈。随着新一代旅游演艺消费群体的崛起，动漫、音乐、国潮国风、汉服等成为旅游演艺新兴文化主题。例如，“狐妖小红娘”主题行浸式景区，立足动漫《狐妖小红娘》文化 IP，还原动漫精彩片段，刷新二次元文化的夜游演艺体验。创新选择文化主题，深度挖掘文化内涵，生产优质文化内容，将成为旅游演艺发展的重要方向。而日趋多样的文化内容生产，也将推进讲好中国故事，促进中华文化传播。

（五）演艺精品化提质

旅游演艺以高质量发展为指引，将不断朝向精品化方向发展，着力提升旅游演艺的核心吸引力。旅游演艺精品化体现在四个方面：一是立足当地文化资源，讲好本土故事；二是贴近游客市场，讲好人民群众喜闻乐见的故事；三是关注旅游演艺体验，实现专业性与观赏性统一；四是打造演艺特色，实现思想性与艺术性统一。当下，一些省份正在着力推进旅游演艺精品化。例如，福建省文化和旅游厅《关于促进我省旅游演艺发展的实施意见》明确提出，到 2025 年打造 3 个以上在省内外具有影响力的旅游精品演艺项目；湖北、海南等省份也积极加入旅游演艺精品化建设的队伍。旅游演艺将不断提升场景与内容，协调艺术性与娱乐性，在各种类型中树立精品，追求高质量发展。

（六）衍生产品大有可为

在传统旅游演艺布局下，旅游演艺是一次性观赏品，而衍生产品成为延伸旅游演艺产业链条的重要方式。例如，《知音号》的衍生产品收入约占总收入的一半。除了相继推出 100 年前的经典饮品“和利汽水”、知音号雪糕、知音礼遇·万里茶道、以正剧演出形象为蓝本设计的冰箱贴等文创新品，《知音号》还通过创建“老汉口新民众乐园”“知音婚典”等衍生品牌，以及戏剧教育等方式，不断丰富衍生产品内容。《关于促进旅游演艺发展的指导意见》明确提出，鼓励开发设计与品牌旅游演艺密切相关的服务、道具、工艺品等衍生产品。开发特色 IP 纪念品、文创产品、动漫游戏，打造旅游演艺网红直播等，是旅游演艺衍生品的重要内容。未来越来越多的旅游演艺走上“云”，也将为旅游演艺衍生产品发展提供机会。

第四节　旅游演艺发展案例

（一）宋城演艺

宋城演艺成立于1994年，深耕文化演艺领域已有20余年。旗下现拥有74个各类型剧院175000个座位，创造了世界演艺市场的五个第一——剧院数第一、座位数第一、年演出场次第一、年观众人次第一、年演出利润第一，成功打造“宋城”与“千古情”两大品牌。2010年，宋城演艺在深圳创业板上市，被称为“中国旅游演艺第一股”。

1997年，宋城演艺在宋城景区推出大型歌舞《宋城千古情》，第一次实现了通过在主题公园内修建大剧院实现商业化运营的方式，创造了“主题公园+文化演艺”的经营模式。《宋城千古情》的成功也推动宋城演艺向三亚、丽江、九寨沟、桂林、张家界等城市进军，逐步建成各大演艺公园、《三亚千古情》《丽江千古情》《九寨千古情》《桂林千古情》《张家界千古情》等“千古情”系列演艺项目、《爱在湘西》《爱在丽江》《爱在三亚》等“爱在”系列演艺项目。目前，宋城演艺建设有数十个旅游区、30个主题公园、上百台“千古情”及演艺秀，并拥有数十个文化娱乐项目。回顾宋城演艺的进击之路，有以下几点经验值得行业借鉴：

一是重资产扩张+轻资产运营，并驾齐驱。目前，宋城演艺在一线旅游城市或国家5A级旅游景区，通过自己投资建造主题公园的方式进行重资产扩张，如《三亚千古情》《丽江千古情》等；而在国内二线旅游城市，宋城演艺则主要采用轻资产运营模式，如对《炭河千古情》《黄帝千古情》仅进行品牌、管理和创意输出，并收取2.6亿元服务费用，以及开业后5年期间，每年按照景区收入的20%收取管理费。重资产与轻资产两种不同的运营模式可以降低宋城演艺发展的风险点，实现利益最大化。

二是立足区域文化基础，内容不断更新。无论是“千古情”系列还是“爱在”系列，相似的名字背后却是迥然不同的演艺主题与内容表达。例如，《宋城千古情》围绕良渚、宋皇宫、岳家军、梁祝、白蛇许仙等故事展开演艺；《上海千古情》讲述了战国、民国、新中国等不同时期的上海，演绎上海的前世今生。不同主题下的演艺，因地制宜挖掘当地文化，通过演艺展示当地的文化内涵与特色。同时，为推动旅游演艺能够“常来常新”，各大演艺实行“每天一小改，每年一大改”的策略，及时获取融入新鲜元素，保持旅游演艺的新鲜感。

三是打造旅游演艺 IP，品牌效应凸显。宋城演艺围绕主题公园的建设、演艺主题线的构建等营造 IP，如“千古情”系列演艺皆以时间为线索，展示当地千年发展过程中的故事，打造“宋城”“千古情”两大品牌 IP。以品牌为助力，千古情演艺降低系列内其他旅游演艺项目前期的宣传成本，并在开业前积累一定的客源市场。此外，在品牌的关联带动下，整合品牌、整合活动、整合推广也成为宋城演艺发展的一大亮点。

四是全产业链管理，降本增效。宋城演艺作为一家覆盖上游剧本创作、景区规划建设、产品编创表演、景区运营管理、销售宣传全产业链的演艺企业，能够独立完成旅游演艺项目从无到有的全过程。同时，在全产业链运营的模式下，宋城演艺逐步建立各部分的执行标准，并通过全过程打造有效降低旅游演艺项目的成本，提高旅游演艺产品的竞争力。

（二）锋尚文化

锋尚文化成立于 2002 年，是国内大型文化演艺行业的龙头企业。作为创新型文化科技演艺产业集群，其主营业务涵盖大型文化演艺活动、文化旅游演艺、景观艺术照明及演绎三大领域，并能够实现从项目投资、规划、设计、制作到运营的全链式经营模式。

锋尚文化最早主攻大型文化演艺活动，2008 年北京奥运会开幕式文艺演出就是其早期代表作。锋尚文化立足前期优势基础，于 2017 年开始深耕旅游演艺领域并取得不俗的成绩。水舞光影秀《大唐追梦》、文化史诗长歌《汉颂》、汉文化水上实景演艺《天汉传奇》、水上实景演出《如梦晋阳》、室内剧场演出《金声玉振》、拈花湾禅意小镇禅文化体验、巴文化情景史诗剧《梦回巴国》等旅游演艺，都是锋尚文化的典型作品。2020 年，锋尚文化营业收入 9.84 亿元，同比增长 7.87%；实现归母净利润 2.61 亿元，同比增长 2.63%；文化旅游演艺业务营业收入 6.66 亿元，同比增长 113.29%。作为旅游演艺产业的新兵，锋尚文化在旅游演艺板块耕耘中逐渐形成自身的特色。

一是立足创意设计。一直以来，锋尚文化坚持创意为核心，通过打造高水平的创意设计团队、积累丰富的创意设计资源、建设完整有效的创意设计模式等，不断提高创意设计能力和创意实现能力。旅游演艺 IP 时代，也是内容创意者的时代。例如，在《大唐追梦》设计中，通过改变传统观演方式和利用开阔水域，将观众席打造成一次可乘坐 800 名游客的 5 艘观演游船，形成旅游演艺的一大亮点。

二是呈现中国美学。以“呈现中国之美”作为企业理念，锋尚文化在旅游演艺项目中通过多元表达践行中国美学。一方面，紧抓文化内核，立足于区域文化，从建筑、服饰等物质层面，礼仪、民俗等制度层面，以及价值观方面，立体化表达文化；另一方面，紧握科技手段，立足于对舞台灯光的掌控力优势，大胆巧妙使用高科技手段来丰富美学表达。

三是把握时代机遇。强烈的敏感性是锋尚文化的一大特点。面对旅游市场的扩张，特别是旅游演艺市场规模的扩大，锋尚文化利用自身优势，开拓旅游演艺领域并将其作为主流领域开疆扩土。2020 年作为线上旅游演艺的元年，云演艺相关政策不断出台，锋尚演艺也敏锐地把握时代发展的新机遇，开展线上旅游演艺作品、线上虚拟娱乐生态系统的探索之路。

（三）只有河南 · 戏剧幻城

“只有河南 · 戏剧幻城”是“只有”系列演艺的扛鼎之作，是 2021 年度旅游演艺的创新之作。该项目由河南建业集团联袂王潮歌导演共同打造，总投资近 60 亿元，总占地 622 亩，拥有员工 1400 余人，于 2021 年 6 月 5 日开城首演。

7 月 20 日，“只有河南 · 戏剧幻城”因突如其来的汛情而闭园，又因新冠疫情而延缓开园。9 月 4 日，“只有河南 · 戏剧幻城”恢复开放，面向全国公安民警、消防救援、军人、医护人员在 9 月实行免票政策，还推出了“复开早鸟票”优惠政策。10 月 27 日，郑州市新冠肺炎疫情防控指挥部办公室发布 37 号通告，明确强调要加强旅游景区管理。“只有河南 · 戏剧幻城”积极响应最新防疫措施，按照“限量、预约、错峰”的总体要求，合理设置游客接待上限，严格落实实名制门票预约制度、游客健康码查验、检测体温、规范佩戴口罩、安全隔离线等措施。11 月 4 日起，反复的疫情让“只有河南 · 戏剧幻城”再次闭园 23 天。

虽然历经汛情和疫情的考验，“只有河南 · 戏剧幻城”仍取得了很好的成绩。

据“只有河南·戏剧幻城”微信公众号显示，截至 2021 年 12 月 29 日，“只有河南·戏剧幻城”接待了 50 万观众、300 万观剧人次，演出突破 9000 场；在出售的文创商品中，网红文创雪糕销量达 126930 根；观众来自全国的 235 个城市，近 30% 的观众不是河南人；已知打卡最多的观众，达到了 8 次。“只有河南·戏剧幻城”作为一个新项目，具有较大的发展完善空间，有待市场的进一步检验。

“只有河南·戏剧幻城”具有自身的独特优势和特色，有两个方面特别突出：

一方面是戏剧集群优势。“只有河南·戏剧幻城”是目前中国规模最大、演出时长最长的戏剧聚落群，有 21 个大小规模不同的剧场，演艺剧目总时长近 700 分钟，演员近千人。这里演艺场景多样，演艺规模不等，演艺时长不一，演艺类型多元，演艺内容丰富，戏剧集群优势明显。

另一方面是沉浸式演艺迷宫。“只有河南·戏剧幻城”是一座有 56 个格子空间的戏剧幻城，犹如一副星罗分布的棋局，又似一个移步换景的迷宫。每个格子空间大小和场景各不相同，相当于构成了 56 个不同的世界。戏剧幻城是以“沉浸式”演艺为内容的主题公园，有 3 大主题剧场、3 场震撼大剧、2 场夜间大秀、10 座微剧场以及 30 余个演出地点，为游客提供了独特的演艺迷宫体验。

“只有河南·戏剧幻城”以黄河文明为创作根基，以独特的建筑形态为载体，以沉浸式戏剧艺术为手法，讲述了黄河畔“土地”和“粮食”的故事，为观众展现了戏剧文化的魅力，向世界传播了河南文化。

（作者简介：宋文彤，中国旅游研究院文化旅游研究基地助理研究员，滨州职业学院教师；张野，中国旅游研究院文化旅游研究基地研究员，旅游演艺研究中心负责人）

第二章　主题公园发展分析与展望

梁增贤　张文姣

2020 年，“疫后恢复”是全球主题公园产业发展的关键词。2020 年 1 月，世界卫生组织宣布 COVID-19 的爆发为国际突发公共卫生事件。根据联合国世界旅游组织的估计①，2020 年第一季度国际游客人数下降 22%，预计全年下降 60%~80%，损失 9100 亿 ~ 12000 亿美元。根据联合国世界旅游组织 2021 年 1 月 28 日的数据显示，新冠疫情导致全球旅游人数大幅减少，2020 年全球旅游业收入损失 1.3 万亿美元，成为“旅游业历史上最糟糕年份”。尽管如此，在中国等率先在国内成功控制疫情的国家，主题公园产业的恢复在 3 月中旬便逐渐开始。本报告将从全球视角分析主题公园产业的恢复和展望未来一段时期的市场和产品趋势。

美国咨询公司 AECOM 和主题娱乐协会 TEA 联合发布的《2020 年全球主题公园和博物馆报告》显示，2020 年，全球主题公园的游客量下降了 50%~90%，具体的下降幅度取决于疫情的严重程度和主题公园的类型。而 2019 年世界排名前 25 位的主题公园总游客量为 25372.4 万人次，2020 年受疫情影响总游客量下降了 67.2%，为 8310.5 万人次。整体来看，美洲主题公园受影响最大，整体游客量下降幅度为 70%~80%，而中国因疫情防控效果较好，损失较小，整体下降幅度为 50%~70%。欧洲、非洲和中东地区的损失较为适中，整体下降幅度一般在 60%~65%。事实上，2020 年的游客数量主要受公园运营天数和潜在市场的限制，而不是受公园的人气和管理模式的影响。例如，中国的华侨城主题公园和方特主题公园的平均降幅分别为 14% 和 20%，这两家中国运营商都在很大程度上依赖本地市场。在欧洲，同样主要面向当地游客的荷兰埃夫特林公园（Efteling Park）的本季度游客量相对下降幅度较低，仅下降了 45%。

① https://www.unwto.org/news/covid-19-international-tourist-numbers-could-fall-60-80-in-2020

第一节　全球主题公园产业的疫后恢复

（一）美国主题公园

2020 年 3 月 15 日起，奥兰多迪士尼迫于当地的疫情压力暂停营业，4 个月后，于 7 月 11 日起分阶段向公众重新开放魔法王国和动物王国，随后于 7 月 15 日重新开放未来世界与迪士尼好莱坞影城。由图 2-1 可知，后疫情时代的迪士尼乐园营业收入在逐渐恢复中，但到 2021 年第三季度，迪士尼乐园的营业收入仍未恢复到 2019 年即疫情前同期水平，仅恢复到以往的 66.02%。而根据图 2-2 可知，后疫情时代的迪士尼乐园营业利润也在逐渐恢复，特别是 2021 年第三季度，营业利润实现转亏为盈，盈利 3.56 亿美元，但和疫情前相比仍有较大差距，仅恢复到 2019 年同期营业利润 17.19 亿美元的 20.71%。

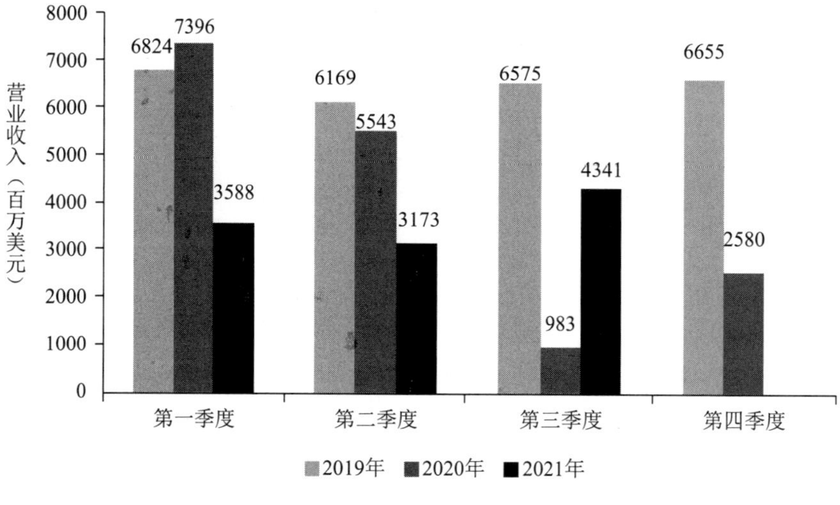

图 2-1　迪士尼乐园体验和消费产品业务营收情况

（资料来源：华特迪士尼公司官网）

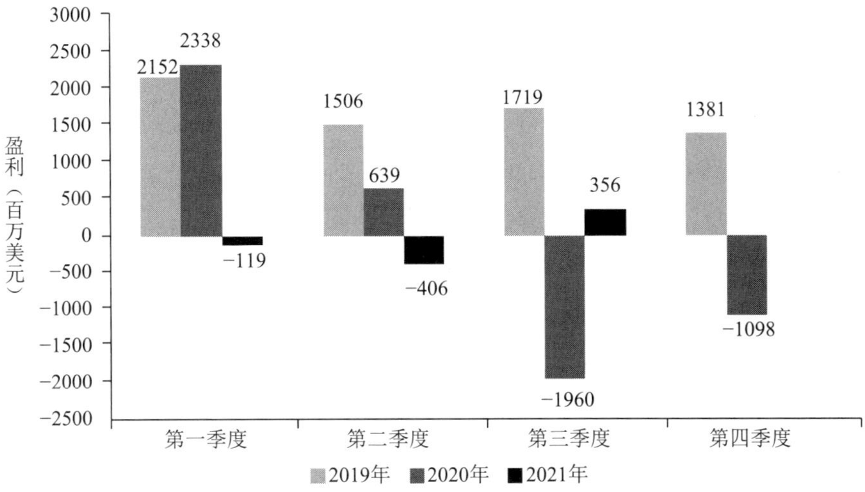

图 2-2 迪士尼乐园体验和消费产品业务盈利情况

（资料来源：华特迪士尼公司官网）

迪士尼乐园分阶段重新开放期间采取限流政策及社交隔离政策。美国迪士尼乐园要求员工和 3 岁及以上的游客都需要佩戴口罩，保持社交距离。同时，游客需要提前预订才能进入乐园，迪士尼员工不可以在灰姑娘城堡前为游客拍照，因为这会触碰到游客的相机，游客须保持社交距离；暂停游行、焰火表演等几乎所有的演出；检测体温，不允许体温超过 38℃的游客入园；鼓励在餐厅使用手机点菜，采取非接触方式支付餐费。此外，迪士尼还表示，增加对人流密集区域的清洁和消毒，公园设有多处手部消毒站。

应对疫情影响，华特迪士尼公司的主要措施为两方面：一方面，节约开支；另一方面，增加收入来源。公司曾宣布位于佛罗里达州奥兰多迪士尼的 4.3 万名员工放无薪假，仅保留 200 名工人履行乐园维护的基本工作。同时，公司高层将集体降薪自救。2020 年 2 月卸任的迪士尼前任 CEO 鲍勃 · 艾格尔则宣布放弃所有薪酬，而迪士尼的其他所有高层都将降薪 20%~30% 不等。与此同时，从 2020 年 3 月下旬开始，迪士尼就通过发行债券的方式筹集到了 73 亿美元（约合人民币 517 亿元）的资金，有效缓解了内部现金流的紧缺。2020 年 4 月 9 日，随着迪士尼流媒体 Disney+（迪士尼官方视频平台）在印度、欧洲等地上线，Disney+ 的订阅用户数也正式突破 5000 万，而在 2 月初的时候 Disney+ 的订阅用户还仅有 2800 万。短短两个月内 Disney+ 的新用户增加了 2000 多万。迪士尼股价还因此在 4 月 15 日收盘后上涨了约 7%。

从 2020 年至今，由于美国疫情的波动，各个主题公园在防疫上或松或紧，时松时紧，甚至暂停部分功能直至停业。加之美国疫情导致的整体经济低迷，人们的收入水平和消费力降低，中远程旅游市场恢复缓慢，近程市场出游力减弱。大多数美国主题公园仍在缓慢恢复中，还难以达到疫情前的状况。据《2020 年全球主题公园和博物馆报告》，北美前 20 位的主题公园整体游客量在 2020 年为 4414.9 万人次，相比上一年同期的 15936.5 万人次下降幅度较大，为 72.3%。

（二）欧洲主题公园

欧洲各国国情不同，疫情影响差别较大。据《2020 年全球主题公园和博物馆报告》可知，欧洲排名前 20 位的主题公园 2020 年游客量为 2217.43 万人次，相比去年同期的 6451.7 万人次下降幅度相对较大，为 65.6%。跟美国和中国一样，欧洲主题公园在疫情初期就果断关停。意大利是欧洲最早出现疫情的国家，到 2020 年 4 月中旬，意大利的疫情已经有所下降。然而，同一时期的欧洲迪士尼所在的法国形势不如西班牙和意大利两国乐观。因此，到 4 月中旬，欧洲部分疫情控制较好的国家逐渐开放了部分城市功能和设施，到 4 月底部分主题公园陆续开放。西班牙冒险港（PortAventura）原计划关停到 4 月 1 日；德国的欧洲乐园（Europa Park）最初计划关停到 4 月 19 日；丹麦蒂沃利花园（Tivoli）最初也计划关停到 5 月 10 日；瑞典的里瑟本游乐园（Liseberg）开园日期定在 5 月 16 日；意大利加达云霄乐园（Gardaland）计划在 5 月 29 日开园；英国温莎乐高乐园（Legoland Windsor）3 月 14 日重新开放，并从 3 月 20 日起突然又关闭。上述欧洲主题公园最终恢复营业的时间都或多或少延后，反映了各个主题公园对本国疫情恢复都做了过于乐观的估计。

根据笔者访谈欧洲部分主题公园人士，情况比他们最初预想的更为糟糕，主要表现在两个方面：一是乐园恢复营业后，中远程交通系统和城市相应的服务系统并未随之恢复，由此导致部分主题公园开门无市，没有中远程市场到达；二是欧洲疫情波动，2021 年德尔塔病毒肆虐，大多数主题公园也经历了多次关停，让主题公园恢复雪上加霜。到法国当地时间 2021 年 6 月 17 日，巴黎迪士尼乐园在受疫情影响二次闭园近 8 个月后才重新恢复开放，相当于主题公园重启了 3 次。巴黎迪士尼恢复开放后，仍将严格执行官方防疫措施，游客之间需保持 1 米的社交距离，且 6 岁以上游客必须戴口罩。

即使是关停期间，欧洲大多数主题公园仍承受着巨额成本。欧洲 Looping 集团 2020 年疫情期间关闭了其在法国、西班牙、葡萄牙、德国、荷兰和英国的全部 15 个乐园，其中包括多家以动物为主题的乐园。Looping 要求大多数员工限制旅行并在家上班。除此之外，该集团的动物景点还实施了业务持续性计划。这样可以确保动物们得到不间断的护理。在欧洲其他公园和景点中，团队主要成员正在进行必要的维护。对于主题公园企业来说，风险在于很多公园的资金可能已经耗尽，部分主题公园可能难以恢复。即使是大型主题公园企业集团，尤其是以中远程市场，甚至国际游客占较大比例的主题公园企业，由于国际旅行需要时间才能恢复，因此他们的日子也不好过。

与此同时，市场也在发生变化。受疫情影响，经济不景气，欧洲人的消费力普遍下降，出游次数和单次消费水平显著降低。对于大多数欧洲人来说，疫情后将追求更便宜、更简单的景点以适应预算，并尽可能选择去一些游客量较小的自然景区，主题公园这种大规模客流的景区显然不在选择之列。

（三）小结

主题公园的恢复情况，主要还是受外部大环境疫情恢复情况的影响。公园自身虽然可以采取一些措施促进恢复，但是并不能起决定性作用。各个国家和地区整体的防疫情况会直接影响公园恢复程度和速度。根据疫情实际情况，主题公园会选择采取限制入园人数、限制开园天数甚至是直接闭园的防控措施。就如美国奥兰多迪士尼乐园受疫情影响闭园 4 个月，欧洲主题公园也因疫情变化延迟开园时间，还有所有主题公园在开园期间通过仅接受预约购票来限制入园人数，以上种种都是决定主题公园最终游客量和营业收入的重要因素。

由于新冠疫情的流行，主题公园行业的目标不仅是吸引尽可能多的游客和最大限度地利用土地，更要考虑通过提高游客体验感和沉浸感提升人均消费。因为设定好的社交距离和限流措施的实行会影响主题公园的游客量，因此主题公园会考虑增加更高的定价模式。即为了保持与疫情前相同的利润率，主题公园运营方可能会考虑设定一个更高的价格，允许客户无须排队即可使用所有游乐设施，在最大程度地避免疫情的影响下，同时提升沉浸式体验感。随着顾客量越来越少，票价越来越高，主题公园将重新寻找为游客体验增加价值的场景安排、产品组合或业态设计，提升游客的整体体验感，使其更具沉浸感。

第二节　中国主题公园产业的疫后恢复

随着疫情逐渐缓解，国内旅游市场也在逐渐恢复。文化和旅游部公布的 2020 年国内旅游数据显示，2020 年度国内旅游人数 28.79 亿人次，比上年同期减少 30.22 亿人次，下降 52.1%；从国内旅游收入来看，2020 年全年国内旅游收入为 2.23 万亿元，比 2019 年同期减少 3.50 万亿元，下降 61.1%。但从 2021 年春节、清明、“五一”的情况看，旅游市场恢复态势良好。据文化和旅游部数据中心测算，2021 年春节假期七天，国内旅游出游合计 2.56 亿人次，同比增长 15.7%，恢复至疫情前同期的 75.3%；实现国内旅游收入 3011 亿元，同比增长 8.2%，恢复至疫情前同期的 58.6%。2021 年清明节国内旅游出游 1.02 亿人次，按可比口径同比增长 144.6%，恢复至疫情前的 94.5%；实现国内旅游收入 271.68 亿元，同比增长 228.9%，恢复至疫情前同期的 56.7%。而 2021 年“五一”假期，国内旅游出游 2.3 亿人次，同比增长 119.7%，按可比口径恢复至疫情前同期的 103.2%；实现国内旅游收入 1132.3 亿元，同比增长 138.1%，按可比口径恢复至疫前同期的 77%。

根据 AECOM 2020 年中国以及亚太区主题公园及水上乐园市场观察[①]，2020 年中国主题公园在游客量表现上可谓是一枝独秀。中国大陆主题公园 2020 年游客量同比下降 40%~50%，这一降幅远小于亚太及其他地区（香港地区：60%~70%，日韩地区：60%~80%），说明中国大陆主题公园恢复情况远强于其他地区。据中国主题公园研究院数据显示，疫情以来，全国共关闭了 339 家主题公园、1736 家游乐园、327 家水上乐园和 89 家动物园，全面停摆造成了全行业上百亿元的损失。而随着疫情的逐步缓解，在历经了两个多月的停滞期以后，国内各大主题公园多于 2020 年 3 月迎来了开园潮：3 月 9 日，上海迪士尼度假区的迪士尼小镇、星愿公园与上海迪士尼乐园酒店的部分购物和餐饮商铺以及部分休闲体验恢复运营；3 月 16 日，深圳锦绣中华 · 民俗村、深圳世界之窗和深圳欢乐谷恢复对外开放。但欢乐谷园区各室内项目和多人乘坐交通工具等暂不开放；3 月 20 日，上海欢乐谷、上海海昌海洋公

① https://baijiahao.baidu.com/s?id=1707318625062619339&wfr=spider&for=pc

园、中华恐龙园景区正式开园。此外，全国 8 座城市的 9 座方特主题乐园于 3 月底至 4 月初陆续开园。

（一）华侨城深圳欢乐谷

2020 年，深圳欢乐谷游客量为 312 万人次，相比上一年同期 398 万人次仅仅下降了 21.6%[①]，远高于中国大陆主题公园恢复的平均水平，恢复效果较好。2020 年 1 月 25 日，深圳欢乐谷暂停营业，一直到 3 月 16 日恢复对外开放。根据疫情防控需要，园区对外开放时间调整为上午 10 时至下午 6 时，室内项目及表演项目暂不开放。为减少聚集，深圳欢乐谷每日入园游客量限定在核定最大承载量的 30% 以内，暂不接待团队游客。入园前，游客须配合工作人员完成近期行程查询、体温检测、安全检查、个人健康信息登记等工作。同时，游玩过程中游客需佩戴口罩，园区将设置口罩专用回收点，方便大家处理口罩（见图 2-3）。

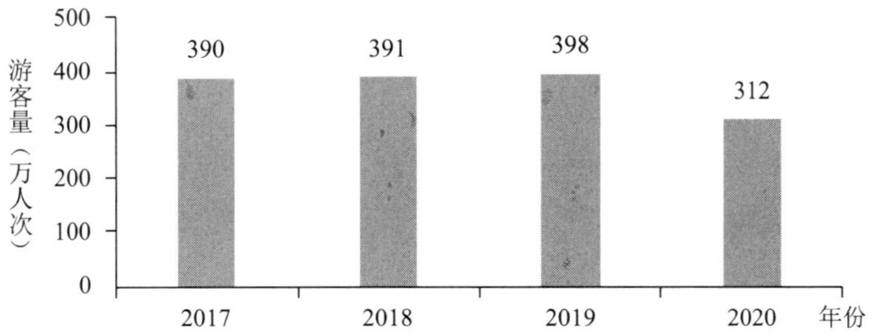

图 2-3　深圳欢乐谷 2017—2020 年游客量情况

（数据来源：《2020 年全球主题公园和博物馆报告》）

防疫闭园期间，一方面，在保证防控到位的前提下，深圳欢乐谷组织员工对园区所有大型游乐设施进行检修与保养，并开展配套设施翻新亮化、植被绿化养护、环境清洁美化等工作，全面维护提升园区软硬件品质；另一方面，深圳欢乐谷以“持续品牌发声，强化市场沟通”为工作策略，创新营销手段，抓住“宅”经济市场，先后开展“微信粉丝线上有奖调研”“灌篮女孩 5G 直播云游园”等活动，微信阅读量突破 50000 余人，新增粉丝近 14000 人，让广大游客足不出户也可以了解到园区最新动态，推动服务升级。

① 资料来源：《2020 年全球主题公园和博物馆报告》。

而恢复开园营业后，深圳欢乐谷以“2020 用爱重启欢乐同行”为主题，按照“恢复市场信心—保障游客安心—提供服务暖心—回归游玩欢心”作统筹，制定了精准的市场启动工作方案。开园初期，陆续开展“欢乐谷游玩攻略直播”“欢乐谷尖叫短视频”等活动，打造新媒体传播矩阵，结合原有宣传路径实现每周“一海报、一视频、一直播、两微信”的铺排，增强游客出游信心，全力迎接市场复苏。同时，推出“2020 用爱重启纪念年卡”及“2020 欢乐加倍两次票”的暖心惠民政策，为文旅行业复苏持续注入新活力。2020 年“五一”假期，深圳欢乐谷严格按照“防控为先，预防为要”的要求，共接待游客近 4.5 万人次，打了个开门红。2021 年“五一”假期，欢乐谷推出三大主题活动：中国杂技金菊奖赛事、2021 杂技嘉年华、玛雅水公园开放，更是吸引了不少家庭游客打卡参与。“五一”小长假期间，深圳欢乐谷游客接待水平已全面恢复到疫情前水平，接待量达 12.7 万人次，较 2019 年同比增长 60%。

由于国内中远程出游仍受到疫情一定程度的影响，各地都鼓励居民在地旅游消费，主题公园作为城市景区就迎来了许多不能出城旅游的本地居民。到 2021 年上半年，北京、上海、深圳、成都、重庆等有欢乐谷的城市，其游客量已经恢复并部分超过了 2019 年上半年的水平。

（二）上海迪士尼乐园

自 2020 年 1 月起，上海迪士尼乐园闭园 107 天后，终于在 5 月 11 日重新开园，乐园内大部分景点、游乐项目、部分娱乐演出以及商店和餐厅在控制客流量基础上恢复运营，一些有频繁互动的景点和体验，如儿童游玩区，以及剧院演出暂时不对游客开放。

在恢复运营初期，游客全部通过线上预约购票，现场售票取消，而乐园每日客流量限制在最高客流承载量 20%，低于政府要求的 30% 最高承载量。通常情况下，上海迪士尼乐园每天可接待 8 万名游客。根据相关规定，恢复运营的景区游客接待量需控制在最大承载量的 30% 左右，但上海迪士尼乐园在恢复运营初期对接待量的限制会低于要求的 30%，即低于 2.4 万名游客。同时，由于防疫安全的需求，消费者们的游玩体验将受到诸多限制。按照上海迪士尼度假区的官方说法，乐园的重新开放秉持审慎的原则，借鉴迪士尼小镇、星愿公园和上海迪士尼乐园酒店于 3 月初重新开放的成功经验，并落实强化健康和安全措施。在恢复运营初期，上海迪士尼乐园实施一系列新的运营举措和流程，在乐园的排队区域、餐厅、游乐项目和其他设施安排安全距离；乐园各处都在迪士尼原有清洁标准的基础上进一步增加卫生消毒频次。景点、餐厅和商店都提供免洗消毒洗手液。

疫情恢复期间，上海迪士尼不仅考虑扩充门票类型，同时也有多次优惠政策吸引游客前来。5 月 8 日，上海迪士尼度假区门票开售 1 小时之内，多日的“一日票”全部售罄。携程数据显示，上海迪士尼门票首日销量突破 1.5 万张。值得注意的是，此次上海迪士尼乐园还推出了“半日票”。“半日票”平日标准票价格为 249 元，老人和儿童票为 186 元；周末标准票为 329 元，老人和儿童票为 246 元。之后，为在疫情期间吸引游客，2020 年 11 月，上海迪士尼首次推出单人双次套餐，售价 399 元，同一游客可两次入园，间隔时间需在 7 天以上。2020 年，上海迪士尼乐园接待游客 550 万人次，相当于 2019 年的 52%，年收入相当于 2019 年的 54%①（见图 2-4）。

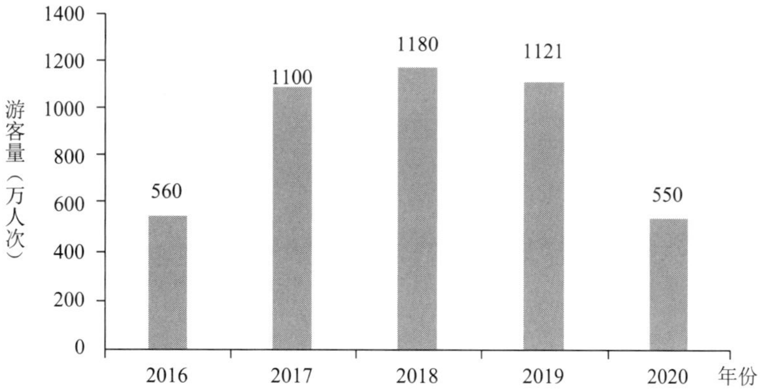

图 2-4　上海迪士尼主题公园开园以来游客量情况

（数据来源：《2020 年全球主题公园和博物馆报告》）

（三）珠海长隆海洋王国

2020 年 1 月 24 日起，长隆度假区暂停开放珠海横琴长隆海洋王国和珠海横琴长隆剧院。在闭园三个多月后，4 月 30 日，珠海长隆海洋王国和珠海长隆企鹅酒店

① https://baijiahao.baidu.com/s?id=1695837607075516701&wfr=spider&for=pc.

恢复开放。根据相关规定，长隆恢复开放的园区严格控制游客接待量不超过核定最大承载量的 30%，实行游客预约制入场，每天限制游客数量不超过 3 万人；室内密闭场馆项目及部分演艺项目暂不对外开放。同时，实施健康登记、实名入园、体温筛检等多项细化管理措施（见图 2-5）。

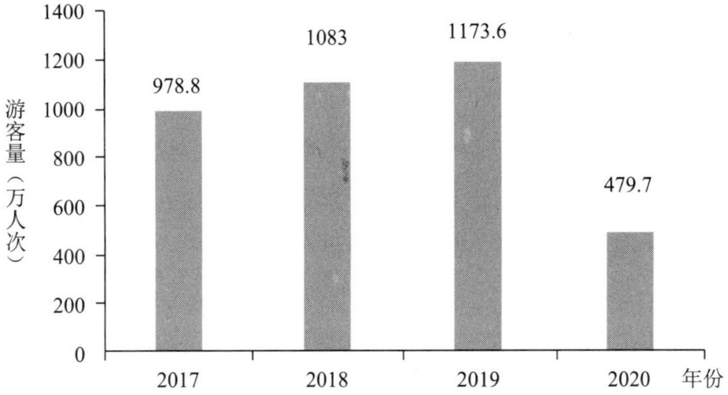

图 2-5　珠海长隆海洋王国 2017—2020 年游客量情况

（数据来源:《2020 年全球主题公园和博物馆报告》）

恢复营业期间，珠海长隆海洋王国景区门票全面实行 6 折优惠。同时，长隆对受疫情影响的年卡用户通过系统统一办理年卡有效期顺延。重新开放后，珠海长隆海洋王国、珠海长隆企鹅酒店的游客与住客数量连续三天增长，入园旅游逐步回暖。同时，疫情恢复期内，长隆也参与了线上直播，营销推广自家旅游产品。2020 年 6 月 10 日晚，第 13 场“携程 BOSS 直播间”长隆相关产品收获消费者疯狂抢购。叠加上周六携程在珠海长隆“探店直播”成绩，2 场直播实现了携程为长隆“带货”已超 70000 间夜，成交总额（GMV）8158 万元。据《2020 年全球主题公园和博物馆报告》可知，2020 年，珠海长隆海洋王国游客量为 479.7 万人次，相比去年同期下降了 59.1%，但高于世界前 25 名主题公园的总下降幅度 67.2%，说明珠海长隆海洋王国恢复程度较快较好。

（四）香港迪士尼乐园和海洋公园

早在 2020 年 1 月 26 日，香港迪士尼乐园就采取了暂时关闭的措施，直至 6 月 18 日才重启，闭园近 5 个月。然而，第一次恢复开园仅不到一个月，7 月 15 日，香港迪士尼乐园就按政府及卫生部门要求以及配合全港防疫措施再次关闭。9 月 25 日，香港疫情放缓，乐园再次开园。但因疫情等因素的影响，在国庆、中秋双节期间，访港旅客总数不足 1000 人次。根据香港特区政府入境事务处披露的数据，10 月 1 日当天，内地访港旅客仅 93 人次，香港迪士尼乐园恢复难度可见一斑。再次恢复开园两个多月后，香港迪士尼乐园的复苏又一次戛然而止。12 月 1 日，香港迪士尼乐园度假区宣布，应政府要求及配合香港现时采取的防疫措施，香港迪士尼乐园于 12 月 2 日起暂停开放，而这也是 2020 年内，该乐园第三次宣布暂停开放。这次闭园到 2021 年 2 月 19 日，迪士尼乐园才重新开放。在过去的 2020 年，香港疫情多次起伏，造成主题公园产业恢复的波动。据笔者对香港主题公园人士的访谈了解，这种多次关停重启对主题公园经营的伤害更大，因为每次关停和重启都造成巨额成本的损失和重启经费的损耗。

即使是疫情期间正常开业状态，香港迪士尼乐园等公园也按照特区政府要求，实施一星期营运五天的安排，逢星期二和星期四（公众假期及香港迪士尼指定特别日子除外）会暂停开放，并采取容量控制措施和保持社交距离。与中国内地一样，所有游客入园时必须扫“安心出行”二维码，或登记姓名、联络电话及到访日期、时间，同时，乐园的员工每 14 天进行一次核酸检测。香港各个主题公园也自行实施一系列健康及安全措施，包括在所有高接触量的地方加强及加密清洁和消毒次数，以及乐园各处的排队区、餐厅、游乐设施和其他设施等（见图 2-6）。

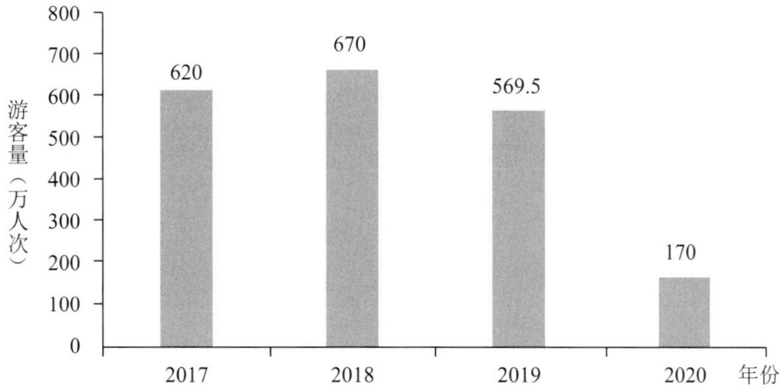

图 2-6　香港迪士尼乐园 2017—2020 年游客量情况

（数据来源:《2020 年全球主题公园和博物馆报告》）

为了刺激市场恢复，香港迪士尼乐园在 2020 年 11 月启动了“15 周年奇妙庆典”

活动，而全新城堡“奇妙梦想城堡”也正式亮相。同时，香港迪士尼乐园还推出香港居民专享“FUN 享奇妙梦想”大抽奖，送出了 15000 张香港迪士尼乐园一日标准门票及 150 份酒店住宿产品。尽管如此，香港迪士尼乐园的财报显示，香港迪士尼乐园 2020 年接待游客量为 170 万人次，仍同比下跌 73%；人均消费同比减少 18%；酒店入住率 15%，同比下跌 59%。

疫情对香港主题公园产业的影响是严峻的，香港海洋公园也不例外。据《2020 年全球主题公园和博物馆报告》显示，2020 年香港海洋公园游客量为 220 万人次，和上一年同期的 570 万人次相比，下降幅度较大，为 61.4%。自 2020 年 1 月底爆发新冠肺炎疫情以来，海洋公园也经历过三次闭园。第一次是 1 月 26 日起关闭 4 个多月，至 6 月 13 日海洋公园重开。之后，海洋公园于 7 月 14 日关闭，两个多月后再次因应疫情的缓和，于 9 月 18 日重开。第三次同迪士尼一样，于 12 月 2 日暂停开放，直至 2021 年 2 月 18 日重新开放。游客须提前在网上预约门票，进入公园前，须接受体温测量，并佩戴口罩。同时，在园内，公园运营方也会以广播持续提醒游客注意社交距离。为了刺激市场恢复，海洋公园也曾推出两项面向香港居民的限定优惠。例如，2020 年 9 月 18 日至 12 月 31 日期间，游客可以原价的六五折购买门票，同时获赠适用于园内消费的电子券；游客可购买全价入场证，在 2020 年 10 月 1 日至 2021 年 3 月 31 日期间，可以无限次入园游玩（见图 2-7）。

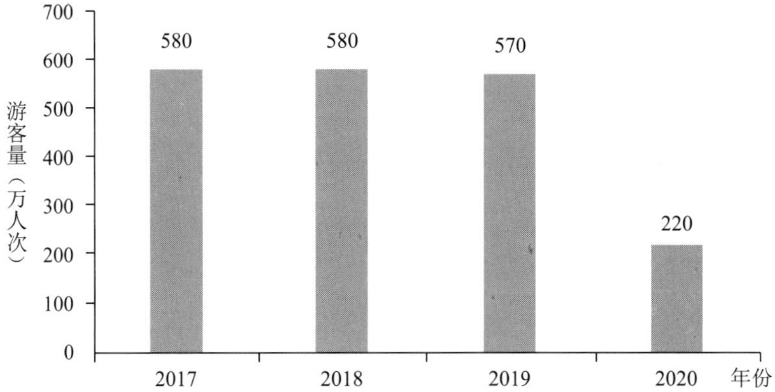

图 2-7　香港海洋公园 2017—2020 年游客量情况

（数据来源：《2020 年全球主题公园和博物馆报告》）

（五）小结

疫情后期，各大主题公园相继开园后，游客数量正逐步回升。预计 2021 年主要面向本地市场的中国主题娱乐景点有机会在本年度回归 2019 年的游客量水平，而对省外 / 境外市场依赖程度高的景点完全恢复则需要一段时间。

主题公园恢复情况与所在地的疫情防控效果相关，因疫情防控效果直接影响主题公园闭园与否、开放项目选择、大型活动策划、门票优惠政策还有游客量限制等，这些都能直接影响主题公园的实际绩效。就如三亚亚特兰蒂斯水上乐园，2020 年仍然赢得了与 2019 年基本持平的游客到访量，这与海南岛疫情防控得力分不开，同时再加上线上直播等强大的营销攻势，吸引了国内大量对主题娱乐产品要求高、支付能力高又无法海外旅行的客群。

根据以上对中国主题公园疫情防控措施的分析可以看出，线上预约已经成为疫情期间的重要手段，无接触式购票、预约平台和流量监控等新技术也在疫情期间被各大主题公园不断运用、提升。同时，这也会促使主题公园不断推出自己的官方线上预定平台，未来有可能会改变多年来中国主题公园销售依赖 OTA（第三方代理）渠道的态势。

主题公园本身就是人流密集的场所，对疫情防控要求更高。因此，疫情防控对于主题公园员工要求较高，公司必须多次对员工进行严格培训，以确保游客可以信任主题公园的安全，可以放心游玩。因此，主题公园培训手册应及时更新修改，科学地提高员工对健康和安全程序的熟练水平。

同时，直播等线上营销也进入主题公园管理者的视线，在近距离移动的后疫情时代，云旅游、云平台、云直播等线上传播渠道成为远方游客了解和认识主题公园的主要途径。年卡、季卡的线上提前预售也预定了未来的客流量，在带来现金流缓解资金压力的同时，也方便公园方进行客群的管理、监测。而在人流被限制的情形下，主题公园方若想达到未限制同期收益，那只能通过提高人均消费来实现，这也是许多主题公园尝试开发、提供定价更高、更定制化、更具价值的服务和旅游产品的原因，并进一步提升游客的沉浸感、体验感。

第三节　疫情防控常态化下全球主题公园发展与中国机遇

（一）全球主题公园疫情恢复趋势

2020 年 1 月，世界卫生组织宣布 COVID-19 的爆发为国际关注的突发公共卫生事件，并于 2020 年 3 月宣布为全球大流行事件。根据联合国世界旅游组织的估计[①]，2020 年第一季度国际游客人数下降 22%，预计全年下降 60%~80%，损失 9100 亿 ~ 12000 亿美元。而游客人数则可能需要长达一年的时间才能恢复到疫情前的水平，即到 2022 年才能恢复到以往水平。其中，中国因为疫情防控得当，恢复速度会快于其他国家，因此中国旅游业能够抢占一定的先机。中国大陆主题公园 2020 年游客量同比下降 40%~50%，这一降幅远低于亚太及其他地区（香港地区：60%~70%，日韩地区：60%~80%），说明中国大陆主题公园恢复情况远强于其他地区。《2020 年全球主题公园和博物馆报告》指出，以往大事件影响下旅游发展的生命周期，即低迷、反弹和复苏周期的历史模式仍然适用于 COVID-19。这意味着，2020 年受疫情影响为旅游市场的低迷阶段，那么可以预期 2021 年为反弹之年，而接下来的一年，也就是 2022 年，将开始迎来真正的复苏。而到 2023 年，游客的期望值将会上升，主题公园运营商应该进行相应的规划和投资。

《2020 年旅游经济运行分析与 2021 年发展预测》指出，全年旅游经济总体呈现深度“U 形”走势。上半年有组织的旅游活动全面停滞，第三季度散客出游筑底回升，第四季度恢复跨省旅游业务全面激发消费和投资信心，开始步入深度“U 形”的右侧上升通道，恢复并巩固了环比增长的趋势。2020 年游客满意度稳中有升，旅游服务质量超预期增长。虽说目前中国大陆主题公园恢复速度较快，但仍存在类别差异。目前受疫情影响最大的主题公园，分别为动物类主题公园和室内演艺类主题公园，而以游乐项目为主的游乐园则有望成为恢复最快的主题公园类型。因为动物类主题公园在没有收入的时候，依然需要人员来进行动物的喂养和训练。因为室外项目比室内项目更适合开放，所以室外设备相对多一些的游乐园，恢复速度将会更

① https://www.unwto.org/news/covid-19-international-tourist-numbers-could-fall-60-80-in-2020.

快。而与之相反的室内演艺项目，在一个通风条件不及室外的环境中聚集几千几百人，疫情防控难度很高，因此很难获取顾客信任，进而影响演艺类主题公园恢复速度。

（二）中国国内主题公园企业机遇

中国是全球最大的主题公园消费市场，有人口红利的优势，文旅是拉动内需的重要方式之一。根据《2019 年全球主题公园和博物馆报告》，华强方特、华侨城和长隆游客量增速分别为 19.4%、9.4% 和 8.9%，其游客量总和超过 1.4 亿人次，占 TOP10 总游客量的 27%。而疫情期间，中国游客出国难度较高，这有利于国内主题公园市场的进一步发展。中国先于世界其他地方受到疫情侵袭，但后来也是最快恢复，最先享受到疫情得到控制后的人口红利。

2020 年 4 月 10 日，在中央财经委员会第七次会议上，习近平总书记强调要构建以国内大循环为主体、国内国际双循环相互促进的新发展格局。中国的发展将从过去以出口导向为主的贸易政策转化为既鼓励出口，又鼓励进口双向开放的贸易政策；既积极引进外资，又鼓励中国企业走出去投资。国内主题公园企业可以借此向外布局，就像华强方特这样有自己 IP 的企业，可以采取轻资产化的“走出去”方法，在人口较多、疫情防控情况良好而且距离较近的国家布局，这样可以降低远距离带来的管控风险。

纵观全球的头部主题公园企业，其发展思路往往遵从以下路径：以 IP 作为传导源头，以包含主题公园在内的上下游产业作为主营业务实现 IP 变现，同时通过持续自身创作或外延收购 IP，并借助 IP 的影响力进行异地复制，打造“内容创作与授权—线上线下平台整合—周边衍生—文化输出”的泛文化产业生态。国内的主题公园也需向其学习，但国内主题公园 IP 偏单一化、同质化，想要复制这些头部主题公园企业的思路仍有很长的路要走。但是疫情情形下，国内主题公园因疫情防控得当而开始营业，且拥有最大的人口红利，可以借此机会抓住先恢复的先机，不断学习提升自己。借助出不去的高质量客群，丰富、提升自己的旅游产品，同时进一步完善主题公园产业链，这是只有在最大市场且疫情防控最得力的中国才能做得到的。有了国内的经营经验，特别是针对那些世界级主题公园常客群体的产品研发、体验设计等经验，中国主题公园企业走出去的路会变得更平坦些。

疫情确实对主题公园产业造成了重击，打断了 2019 年主题公园上升的势头，国内主题公园虽然恢复情况较好，但仍没有完全恢复到疫情前的盛况。“走出去”对于国内主题公园企业是一个巨大的挑战，无论是资本压力、人力压力还是疫情压力，强度都是空前的。但和疫情前相比，中国企业走出去也有一定优势，如果避开世界级主题公园的区位，选择疫情防控效果较好的近距离国家进行布局，尤其是在如今世界各国间流动量大幅下降的时候，中国走出去的主题公园受到的竞争压力远低于疫情前，这是中国主题公园走出去拓展世界版图的重大机遇。

（三）中国主题公园的发展趋势

1. 中等投资规模的主题公园更受青睐

2020 年新开业的 15 个主题公园中，有 4 个投资金额在 100 亿元以上，投资金额较大，占比 26.7%；有 8 个投资金额在 10 亿 ~100 亿元，投资金额中等，占比 53.3%；还有 3 个投资金额较小，在 10 亿元以下，占比 20.0%。可以看出，开发商更偏好于中等投资规模的主题公园，这与文旅企业纷纷下沉市场，前往二三线布局相关，但同时也意味着越来越多的文旅企业投资更谨慎了（见表 2–1）。

表 2–1　2020 年新开业主题公园情况

开业时间	名称	主题	面积	投资规模
2020.1	魔幻之都·洪荒兽园	封神文化	37 万平方米	35 亿元
2020.5	苏州乐园森林世界	奇幻森境王国	50.6 万平方米	20 亿元
2020.6	襄阳华侨城梦幻水世界	海洋探索	15 万平方米	8 亿元
2020.7	湘江欢乐城——欢乐雪域	阿尔比斯山	160 万平方米	21 亿元
2020.7	绵阳方特东方神话	华夏历史文明	60 万平方米	30 亿元
2020.7	龙之梦嬉水世界	水	2348 万平方米	251 亿元
2020.8	银基动物王国	沉浸式的动物主题体验和互动	57 万平方米	50 亿元
2020.9	成都融创文旅城	四川文化	306.7 万平方米	500 亿元
2020.9	重庆融创文旅城	潮流文化	446.7 万平方米	550 亿元
2020.9	鲅鱼湾魔法温泉公园	魔术	8 万平方米	5 亿元

续表

开业时间	名称	主题	面积	投资规模
2020.9	青岛安徒生童话乐园	安徒生童话	20 万平方米	30 亿元
2020.11	南京欢乐谷	多动画 IP、硬核蒸汽朋克风	40 万平方米	60 亿元
2020.11	松鼠小镇	森林元素及“三只松鼠”IP	296 万平方米	17.8 亿元
2020.11	华侨城·秘境森林乐园	森林	1.7 万平方米	＜10 亿元
2020.12	奥园英德巧克力王国	英红茶文化	50 万平方米	150 亿元

数据来源：https://mp.weixin.qq.com/s/xeJH9ffGCKm6kcrM3pyVDQ.

2. 复合型文化 IP 或成为主题公园制胜法宝

依托核心主题打造符合文化主题，再将符合文化主题产品结合周边的旅游度假，配套打造功能板块。每个功能板块错位发展，使各个主题娱乐产品主题特色突出，游线清晰明确，满足游客多样化的旅游及度假需求。

例如，2020 年 9 月 26 日开业的重庆融创文旅城共拥有融创渝乐小镇、融创海世界、融创雪世界、融创水世界、融创茂、高端酒店群六大业态。除丰富业态之外，融创文旅还以“文旅 +”产业联动，融入潮流文化，链接合作空间，打造一系列消费新场景，吸引了很多年轻人。除已经建成的滑板公园，未来还会有主题攀岩馆、电竞馆等多个专业的潮流运动空间，引入主题店铺，落地热门赛事，举办各项文娱活动，让年轻人热爱的电竞、街舞、二次元、朋克、电音、直播等文化也在重庆融创文旅城生根发芽。

再如，2020 年 11 月开业的南京欢乐谷拥有欢乐时光、遗落要塞、甜品王国、黑铁城、奇想海洋、魔眼森林六大园区。其中，“甜品王国”和“奇想海洋”是与动画 IP 饼干警长及香港知名品牌 B.Duck 小黄鸭联合打造的园区。此外，南京欢乐谷首次在乐园中融入硬核蒸汽朋克风，推出集复古情怀、机械美学、哥特建筑等特色于一体的区域“黑铁城”，为城市青年的假日休闲注入了更多的潮玩基因。自然探索中心“森海世界”不仅汇聚了深海鱼类、雨林萌宠等品类丰富的自然生物，还特别打造了近 1000 平方米的多媒体体感交互空间“光海纪”，实现生态展示、休闲娱乐、多媒体互动、科普教育等多样化功能。

多项优质 IP 的结合可以构建优质主题，提高主题公园整体吸引力。随着文旅进一步融合，复合型 IP 或成为主题公园制胜的法宝，在众多同质化的主题公园中脱颖而出。复合型 IP 会成为主题公园方为游客打造高度私人化、定制化服务内容的很有价值的“原点”，运营方可以以此为原点构建一个虚拟的三维空间，同时游客亦可以对此提供感兴趣的场景、产品或服务的有价值的建议，进一步完善该虚拟空间。

3.“微度假”模式成为主题公园项目开发热点

受疫情影响，我国整体旅游市场呈现出由传统观光游向休闲度假游的转变，旅游产品也逐渐由单一观光产品向复合型旅游产品转变。在此背景下，以“主题乐园 +”为核心产品模式的微度假业态成为文旅市场的重要趋势。微度假模式能显著提升散客比例、客单价及游客停留时间。“乐园 + 酒店”“乐园 + 商业综合体”等产品组合方式增强了传统主题乐园的度假属性，使得融合主题娱乐、新潮消费和品质度假的 2~3 天的微度假项目受到市场欢迎，以微度假为代表的周边游产品逐渐完成迭代更新并迎来二次增长。

例如，广东省英德市的奥园英德巧克力王国拥有丰富业态和体验活动，增强了度假属性，融合了文化体验、休闲度假、娱乐康养等诸多要素。依托当地丰富的自然资源和人文资源，以悠久的英红茶文化为载体，天然英石为肌理，首期建设有巧克力乐园、茶与巧克力小镇、英德奥园希尔顿逸林度假酒店、英德泉林水世界四大板块，是一个融合巧克力、英红茶、泡池、酒店及喀斯特地貌于一体的全业态旅游度假胜地。其中，奥园英德巧克力乐园占地面积 36 万平方米，涵盖可可部落、可可森林、巧克力工厂、糖云国、奶溪国、可可洞国六大区域；茶与巧克力小镇占地面积 33000 平方米，融合英伦风情建筑风格，以英女王极力推崇的英红茶为文化内核，集红茶博物馆、西式礼堂、冰雪世界、游乐互动、餐饮零售于一体，是英伦风情英红茶产业特色旅游小镇；英德泉林水世界占地面积 30000 平方米，含主题泡池及冲浪池两大区域。

4. 沉浸式体验技术愈加完善

沉浸式已经渗透到近 4000 亿的线下娱乐市场的各个场景中，体验产品从最为集中的主题公园 / 主题型乐园，到休闲产业、旅游景区、文化空间、商业地产等各个领域，小到网红打卡点、密室项目，大到全域沉浸目的地和沉浸式主题公园。文化和旅游部《“十四五”文化和旅游发展规划》指出，要发展新一代沉浸式体验型旅游产品，培育云旅游、云直播，发展线上数字化体验产品。鼓励定制、体验、智能、互动等消费新模式发展，打造沉浸式旅游体验新场景。再加之新冠疫情影响，乐园限流，只能通过提高顾客价值提高人均收益，沉浸式体验技术的进一步发展也就水到渠成了。

在这种趋势下，主题公园运营商应用前沿科技探索更多的可能性，通过更具颠覆性、更引人入胜的体验，鼓励人们亲自进入虚幻空间去探索体验。更重要的是，这种沉浸式体验并不局限于游客的活动，更体现在结合巧妙构思的环境背景，帮助游客塑造他们在虚拟世界中的个性角色。随着技术的进一步革新换代，5G（第五代移动通信技术）、AR（增强现实）、MR（混合现实）、VR（虚拟现实）等技术已经渐渐开始被各大主题公园运营方应用进园区设计中，且在逐渐发展完善中。例如，上海迪士尼加勒比海盗水上黑暗骑乘项目就利用仿真机模结合幻影成像技术打造杰克船长复活的场景，活灵活现，沉浸感体验感十足。公园运营方利用幻影成像技术在机模船长前面营造骷髅的虚拟影像，再利用灯光点亮机模船长，幻影成像迅速消失这一天衣无缝的巧妙配合，完美还原电影情节，仿佛杰克船长真的出现在了现实世界。

（四）主题公园展望

1. 疫情常态化管控将是未来一段时期主题公园需要适应环境

展望未来一段时期，“限量、预约、错峰”已经成为旅游行业共识，可以有效控制客流量，防止出现人群高密度聚集的现象，从而尽可能减少疫情传播的途径。为打好疫情防控这一仗，人流限制就显得尤为重要，这就对旅游景区运营提出了更高的要求，景区一定要做好疫情防控方案预案，各个流程都落实好对应负责人。主题公园运营方应在精细化管理和服务上做更多具体细致的工作，利用大数据做好监测和管理，做好细节服务，保障游客的出行安全。

加强主题公园内密闭区域或相对密闭区域（如景区内部的室内或半封闭演艺场地、场馆等）的通风换气。温度适宜、建筑物具备良好自然通风条件时，密闭区域或相对密闭区域应尽量采用自然通风，加强室内空气流通。正确使用空调，如使用集中空调，开启前检查设备是否正常，新风口和排风口是否保持一定距离，对冷却塔等进行清洗，保持新风口清洁；运行过程中以最大新风量运行，加强对冷却水、冷凝水等卫生管理，定期对送风口等设备和部件进行清洗、消毒或更换。

同时，运营方应利用科技手段提前做好引导和预警工作，这是防疫重点。尤其是节假日，公园很容易聚集人流量，建议在限流同时，通过考虑空间特点、热门项目位置等，设计流动性更高的游览线路，降低人流密度。未来景区需要实施更为科学、完善、严密的疫情防控措施，通过扫码登记、预约入园等，限制入园人数；通过线上购票、电子支付，降低人员接触频率。

2. 中远程跨省市市场恢复仍需时日，本地区域市场增长较快

主题公园跨省、跨市的中远程市场恢复受疫情影响仍较为波动，恢复缓慢。中远程市场省外或市外市场占较大比例的主题公园受到较大的影响，恢复到2019年前的水平仍需时日。受到各地“非必要不离市”防疫建议的影响，一二线城市的主题公园的本地市场恢复迅速，部分公园已经恢复甚至超过2019年疫情前的水平。到2021年上半年，北京欢乐谷、成都欢乐谷、重庆欢乐谷等公园已经恢复到2019年的水平，部分公园甚至超过了疫情前。与此同时，主题公园市场客流不稳定导致主题公园整体收入下降，各个公园普遍采取“节流”的方式降低人力成本和维护成本，导致部分主题公园的体验品质有所下降，顾客评价降低。主题公园采取的降低门票价格、变相优惠包价、推出优惠年卡等方式，确实有助于潜在市场的转化和促进现实市场的出游，取得一定效果。

3. 线上虚拟旅游体验和消费初步形成，线上线下互动成为趋势

疫情期间人们娱乐方式全部转为线上，后疫情时代，传统的营销方式逐渐被线上高互动性、高可视化的营销方式所取代，而线上营销的流量会陆续兑现，转为实际的旅游消费。疫情常态化的时代下，主题公园更加需要智慧化园区管理，大数据、云平台、小程序、云直播等都进入了公园运营方的视线。一方面，运营方应充分了解这些技术，将其和自身产品更好地融合起来，然后将自己最得意或大家最感兴趣的一些项目、场景、服务、产品或体验展示给消费者；另一方面，运营方可以作为新技术的开发方之一，帮助新技术在旅游业尤其是主题公园产业中的进一步发展，利于其直接加快转现，加快实践中应用速率。

为了更好地提升营销效果，线下也需要主题公园创造多样化的、有吸引力的非观光性的沉浸式产品，这样才能够切实地将线上潜在游客兑现为真实的消费者。例如，可以适当结合核心主题补充一些有特色、有创意，自带流量的旅游项目，如沉浸式体验场景、全息视觉盛宴、夜游体验等视觉冲击力强的数字艺术，找准宣传爆点，将引流发挥到极致。结合自身优势特点综合开发，寻找主题全新的内涵和意义，以一种更新颖的方式呈现，如通过科技 + 文化 + 艺术，打造可视化的高品质长线旅游产品，增加公园吸引力，提高反复消费体验率。

（作者简介：梁增贤，中山大学旅游学院副教授；张文姣，中山大学旅游学院硕士研究生）

第三章　旅游文创发展分析与展望

宋朝丽　李芳娟

旅游文创是旅游业的重要组成部分，是延伸旅游产业链、扩大旅游消费、推动旅游业提质增效的有效途径。随着文化和旅游的持续深度融合，旅游文创作为文化旅游高质量发展和旅游景区文化内涵提升的有效抓手，逐渐摆脱了传统旅游纪念品的桎梏，开始向着多元化、创意化、科技化的方向发展，很多旅游景区开发文创产品意识有所增长，涌现出了一批旅游文创企业，开发出了系列旅游文创精品，旅游文创产业链结构逐步完善。

第一节　旅游文创行业发展环境

（一）政策持续刺激和支持文创产业发展

2020—2021 年，国家有关部门持续出台政策，对文化创意产业进行支持鼓励，为景区文创的繁荣发展扫清制度障碍，提供良好的政策环境。

2020 年 10 月，国家发展改革委等 14 部门联合出台《近期扩内需促消费的工作方案》，提出推动线上博物馆发展带动文创产品销售。鼓励具备条件的各级文博单位开发线上博物馆，结合 5G、虚拟现实等技术，增加立体式展览展示。允许文创产品开发收益按规定用于文博单位日常支出、藏品征集、公共服务提供。2020 年 11 月，《文化和旅游部关于推动数字文化产业高质量发展的意见》提出支持文化场馆、文娱场所、景区景点、街区园区开发数字化产品和服务，将创作、生产和传播等向云上拓展。支持文物、非物质文化遗产通过新媒体传播推广，鼓励线下文艺资源、文娱模式数字化，创新表现形式，深化文化内涵。鼓励依托地方特色文化资源，开发具有鲜明区域特点和民族特色的数字文化产品，助力扶贫开发。

2021年3月，文化和旅游部等3部门出台《关于推动公共文化服务高质量发展的意见》，提出促进公共文化服务提质增效，鼓励有条件的公共图书馆、文化馆提炼开发文化IP，加强文创产品体系建设。鼓励有条件的文化馆将说唱、街舞、小剧场话剧等文化形式纳入服务范围。鼓励公共文化机构打造有影响力的公众号，培养具有高黏性的“粉丝”文化社群。2021年7月，文化和旅游部发布《关于推进旅游商品创意提升工作的通知》，提出旅游商品是旅游业的重要组成部分，要持续推进文化文物单位文化创意产品开发工作，深入推进创意产品开发信息名录建设，探索创新多种开发经营模式，着力丰富旅游商品主题种类。2021年9月，文化和旅游部等8部门联合印发《关于进一步推动文化文物单位文化创意产品开发的若干措施》，解决文化文物单位文化创意产品开发中的难题，鼓励试点单位结合自身情况，创新开发方式，吸引社会力量参与文化创意产品开发，激发文化文物场馆的文创积极性。

政策利好，提高了国内旅游商品的吸金能力，持续刺激和支持文创产业发展。

（二）数字技术促使文创新业态不断产生

2020年以来，受到新冠疫情的影响，旅游景区、文化场馆的客流量不能保障，很多机构开始考虑向数字化方向转型，数字景区、数字博物馆、数字图书馆、智慧文创园区等不断走向完善，运用VR、AR、AI、全息、大数据等技术的虚拟现实景区不断出现，并运用数字技术对食、住、行、游、娱、购等环节进行改造和提升，云演艺、云娱乐、云直播、云展览、沉浸式游乐园、VR乐园、线上全景游等新业态不断呈现，为文化旅游发展提供了新动力，为旅游文创新业态的出现提供了新支撑。在国家大力发展数字产业背景下，文化和旅游数字资源产业化快速发展，优秀文化资源的数字化转化、存储和开发成果初步呈现，形成海量数字文化资产。以数字文化资产为依托，借助科技和创意，更多的数字文创产品、沉浸式文创产品等业态将成为行业发展焦点。2021年元宇宙概念的迅速走红，让一个平行于现实世界的虚拟世界成为可能，为旅游文创的新形态提供了很大的发展空间。

（三）潮玩出圈与新文创消费爆发式增长

从 2010 年至 2020 年，“国潮”概念悄然兴起并迅速走红。“国潮”是寻找传统文化与产品的关联，将民族元素与产品视觉表达相结合所作出的跨界吸睛流量创新。2018 年被称为“国潮”元年，根据导购平台返利网发布的相关数据，2019 年“国潮”关键词搜索量同比增长 392.66%，“国潮”成为最受年轻人欢迎的时尚潮流。从故宫口红到完美日记、花西子、喜茶、元气森林、波司登、飞鹤奶粉等国货消费热潮持续升温。国潮崛起的背后是中国文化品牌的崛起，反映了中国文化自信和文化影响力的提升，以及年轻人对本土文化和本国文化的认可。

在文创领域与“国潮”相对应的另一个概念是“潮玩出圈”。潮流玩具目前主要可分为艺术玩具、盲盒公仔、手办模型、BJD（球型关节人偶）玩具四大类别。通常根据文化与娱乐 IP 设计，狭义的潮玩 IP 可由艺术家打造，广义的潮玩 IP 也可由电影、动漫、游戏或其他内容来源授权而得，潮流内容使其超越功能用途而更适合展示及收藏。与传统商品零售不同的是，潮玩商品中“文化和创意”是其核心价值，在物质满足的时代，消费者不仅仅是为了实用性而购物，更多愿意为了“情感价值”而消费，“潮玩”除了 IP 价值也拥有一定的情感附加值，使其从单纯的产品销售发展为“娱乐”和“情感”的相互传递（见图 3-1）。

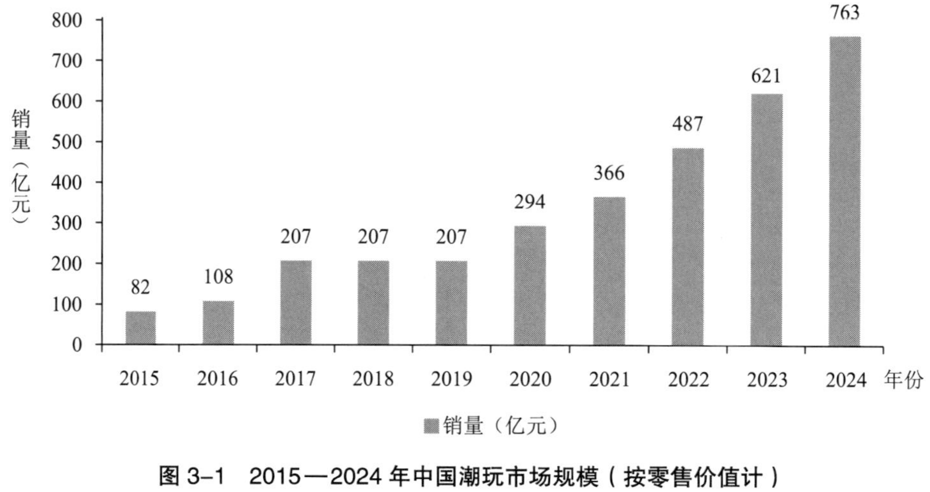

图 3-1　2015—2024 年中国潮玩市场规模（按零售价值计）

（数据来源：2020 年中国潮玩行业分析报告）

（四）知识产权保护力度持续加强

文创产业是文化、创意、科技与经济高度融合的新兴产业形态，知识产权保护是文创产业发展的基本前提。近年来，旅游文创市场越来越规范，更多文创企业意识到了知识产权保护的重要性，知识产权保护环境不断优化。2015—2020 年，国家版权登记数量年复合增长率达 25%。很多文化旅游景区，尤其是博物馆，在文创开发的实践中更是意识到了对自身文化资源从著作权、商标、专利等方面进行全方位的保护，合理抵制侵权，利用法律武器维护自身的合法利益（见图 3-2、表 3-1）。

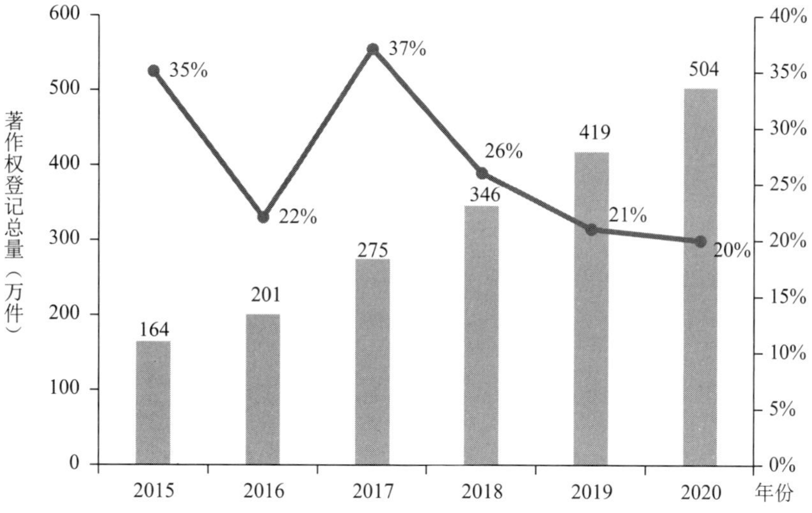

图 3-2　2015—2020 年中国国家版权登记数量及增速

（数据来源：中国国家版权局）

表 3-1　2020 年各大博物馆累计版权注册数

	专利	商标	软件注册权	作品著作权
故宫博物院	22	423	6	3
中国国家博物院	10	697	1	—
首都博物馆	10	67	2	—
上海博物馆	46	38	8	2

续表

	专利	商标	软件注册权	作品著作权
南京博物院	32	5	1	—
苏州博物馆	1	4	—	48
湖南省博物馆	16	105	2	3
三星堆博物馆	—	144	—	—
陕西历史博物馆	—	180	6	—
敦煌研究院	148	236	15	24

数据来源：天眼查。

一些有条件的旅游城市、文化产业园区、历史文化街区开始成立知识产权服务中心、维权中心，打造知识产权科技文化融合区、国际知识产权服务集聚区，推进快速维权中心建设和推进知识产权服务创新创业体系构建，为原创知识产权主体提供政策法规、行政保护、司法保护等服务，还在调解知识产权纠纷、及时发现和处理专利侵权、提供假冒行为线索等方面为文创企业提供全方位保护。截至 2021 年年底，全国知识产权快速维权中心达 28 家，其中，2021 年新建知识产权快速维权中心 6 家。

第二节　旅游文创行业发展现状

（一）旅游文创发展总体特征

2020—2021 年，中国旅游文创产业进入转型调整期。疫情的影响打乱了线下旅游的节奏，传统的旅游商品产业出现大面积萎缩，部分本来就勉强维持、艰难度日的旅游商品企业不得不关门大吉；有些旅游商品企业和旅游商品品类在疫情打击下奄奄一息。但带有文创属性的旅游商品却异军突起，取得了可喜的业绩，旅游商品向旅游文创产品的转型，成为时代发展的必然趋势。总体来看，旅游文创发展呈现出以下特征。

1. 对旅游文创供应链的重视程度开始提升

疫情期间，微旅游、周边游成为旅游主业态，很多旅游文创企业将消费市场转向对当地居民消费需求满足上，开发适合本地居民的线上和线下销售新品。但在采购、加工过程中遇到信息不畅、合作单位不好寻找、相关材料和原材料供应渠道缺失等问题。在国内疫情得到控制、旅游业有限开放的情况下，有些旅游文创企业为了满足市场需求，迅速调整原有的产品结构，加快开发新产品，同样面临供应链残缺、可选择合作企业过少等问题。还有些旅游文创企业由于品类过杂，缺乏有效的供应链，看似琳琅满目，但每种商品都量小价高。相比而言，那些供应链畅通的文创企业，可以根据市场变化迅速调整产品品类，开发市场新品，取得了良好的效益。在疫情影响下，旅游文创行业逐渐认识到供应链的重要性，供应链完整是保证旅游文创企业稳定可持续发展的基本保障。

2. 旅游商品与线上产品高度融合

继 2019 年 24 家博物馆在天猫开设文创旗舰店后，中国国家博物馆、河南博物院、甘肃省博物馆、成都杜甫草堂博物馆、三星堆博物馆等多个博物馆入驻天猫，2021 年“双 11”期间，故宫博物院、中国国家博物馆、苏州博物馆、中国国家图书馆、布达拉宫、敦煌研究院等近 100 家博物馆参加天猫“双 11”活动，开售首日同比激增超 400% 的爆发。此前，在 2019 年天猫新文创大会上公布的一组数据显示，此前一年线上逛博物馆人数首次超过线下，仅天猫上逛博物馆旗舰店的累计访问量就达到 16 亿人次，是全国博物馆接待人次的 1.5 倍。除天猫之外，淘宝、京东、拼多多、快手、抖音等，也成为旅游文创产品的销售渠道。同时，线上线下同步发力成为很多旅游文创的发展策略，大唐不夜城、文和友等文旅新业态是线上线下文创结合的典范。

3. 旅游文创功能性开发的方向愈发清晰

从旅游文创的品类来看，实用性、功能性的文创产品成为发展主方向。据调查，2019 年阿里平台博物馆自营店的文创产品中，家居日用、文化娱乐用品是博物馆自营文创产品核心行业，占比超过 80%。排名前 10 细类上可进一步印证，文具、礼品、钥匙扣、笔记本等家居日用和文教用品占据主流。2020 年年底举办的中国旅游商品大赛以健康生活为主题，这是中国旅游商品大赛12年来第一次不以某种文化为主题，而是以商品的功能为主题进行比赛。这种导向让旅游文创中华而不实的产品少了，贴近日常生活又有特色的产品多了。这些新变化说明旅游文创未来的发展方向是更加生活化、日用化，与人们的身心健康、美好生活相结合，满足市场长期发展需要。

4. 利用各地特色物产资源深度开发文创产品成为捷径

利用特色物产资源开发文创产品是旅游文创避免同质化、与本地文化结合的成功经验总结。特色物产资源开发不是简单的土特产加工，而是深加工再深加工。陕西省韩城市将本地生产的花椒开发成了各种食品，如花椒糕点、花椒酸奶、花椒啤酒等，还开发了个护用品，如花椒洗浴用品、花椒护肤品等，受到游客的普遍欢迎，并成为韩城特色产业。北京大兴区的“玻璃西瓜”、台中的彩绘柚画、台湾的掌声谷粒等，都成为代表地方名片的特色文创精品。

（二）旅游文创产业链结构

旅游文创的产业链结构初步呈现。产业链上游是旅游文创的IP持有方，包括有一定IP流量的各级博物馆、文化旅游景区、历史文化街区、主题公园、文创园区、历史文化名城名镇等。中游是IP运营方，包括各类文创平台、文创开发企业及与之合作的文创加工制造企业、原材料供应企业、创意设计工作室等。下游是IP销售渠道方，包括博物馆商店、景区纪念品商店、各电商平台等，通过渠道方的销售，文创产品最终到达消费者手中。在旅游文创的开发过程中，围绕市场也形成了行业协会、版权服务和科技服务等支持方，这些角色共同构成目前主要的旅游文创IP产业链结构。

对于上游IP持有方来说，IP商业化的核心不仅在于其收入规模，更在于IP传播力和社会价值，在这方面故宫博物院、敦煌研究院、颐和园等文博类机构表现较为突出，形成国内知名文创品牌，河南博物院、三星堆博物馆、杜甫草堂博物馆等后起之秀发展迅猛，成为2021年的热门IP。随着长沙文和友、诚品书店、猫的天空之城等“网红打卡地”走红，文商旅综合体、书店、主题公园、文化创意园区等也成为IP持有方。

中游运营方对上游 IP 方资源依赖较强，且整体市场仍在培育期，一方面仍处在小而美的发展阶段，另一方面呈现出依托其他行业龙头企业融合发展的趋势。目前做得较好的运营企业有上海品源文华、中创文旅、华熙生物、红纺文化、英集文化、天禹等企业。例如品源文华是国外知名博物馆大英博物馆、大都会艺术博物馆、维多利亚与艾尔伯特博物馆等在中国的文创合作方，中创文旅是颐和园文创的主要合作方，华熙生物是故宫文创的合作方。在平台方面，腾讯新文创以“文化 + 科技”的方式，与各大博物馆、旅游景区、文创城市展开深度合作，创作了包括数字创意、网络视听、数字出版、数字文娱、线上演播在内的海量文创产品。阿里巴巴集团的阿里鱼平台，中国国家博物馆的“国博文创”等也都是国内享有一定知名度的文创运营平台。

下游渠道方较为分散，呈现出线下为主、线上线下结合的特征。除了传统的博物馆商店和景区纪念品商店，众多旅游文创产品纷纷通过开设电商旗舰店、直播带货、短视频宣传等形式进行传播。抖音、快手、哔哩哔哩、喜马拉雅、携程、飞猪、淘宝、天猫、京东、小红书等新媒体平台都已成为旅游文创的渠道方。从内容上看，爆款 IP 天然具有吸粉能力，未来渠道的竞争除了 IP 资源，还在于如何培育渠道用户对 IP 的认可度，扩大文博 IP 声量（见图 3-3）。

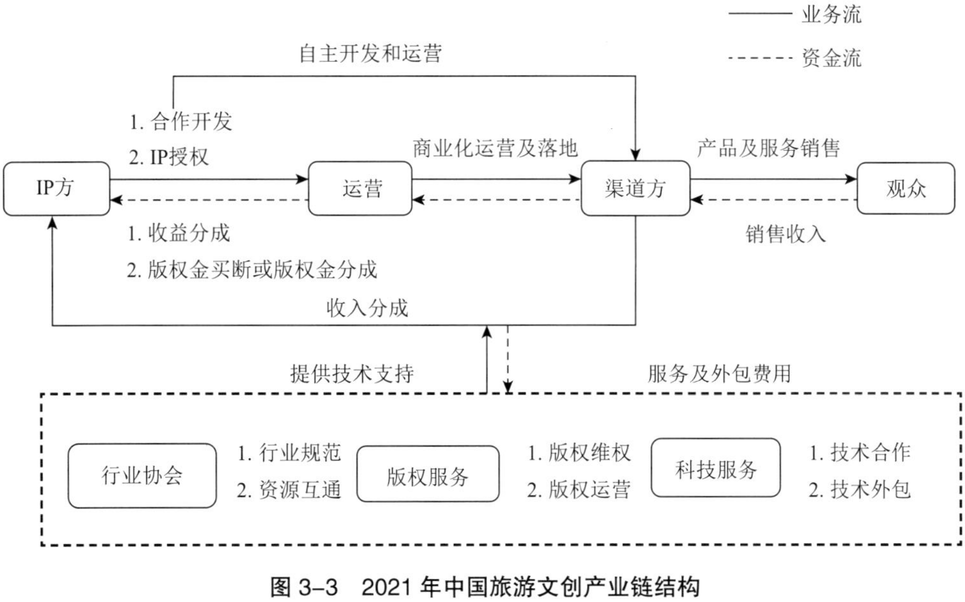

图 3-3　2021 年中国旅游文创产业链结构

由于文创产业在我国处于起步状态，相关配套产业还很不完善，行业协会、版权服务、第三方评估机构、市场监管等方面多依赖现有组织进行业务扩展，如中国博物馆协会、中国文化产业协会、中国版权保护中心、科大讯飞、华为等协会和企业，都直接或间接地涉及旅游文创相关服务，专门的旅游文创中介服务机构尚不成熟，未来还有很大的发展空间。

（三）旅游文创商业模式

目前，旅游文创产品的开发模式主要有自主开发、品牌联名、授权开发和合作开发。

自主研发仍然是目前最主要的旅游文创开发模式。很多博物馆、文化旅游景区成立自己的文创研发中心，全权负责产品研发，获得文创产品收益，拥有产品版权。例如陕西历史博物馆的“唐妞”系列、“花舞大唐”系列文创产品、河南博物院的“考古盲盒”系列文创产品、恭王府景区的“福”字系列文创，都属于自主研发的文创产品。自主研发的特点是打造充分挖掘自身文化特色的 IP，通过 IP 塑造特色鲜明的旅游目的地形象，打造主题突出的旅游目的地品牌。

品牌联名分为品牌联名、设计师联名，是各自拥有一定知名度的品牌进行联合，打造出具备双方共同特点的文创产品，由双方共同进行发布和销售，通常合作深度不强。品牌联名是近年来文创发展的热门趋势，如 2020 年，李宁与敦煌博物馆联名开发“敦煌 · 拓”系列跑鞋，B.Duck 小黄鸭与故宫合作开发“宫里有只小‘皇’鸭”系列文创，游戏《天下》与苏州博物馆合作开发“吴王夫差剑伞”等文创产品，徐福记与颐和园合作推出月饼礼盒等。品牌联名的特点是借助联名双方各自的品牌优势进行跨界融合，改变人们对品牌的刻板印象，给人耳目一新的感觉，更容易打造出文创“爆款”。

授权开发是文化旅游景区或博物馆把 IP 进行对外授权，规定 IP 使用方式和领域，并收取权利金。文化旅游景区推出自身特色文化 IP，由被授权企业进行创意设计、生产加工，景区进行文化安全和意识形态把关，并在景区和线上进行销售等。很多文旅景区出于自身技术限制，会将部分文化 IP 推出，与社会企业合作，由社会企业进行开发。例如故宫彩妆系列产品，故宫推出文化符号、创意设计，华熙生物作为彩妆生产企业，提供材料和技术，联合进行开发。授权开发的特点是文化资源向全社会开放，发挥授权方和被授权方各自的专长，提高文创开发的效率和成功率。

合作开发是双方联合开发，各负其责，共同投入较多资源，深度合作。例如公益音频节目《你好呀！故宫》由酷我畅听邀请故宫专家团队共同策划，采用“学术大家＋文化名人”的组合形式，由故宫博物院的 17 位学术专家，与王刚、鲍春来、易烊千玺等 26 位社会各界公共人物，围绕故宫历史、文化、艺术及文物收藏中的点滴故事，打造 30 个独立有趣的文化主题，在腾讯音乐平台向全国人民免费播放。这种模式能够整合社会多方面的资源和力量，让更多的人在文创开发中有参与感和获得感，在互联网时代尤其受到年轻人的欢迎。

（四）旅游文创热门产品

在文化文物单位与社会力量的努力下，相关文创产业取得了长足的发展，涌现出了一批社会效益和经济效益兼具的现象级文创产品和本土文创品牌，使传统文化在全社会形成“国潮”。影响力较大的品牌及产品有以下几个。

1. 茶颜悦色

茶颜悦色是主打中国风的 3.0 网红茶饮，属于长沙地方性品牌，已经带动长沙成为网红打卡地。茶颜悦色成立于 2013 年，主要在长沙区域经营。整体视觉以中国风为主，与故宫博物院等进行授权合作，购买其藏品的使用权和创意改编权。它的 Logo 由团扇、佳人、八角窗等传统中式符号组成，会员被称为“小主”。产品的命名也多为“幽兰拿铁”“烟花易冷”“人间烟火”“凤栖绿桂”等国风名字为主。茶杯的设计由故宫博物院名画 IP 搭配优美文案组成，适合打卡拍照，迎合了国风国潮和“颜值经济”的时代需求。在此基础上，推出调香茶、茶杯、雨伞、挎包、衬衫、拼图、车线本等 100 多种文创产品，通过社交媒体进行传播，对外地消费者具有很强的吸引力。

2. 考古盲盒

考古盲盒是河南博物院首先打造的文创产品，把时下流行的“盲盒”概念和馆藏文物相结合。盲盒将馆藏青铜器、元宝、铜佛、铜鉴等“微缩文物”藏在土中，玩家利用盲盒特赠洛阳铲进行挖掘，挖掘出来的“宝物”具有未知性，让玩家在参与挖掘中体验到神秘感和成就感。河南博物院的考古盲盒首批分为“失传的宝物”“散落的宝物”“雕刻的宝物”“文物修复大师”等不同系列，分为传说级别、传承级别和史诗级别，可能挖出“十二生肖兽首印章”“大将军虎符”“武则天金简”“杜岭方鼎”等“宝物”，而盲盒所用的土则来自洛阳邙山。自 2020 年 12 月推出，截至 2021 年 10 月，河南博物院考古盲盒销售额超过 3000 万元。此外，三星堆博物馆也推出“祈福神宫”系列盲盒，陕西历史博物馆推出青铜小分队盲盒，《国家宝藏》文创产品推出大唐仕女瑜伽系列盲盒。考古盲盒将“考古挖掘”与当下流行的“盲盒”文化结合起来，使得更多 Z 世代年轻人主动去探索学习、了解博大的传统文化。

3. 文创雪糕

文创雪糕是指景区、游乐园、博物馆等地推出的，带有本土文化特色符号的雪糕，将风景名胜所承载的文化元素运用到雪糕造型上，在满足游客口腹之欲的同时，更能满足游客手持文创雪糕拍照“打卡”、分享朋友圈的需求。文创雪糕潮流始于 2017 年，北京玉渊潭公益推出樱花雪糕，到 2019 年，北京故宫博物院使文创雪糕彻底出圈，之后，圆明园、莫高窟、兵马俑、国家博物馆、上海博物馆、北京外国语大学等单位陆续推出体现自身文化元素的文创雪糕。到 2021 年，文创雪糕更是在全国范围内形成多条成熟的产业链条，各旅游景区、主题公园、城市文化地标、特色建筑纷纷推出文创雪糕，拿着雪糕对着经典的大门拍照并上传朋友圈，成了游客基本“打卡”姿势，形成“万物皆可被雪糕”的现象。据不完全统计，全国大概有上百种文创雪糕，年产量上千万支。

4. 长沙文和友

长沙文和友将自己定位成“市井文化博物馆”，以餐饮为爆点打造自己的文创品牌，其模式被称为“文创引流，餐饮接盘”。2019 年，主打小龙虾的文和友升级为“超级文和友”，在长沙最繁华的地段、最具人气的海信广场，用破旧的建筑材料还原了一栋 20 世纪 80 年代的老长沙社区。在这个 7 层楼、2 万平方米的空间里，石灰路地板、脱落的墙皮、老旧的霓虹灯招牌、破旧的门板等，重现了 1980 年代市井生活的特色。其中，文和友邀请了包括毛姨鸡爪、李嗲豆腐脑儿、正哥牛肉串等在内的 20 多家长沙本地经典小吃商户入驻，还孵化出了文和友老长沙外卖、六点左右手打吐司、拙艺面点等品牌。除了餐饮外，洗脚城、理发店、台球室、民宿、婚姻登记处、美术馆等都被融合其中，网红达人、流量明星、街头艺人等通过各种活动来捧场，使文和友迅速成为全国知名的网红打卡地。

5. 西塘汉服节

西塘是六大江南古镇之一，开发晚于乌镇、周庄。2013 年起举办“西塘汉服文化节”，知名度逐渐接近乌镇。西塘占地面积不足乌镇的 1/6，但 2017 年西塘客流已达 1013 万人次，超过乌镇同期客流量（918 万人次）。游客对江南古镇的游览已经不再满足于简单的看古迹、吃美食。穿越到过去、融入古镇中的体验无疑要比简单的游览更具有吸引力。西塘汉服节由游客身穿汉服，在江南古镇体验中国古风古韵，突出了参与感、体验感，深受中国年轻人喜爱，甚至吸引了部分日韩年轻人。华衣美服是中国悠久的文化传统，在东亚有深远的影响力，和服、韩服皆可溯源于此。传统本应由长辈传承给年轻人，但由于华衣美服在中国中断六甲子，这一文化的复兴由年轻人主导，文化再创造的特点较为明显。汉服节类似欧美盛大的 Cosplay（角色扮演），由于贴近现代人的审美、表现和参与方式，传播方式采用互联网、社交营销、短视频等新兴渠道，对年轻人的吸引力出现大幅提升。

（五）旅游文创推广体系

除传统的线下实体店营销方式，随着大数据、5G 等带来的“云旅游”、直播带货等文旅新业态的出现，旅游文创的营销方式也发生了很大变化。首先是注重线上推广，很多博物馆、旅游景区加入电商平台，在淘宝、天猫、京东等平台开设文创旗舰店。截至 2020 年，淘宝天猫共有 46 家国内外博物馆店铺，粉丝数最多的是故宫淘宝（729.6 万）、故宫文创（439 万）、中国国家博物馆（179.8 万）。据 2019 年统计数据，阿里平台博物馆自营店铺访问人次为 16.12 亿，超过了全国博物馆接待的 10.44 亿，年实际购买过博物馆文创产品的消费者数量已近 900 万，相比 2017 年增长超 4 倍。2021 年“双 11”活动期间，天猫携手花西子、李子柒、钟薛高等新兴品牌，以及老庙黄金、西泠印社、中国国家博物馆、三星堆博物馆等传统国潮品牌，以年轻用户为销售群体，220 家老字号在天猫“双 11”的销售额同比增长超过

100%，回力等品牌销售额更是突破 1 亿元，充分印证了老字号及传统文化的魅力。

线上销售与新场景结合也取得了很好的成效。现象级综艺节目与文创的融合发展成为近年来的文创热点。如综艺节目《国家宝藏》在天猫开设“你好历史旗舰店”，在节目策划的同时进行文创产品策划，以节目流量带动文创销量。河南卫视综艺节目《唐宫夜宴》走红后，与“唐宫小姐姐”相关的各类文创产品也陆续推出，并取得了不错的销售成绩。

由于文创行业目前依然属于小众化市场，网络广告等传统的覆盖型营销方式性价比较低，而自媒体、短视频等精准营销方式更适合，因此，新媒体营销成为旅游文创的新兴渠道。2021 年年初，中国非物质文化遗产保护协会联合电商共同主办“非遗牛年大集”活动上，看非遗直播、购非遗好物、品非遗美食、赏非遗绝技，被很多消费者称为“线上大年集”。

直播推广也备受关注。重庆市 2020 年启动“晒旅游精品 · 晒文创产品”大型文旅推广活动，产品包括重庆本地特色的非遗产品、运动健康产品、美食休闲产品等，观众在欣赏线上美景的同时了解文创产品，取得了很好的成效，直播活动销售货品 264 万件，全口径销售额约 1.05 亿元。

（六）旅游文创消费群体

据《2021 国潮新消费产业洞察报告》显示，旅游文创的消费群体中，“90 后”占比为 49%，“00 后”占比 26%，“80 后”占比 17%，其他人群占比 8%，可见，新消费群体以年轻人群体为主，Z 世代（1995—2009 年出生，约 2.64 亿人）、新中产（平均年龄 35 岁，2025 年或超 5 亿人）、小镇青年（25~35 岁，约 2.27 亿人）为主。Z 世代乐于尝试新事物，引领新潮流。新中产有一定的知识和财富积累，追求生活品质和休闲放松，是较高端消费客群。新消费主体的共同特征是，相对于物理价值，更愿意为产品的情感溢价付费；相对于实用价值，更愿意为产品的设计理念和颜值付费；相对于实物消费，更愿意为自我成长、自我愉悦、自我实现付费。于是几十元的网红奶茶、几千元的设计师签名款 T 恤、明星签名照等成为消费“刚需”。

第三节 旅游文创行业发展存在的问题

（一）旅游文创供需尚未平衡

课题组对旅游文创市场发放调查问卷，共收回 543 份有效问卷。从消费意愿来看，在被调研人群中，有 96.57% 的人表示关注过旅游文创产品，80.64% 的人在旅游过程中有购买文化体验项目的经历，76.72% 的人有购买文创产品的经历。但从消费满意度来看，89.91% 的人对旅游文创消费的满意度为一般或不满意。说明在消费升级和大众审美品位提升的时代背景下，景区文创的供给与需求存在严重错位。这种错位首先表现为产品类型的“冰火两重天”，一方面大量的纪念衫、帽子、丝巾、扇子、木剑等千篇一律的小工艺品充斥市场，无人问津；另一方面能够体现文化旅游地自身特色的、有创意有新意的文创产品却供应不足。一些世界级的历史文化旅游景观旅游重点景区售卖的旅游产品，仍是三十年前的木剑、口哨、佛珠佛串等，毫无创新。其次是旅游文创品质整体偏低。充斥市场的多为材质与工艺不合格、没有设计感的中低端旅游产品。原因首先是由于消费者市场尚未完全培育好，很多人在旅游中选择了不购物或者是购买低价位的旅游纪念品，因为大众旅游消费很多是冲动式消费，人们很难在短期内完成对商品的品质和价格进行全面评估，相对而言低价位商品的购物风险相对较低，后悔和试错的机会也相对较少。其次，对商家而言，中高端文创产品开发成本高、定价高、产量少、受众面窄，因此市场风险较大，商家一般不愿意冒险去尝试，这就造成当前旅游文创市场“劣币驱逐良币”的现象。

（二）文创消费潜力未能释放

旅游文创消费的整体水平较低，从调查结果可以看到，74.85% 的人只接受 100 元以下的旅游产品，在产品类型上也多是选择服饰、非遗、工艺品、美食等中低端产品，因此在拉动消费方面发挥的作用有限。从全国文化消费数据来看，2019 年我国文化消费占比仅为 3.93%，而 2016 年美国、英国、日本、德国和澳大利亚文化消费占比已分别达到 11.45%、11.62%、9.93%、9.97、14.93%，约高出我国文化消费 3 倍以上。从区域性旅游收入数据分析来看，旅游商品购物消费占全部旅游业收入的比重仍偏低。在一些旅游发达国家，旅游商品购物收入在其旅游综合收入中的份额占比一般在 45% 左右，瑞士甚至达到 63%，而 2019 年中国 A 级旅游景区旅游商品购物收入为 1130.55 亿元，约占全国旅游总收入的 19%（参见图 3-4），旅游文化创意产品最发达的北京，旅游购物消费在其旅游总消费中的份额占比虽然从 2004 年的 4% 大幅增加到 2019 年的 38%，但是在全球范围内仍有不小差距。峨眉山、黄山、九华山、张家界、长白山、丽江温泉旅游等多家挂牌上市的山岳型景区，主要业务收入均来自登山索道、旅游专线客运、餐厅、旅行社等，旅游文创产品和购物中心业务在其总收入的整体比重由于规模太小而未能单独公布（见图 3-4）。

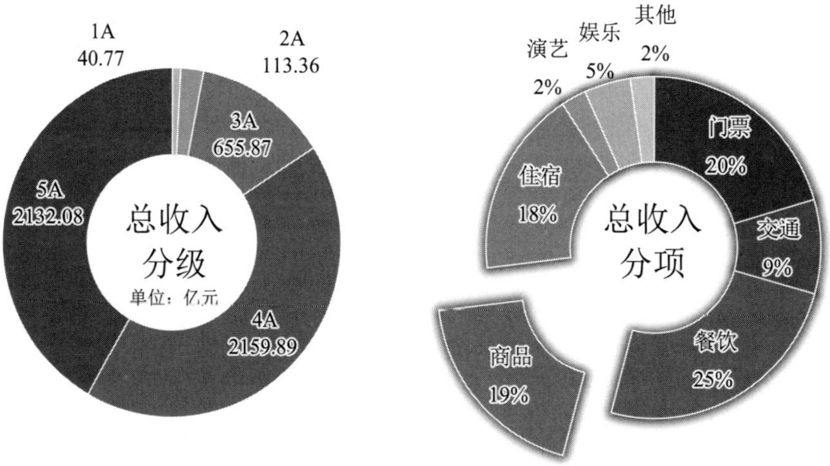

图 3-4　2019 年中国旅游收入分级及分项情况

数据来源：中华人民共和国文化和旅游部资源开发司联合中国科学院地理科学与资源研究所旅游研究与规划设计中心于 2020 年 12 月发布《中国旅游景区发展报告（2019-2020）》

（三）文化创意特征未能充分体现

文创产品最突出的两大特征是文化和创意，目前来看这两大特征在景区文创产品中都没有得到充分的体现。调研中消费者最不满意的文创产品消极因素是地方文化特色不明显（55.64%）和产品外观设计不新颖（65.3%），最希望景区文创产品能够在创意创新方面有所改进（76.53%）。目前很多景区的文创还停留在初级阶段，典型表现就是将景区代表性文化符号直接贴在茶杯、T恤衫、冰箱贴上，缺乏创意转化。其次是原创能力差，一旦某个旅游景区的文创产品开始走红，全国各个景区都会迅速跟风模仿，例如文创雪糕，在故宫、圆明园、黄鹤楼、承德避暑山庄、兵马俑等景区先后推出了文创雪糕后，所有的旅游景区迅速推进，引发了一场在全国范围内风靡的“符号盛宴”，全国大约有上百种的文创雪糕，每年产量超过上千万支。但随着市场规模的扩大，文创雪糕“内卷”严重，创意属性逐渐减弱，陷入同质化怪圈。再次是文化挖掘不足，文化遗址景区最突出的亮点是历史文化的集中呈现，使民族文化精神得以具象化呈现，民族文化基因在体验中得以传承，调研中74.08%的人认为目前景区文创在优秀传统文化挖掘方面还存在不足，在丰富景区旅游体验、提升景区文化内涵及文化品位方面发挥的作用有限。

（四）文创消费渠道未能完全畅通

从实地调研情况来看，目前大部分旅游文创产品的销售渠道有两种：线上销售和线下销售。线下销售是最为常见的销售方式，很多文化遗址景区都有旅游商店，售卖小商品及旅游文创产品。近年来随着故宫博物院等一批博物馆文创产品的走红，很多文化旅游景区开了网上旗舰店，但销售情况却并不理想。以北京地区的文化遗址景区为例，除故宫博物院、国家博物馆等超级IP的天猫淘宝店人气旺盛，其他景区文创产品线上文创销售境况堪忧。2021年8月，天坛在淘宝上开的“天坛好物”旗舰店粉丝不到万人，单品月销售量不超过10件。恭王府官方淘宝店粉丝7360人，全部产品只有一款纯铜廉政书签，月销售量为0。八达岭长城礼物点粉丝数为89，月文创销量为1件。玉渊潭公园、景山公园、香山公园等均没有网店。可见，文创产品的销售对很多景区而言是附属品，尽管消费者已经意识到文创产品的文化价值和经济价值，但景区经营者并没有将文创产品放到提升景区文化活力、丰富景区文化业态、拉动景区文化消费的层面去重视。

第四节　旅游文创行业发展前景

（一）旅游文创行业发展面临的挑战

1. 疫情等不确定因素对旅游产业的制约

2020 年新冠疫情暴发后，我国的旅游业发展呈现停滞的状态，很多的企业资金链断裂，企业濒临破产。中国境内外游客数量呈现“断崖式”下跌，全球旅游业开始进入冰封期。大量旅游订单取消和退款，此前预定的旅游订单退改率超过 80%。企业的现金流受到“退改潮”的考验，全行业出现资金吃紧的现象，旅行社、航空公司、酒店、餐馆、景点面临现金流压力。2021 年全球疫情的减缓和反复，让旅游业面临疫情常态化背景下如何进行调整和改革的问题。作为旅游业组成部分之一的旅游文创也同样受到强烈的冲击，也需要思考在数字文旅时代如何进行转型和重新布局的问题。

2. 行业质量标准与行业市场监管的滞后

随着文化创意产业迅速兴起，作为产业发展导向和指南的分类“国标”严重滞后问题凸显。首先，国家层面对文化创意产业的概念、内涵、外延分类不清，没有统一的文化创意产业分类标准和统计指标体系，“国标”滞后导致“地标”不一，各地对文化创意产业的理解五花八门，统计口径不一。其次，文创产品市场没有行业监管标准，在文化文物资源数据化采集、文创产品知识产权评估、文创产品质量监控方面，都没有制定行业标准，尤其是对跨界融合产品，市场监管更难进行，造成市场上文创产品良莠不齐，甚至劣币驱逐良币的现象。

3. 文创综合型人才的缺乏及文化内涵建设

文化和旅游进入深度融合发展阶段，很多旅游景区面临着如何提升景区文化内涵，丰富景区文创供给和增强景区体验感的问题，很多文化场馆面临如何开发文创产品满足大众游客需求的问题，文化内涵建设及文化体验感的提升成为文化旅游行业关注的焦点。旅游文创是文旅高质量发展的重要抓手，但目前最缺乏的是能够将文化和旅游联通起来的文创人才，包括文化解读专家、文创设计师、文创工艺大师、高校文创设计人才、文化科技人才、文化金融人才等。中国有海量的传统文化资源，但资源转化为产品，创意人才是关键。

（二）旅游文创行业发展趋势

1. 供给与需求双向提升，共同加速旅游文创爆发拐点

展望未来我国旅游文创发展的底层驱动力走向，将呈现供给与需求双向提升的加速发展阶段，旅游文创有望在不久的将来呈现拐点式爆发。根据国际经验，当恩格尔系数低于 30% 以后，会出现消费领域的“文化跃迁”，文化（含旅游）消费支出占居民消费总支出的比例大幅攀升，高质量的文化旅游消费成为居民生活必需品。20 世纪 80 年代美国的恩格尔系数已经降到 20% 以下，日本、加拿大等国的恩格尔系数也在 20%~30%，中国的恩格尔系数 2019 年为 28.2%，2020 年受新冠疫情影响略升到 30.2%，说明中国已经进入文化旅游消费需求大幅增长时期。

从供给层面来看，我国有大量的文化旅游景区、文化文物单位、珍贵文物资源、经典古籍善本、非物质文化遗产，这些丰富的文化资源，都可以转化为旅游文创的 IP。尤其是近年来国家实施的文物数字化工程及国家文化资源大数据平台建设工程等，让文化资源在更大范围内的开放具备了条件。技术层面，随着 5G、大数据、虚拟现实等科技成果在文化旅游领域的普及使用，为文化资源的创新利用提供了技术保障。市场主体层面，2021 年出台的《关于进一步推动文化文物单位文化创意产品开发的若干措施》为文化文物单位松绑，允许更多文化文物单位成为文创开发的市场主体，腾讯、百度、阿里等互联网品牌在文旅文创领域持续发力，众多文化企业意识到文创市场的发展潜力，相信未来将有越来越多的文旅品牌诞生。

从需求层面来看，“90 后”“00 后”作为旅游文创消费主力军的市场趋势不会改变，道路自信、制度自信、文化自信进一步加强，国风文化将持续引领时尚潮流。不断深化的教育改革更加注重儿童的底层素养和面向未来的综合竞争能力，如艺术素养、人文历史、审美能力等，将为旅游文创市场培养更多消费潜力军。产业层面，旅游文创 IP 商业化模式多元创新，跨界合作仍是市场主流，类似考古盲盒等

新的文创产品不断出现，将持续引领旅游文创市场走向繁荣。

可以预测，旅游文创商业模式将更加成熟，旅游文创产品供给将更加多元，旅游文创爆发式增长拐点有望到来。

2. 发展复合型文化空间，塑造文旅消费新场景

复合型文化空间及场景式文化消费将成为旅游文创未来消费新趋势。融创文化在武汉设立全国首个阿狸主题艺术空间“阿狸 · 呓境”，是一个集“IP+ 人文 + 艺术 + 社交”为一体的复合型体验空间，有阿狸的书吧、水吧、画廊、零售空间、茶室、餐饮包间、阿狸空中花园多个业态，迎合喜欢阿狸的年轻群体的多元体验需求。除此之外，敦煌 IP 授权中心的国潮国漫潮玩馆、敦煌之恋主题乐园等，也释放出信号：未来旅游文创将不再是单纯的文创产品售卖，而是打造复合型的文化场景，以沉浸式的方式让消费者在体验中感受文化内涵，购买文创产品。

在文创发展较早的文博领域，随着用户对博物馆的接受度提高，以及围绕博物馆 IP 所延展的消费方式的供给增多，博物馆已经开始着手打造复合型功能场景，除了展览、教育、研究等核心功能，对于观众来说，在博物馆中购买文创产品、欣赏影音作品、硬软件互动、体验特色活动、品尝博物馆主题餐饮等，真正感受博物馆文化的魅力，享受新型城市第三空间，正在成为一种时尚生活方式。而对广大旅游景区而言，打造融餐饮、文创、书店、健身、观影等多业态于一体的复合型文化空间，也是提高景区文化内涵、吸引游客的有效方式。

3. IP 引领文创，中国品牌及中式生活方式热度继续

随着文旅融合的持续深入和民众文化消费需求的不断提升，IP 在文化旅游发展中所占的比重不断增加，每一个城市、每一个景区的品牌、产业、业态都将围绕自身文化 IP 来构建，缺乏主题文化的推动，单个消费环节难以形成互动，缺乏整体旅游消费聚集的功能。所以，文化主题的提炼、文化 IP 的打造，通过文化赋能旅游发展，将成为文化旅游发展的关键环节。在此基础上，未来文化旅游领域必然会出现大量的文化 IP，大量文化 IP 转化为文创产品，将会使中国文化得到更好的传承和传播。

从经济发展趋势来看，新冠疫情的影响还将持续，大量海外工厂停产、国际贸易受阻，海外品牌竞争力下降，给国潮经济的发展提供了更大的空间。在文化 IP 打

造方面，以中国传统文化叠加现代潮流元素的国风、国潮将继续成为关注的热点。国潮在过去 10 年关注度上涨 528%，如今已经步入 3.0 时代，国潮将从垂直细分领域拓展至全品类全领域，更多传统文化和技艺得到面向市场的机会，从旅游文创这一细分领域逐渐向全社会发展，形成爆款市场，让中国传统文化在更广泛的群体普及，最终形成生活方式。伴随着国家经济的整体发展，国潮文创市场也将走向国际，成为中华文化的重要输出途径。

4. 科技赋能提升，数字文创产品发端布局

2021 年，元宇宙第一股游戏公司 Roblox 上市、Facebook 改名 Meta，让元宇宙的概念迅速走红，沉浸式体验、自由创造、经济系统、文明形态、社交网络等特征，为科技赋能旅游提供了更大的可能性。虽然元宇宙时代的到来尚需时日，但数字文旅的发展已经成为行业关注的风向标。在文创领域，数字藏品的概念悄然兴起。数字藏品是指使用区块链技术，对应特定的作品、艺术品生成的唯一数字凭证，在保护其数字版权的基础上，实现真实可信的数字化发行、购买、收藏和使用。目前，蚂蚁、腾讯、百度在内的各大互联网巨头均开展了相关业务。以蚂蚁集团为例，自发起“宝藏计划”以来，截至 2021 年 12 月已有 17 家博物馆加入并陆续发行数字藏品，蚂蚁链（2022 年更名“鲸探”）为其提供技术支持。2021 年我国共计发售数字藏品数量约 456 万份，总发行价值约为 1.5 亿元。2021 年在蚂蚁链发行的数字藏品有支付宝的敦煌飞天付款码。2021 年，在蚂蚁链发行的数字藏品有支付宝的敦煌飞天付款码、若爱国潮“Nanci 嫦娥—与月说”等，3D 藏品、卡牌、漫画以及音乐音频都是数字藏品的表现形式。这些数字藏品还处于数字文创的初级状态，相信随着元宇宙的产业布局和技术跟进，数字文创与虚拟空间相结合，将会引发文创领域的巨大变革。

（作者简介：宋朝丽，中国旅游研究院文化旅游研究基地特约研究员，河南牧业经济学院副教授；李芳娟，中国旅游研究院文化旅游研究基地研究助理）

第四章　非物质文化遗产旅游发展分析与展望

彭恒礼　李静静

当前，非物质文化遗产（以下简称“非遗”）与旅游融合发展已经成为文化和旅游融合主题背景下的重要内容。非遗作为中华优秀传统文化的重要组成部分，是传承中华文明、赓续中华文脉的重要载体。非遗与旅游的融合发展，能把数量巨大的文化资源的存量激活，丰富旅游产品供给；又能使中华五千多年的优秀传统文化得到传承与发展。作为文化和旅游的重要组成部分，非遗旅游在提升文化自信，建设文化强国，提高国民幸福感，增加就业机会、减轻贫困，增强不同文明之间的交流与互鉴，助力乡村振兴和“一带一路”建设等方面，都有着巨大的发展潜力。

第一节　非遗旅游发展的政策环境

（一）国家政策支持加大

党的十八大以来，习近平总书记高度重视传承和弘扬中华优秀传统文化。2017年春节前夕，中办、国办出台《关于实施中华优秀传统文化传承发展工程的意见》，首次以中央文件形式专题阐述中华优秀传统文化传承发展工作。2021年是“十四五”开局之年，中央宣传部《中华优秀传统文化传承发展工程“十四五”重点项目规划》出台，制定了未来五年优秀传统文化发展蓝图。2021年11月11日，党的十九届六中全会通过的《中共中央关于党的百年奋斗重大成就和历史经验的决议》，深刻总结了党的十八大以来推进文化建设的战略部署和重大成就，强调了“推动中华优秀传统文化创造性转化、创新性发展”。非遗作为中华优秀传统文化的重要组成部分，在国家重大战略部署的支持下，非遗保护传承工作取得显著成绩，推动非物质文化遗产实现创造性转化、创新性发展。

2021 年 5 月，文化和旅游部印发《“十四五”文化和旅游发展规划》。这是文化和旅游部组建后编制的第一个五年规划，重申了推进文化和旅游融合发展的思路，提出“坚持以文塑旅、以旅彰文，推动文化和旅游深度融合、创新发展，不断巩固优势叠加、双生共赢的良好局面”。针对非遗与旅游融合发展，《“十四五”文化和旅游发展规划》提出：建设集传承、体验、教育、培训、旅游等功能于一体的传承体验设施体系。加强国家非遗专业研究力量，建设一批非物质文化遗产研究基地。结合国家重大战略加强非物质文化遗产保护传承，建立区域保护协同机制。加大非物质文化遗产传播普及力度，开展宣传展示交流等活动。推出一批具有鲜明非物质文化遗产特色的主题旅游线路、研学旅游产品。

2021 年 6 月，文化和旅游部发布《“十四五”非物质文化遗产保护规划》。在总结“十三五”时期非遗扶贫经验基础上，提出要把非遗“融入重大国家战略，推动非遗与旅游融合发展，加强革命老区、少数民族地区、边疆地区非遗保护传承”等措施。针对非遗与旅游融合发展，提出在“有效保护的前提下，支持利用非遗馆、传承体验中心、非遗工坊等场所，培育一批非遗旅游体验基地。推出一批具有鲜明非遗特色的主题旅游线路、研学旅游产品和演艺作品。支持非遗有机融入景区、度假区、旅游休闲街区、特色小镇，鼓励非遗特色景区发展。”这些举措是未来五年对非遗作为社会经济发展重要资源和动力作用的充分发挥，是新时代推动中华优秀传统文化创造性转化、创新性发展的具体要求。

2021 年 8 月，中共中央办公厅、国务院办公厅印发《关于进一步加强非物质文化遗产保护工作的意见》（以下简称《意见》）。明确了当前和今后一段时期我国非物质文化遗产保护工作的指导思想、工作原则、主要任务和保障措施。《意见》提出：在有效保护前提下，推动非物质文化遗产与旅游融合发展、高质量发展。深入挖掘乡村旅游消费潜力，支持利用非物质文化遗产资源发展乡村旅游等业态，以文塑旅、以旅彰文，推出一批具有鲜明非物质文化遗产特色的主题旅游线路、研学旅游产品和演艺作品。支持非物质文化遗产有机融入景区、度假区，建设非物质文化遗产特色景区。鼓励合理利用非物质文化遗产资源进行文艺创作和文创设计，提高品质和文化内涵。利用互联网平台，拓宽相关产品推广和销售渠道。鼓励非物质文化遗产相关企业拓展国际市场，支持其产品和服务出口。此次出台的《意见》是我国首次以两办名义印发的进一步加强非物质文化遗产保护工作的政策性、纲领性文件，是制定实施相关方案意见、政策措施和建设相关工程项目的重要依据，对新时代非遗旅游活化工作提出更高要求，也为探索中国特色非遗旅游活化模式指明了方向。

从以上文件的出台可以看出，非遗旅游已被写入国家战略发展性文件，国家对非遗旅游的融合发展和高质量发展提出了明确的要求和实践路径，这些政策的出台也为非遗旅游的发展给予了有力保障。

（二）地方政策供给充足

在国家政策的支持和引导下，各地政府也积极主动作为，积极学习贯彻国家相关政策精神，相继颁发各种有关政策措施。主要有以下几方面的表现：

一是出台《非物质文化遗产保护条例》。2021 年 6 月是《中华人民共和国非物质文化遗产法》（以下简称“《非遗法》”）颁布实施 10 周年，《非遗法》是文化领域的重要法律，也是我国履行国际公约义务的重要体现，更是指导开展非遗保护工作、维护文化多样性的坚实保障。各地政府部门积极组织以座谈会、集中学习、主题展等方式学习贯彻落实《非遗法》。比如非遗司以专题学习的形式组织学习《非遗法》；青海省、江苏省等省市组织召开座谈会，回顾总结这 10 年来宣传贯彻落实《非遗法》所做的工作和所取得的成果。浙江省还组织线上线下一系列宣传活动，重点宣传展示贯彻落实《非遗法》所取得的成效和经验。主场活动当天举办了浙江省纪念“《中华人民共和国非物质文化遗产法》颁布实施十周年”主题展，展示近年来非遗保护传承的重要成果和优秀实践案例，等等。

有些省市在《非遗法》的指导下，出台了《非物质文化遗产保护条例》。比如 7 月 30 日宁夏回族自治区修订通过《宁夏回族自治区非物质文化遗产保护条例》，规定县级以上人民政府文化和旅游主管部门应当将非物质文化遗产传承基地、保护设施纳入主题旅游线路，开发具有非物质文化遗产特点的旅游项目和旅游产品。9 月 29 日，青海省审议通过《青海省非物质文化遗产条例》，提出县级以上人民政府应当结合乡村振兴战略，支持非物质文化遗产特色村镇、特色街区建设，发展乡村旅游、生态旅游、研学旅游，推动非物质文化遗产保护与旅游产业融合发展；与 10 年前的《条例》相比较，新出台的《条例》增加了非遗与旅游融合发展相关内容，这一举动说明各地已从省一级层面来规划非遗与旅游融合发展的蓝图。

二是出台省级层面的“十四五”文化和旅游发展规划。继文化和旅游部印发《“十四五”文化和旅游发展规划》后，各省也相继发布省级层面的“十四五”文化和旅游发展规划，对“十四五”时期文旅发展进行顶层设计和系统谋划（见表4-1）。

表4-1　各省份“十四五”文化和旅游发展规划涉及非遗旅游的内容

发布单位	规划名称	非遗旅游相关内容	发布时间
北京市文化和旅游局	《北京市“十四五”时期文化和旅游发展规划》	拓展“非遗+”融合范围，开展“非遗+旅游”等合作；完善京津冀非遗保护协同发展机制，在跨区域调查研究、传承发展、旅游体验等方面开展深度合作。	2021年9月
天津市文化和旅游局	《天津市文化和旅游融合发展“十四五”规划》	采用以“旅游产品文化化”“文化产品旅游化”为主的融合方式，将非物质文化遗产的技艺体验、衍生品设计与开发等融合到旅游体验的项目中。	2021年6月
河北省人民政府办公厅	《河北省文化和旅游发展“十四五”规划》	推动非遗与旅游融合发展，推出一批具有鲜明非遗特色的主题旅游线路、研学实践教育基地和演艺作品，探索非遗进景区新模式。	2021年10月
上海市人民政府办公厅	《上海市社会主义国际文化大都市建设“十四五”规划》	提升苏州河水岸活力，充分利用物质和非物质文化遗产资源，依托滨水空间推出一系列丰富市民生活的公共文化活动。	2021年6月
广东省文化和旅游厅	《广东省文化和旅游发展“十四五”规划》	促进非遗与旅游融合发展，支持利用非遗资源发展乡村旅游等业态，开发一批具有鲜明岭南非遗特色的主题旅游线路。	2021年11月
福建省人民政府办公厅	《福建省“十四五”文化和旅游发展规划》	促进非物质文化遗产活化利用，推出一批非遗主题旅游线路和产品，大力发展非遗研学旅游。	2021年9月
海南省人民政府办公厅	《海南省“十四五”旅游文化广电体育发展》	促进非物质文化遗产与旅游业融合发展。持续开展“非遗进景区”活动，通过旅游的方式促进非遗融入现代生活、服务人民群众。打造“非遗+公共文化+旅游”文旅综合体验区，整合非物质文化遗产和公共文化优势资源，推出特色文化体验型旅游产品和旅游线路。开展“非遗进夜市”活动，通过非遗表演、非遗互动与非遗体验，打造海南特色的夜市文化。	2021年7月
江苏省人民政府办公厅	《江苏省“十四五”文化和旅游发展规划》	鼓励省级非物质文化遗产创意基地、非物质文化遗产旅游体验基地开发旅游体验产品、文创旅游商品，引导各地创新举办无限定空间非遗进景区活动，突破时间、空间、形式限制，植入形式多样的展览展示展演和体验活动，遴选一批省级示范项目，让游客充分感受非物质文化遗产活态展示魅力。	2021年10月

续表

发布单位	规划名称	非遗旅游相关内容	发布时间
浙江省发展改革委、浙江省文化和旅游厅	《浙江省旅游业发展“十四五”规划》	推进非遗展示馆、体验基地和传统民俗活动场所纳入重点旅游线路，培育10个文化传承生态保护区、100个非遗旅游景区、1000个非遗体验点，引导游客参与非遗体验	2021年5月
浙江省发展和改革委员会	《浙江省文化改革发展“十四五”规划》	建设非遗展示馆、非遗生活馆、非遗街区、非遗旅游景区、非遗民宿、非遗文创园，加强非遗文创产品开发，推动非遗融入生产生活。	2021年6月
辽宁省文化和旅游厅	《辽宁省“十四五”文化和旅游发展规划》	推出一批具有鲜明非遗特色的主题旅游线路、研学旅游产品。	2021年9月
吉林省人民政府办公厅	《吉林省文化和旅游发展“十四五”规划》	倡导非遗项目与旅游、商贸融合，丰富传统文化产品资源，创建吉林省非遗项目产品（商品）知名品牌。	2021年11月
黑龙江省文化和旅游厅	《黑龙江省“十四五”文化和旅游发展规划》	推进非遗进景区，支持各地依托非物质文化遗产展示馆、传习所、工坊等开展研学游、体验游。	2021年6月
陕西省文化和旅游厅、陕西省发展和改革委员会	《陕西省“十四五”文化和旅游发展规划》	深入挖掘乡村旅游消费潜力，支持利用非遗资源发展乡村旅游等业态，推出一批具有鲜明非遗特色的主题旅游线路、研学旅游产品和演艺作品。支持非遗有机融入景区、特色小镇，建设非遗特色景区。	2021年8月
湖南省文化和旅游厅	《湖南省“十四五”文化和旅游发展规划》	在有效保护的前提下，推动非物质文化遗产与旅游融合发展，推出一批具有鲜明非物质文化遗产特色的主题旅游线路、研学旅游产品和演艺作品。加强传统村落非物质文化遗产资源梳理，充分挖掘中国民间文化艺术之乡、特色小镇、乡村旅游重点村、历史文化名城名镇名村的非遗资源，建设非物质文化遗产特色村镇、街区和景区。挖掘本地非遗元素，丰富景区和游憩场所文化内涵。	2021年8月
贵州省文化和旅游厅	《贵州省“十四五”文化和旅游发展规划》	推进非遗展示馆、体验基地和传统民俗活动场所纳入重点旅游线路，推进建设100个非遗旅游景区、1000个非遗体验点；大力推进非遗进景区。	2021年10月

续表

发布单位	规划名称	非遗旅游相关内容	发布时间
山东省文化和旅游厅	《山东省文化旅游融合发展规划（2020—2025年）》	"非遗＋旅游"。建立适应文旅融合发展要求的非物质文化遗产名录，择优包装一批非遗项目进旅游景区、旅游度假区、乡村旅游区。完善非遗生产性保护示范基地旅游功能，培育发展工业旅游、文创旅游、定制旅游等新业态，开发一批非遗主题旅游景区、旅游小镇、旅游特色村。	2020年7月
江西省人民政府办公厅	《江西省"十四五"文化和旅游发展规划》	支持在非遗特色村镇、街区建设非遗馆、传承所（点），开展"非遗在社区"工作，建设一批特色鲜明的非遗小镇。	2021年9月
宁夏回族自治区人民政府办公厅	《宁夏回族自治区文化和旅游发展"十四五"规划》	推动非遗与旅游融合发展，支持利用非遗馆、传承体验中心、非遗工坊等场所，培育一批非遗旅游体验基地；推出一批具有鲜明非遗特色的主题旅游线路、研学旅游产品和演艺作品；支持非遗有机融入景区、度假区、旅游休闲街区、特色小镇，鼓励非遗特色景区发展。	2021年10月
四川省文化和旅游厅	《四川省"十四五"文化和旅游发展规划》	深化非遗与旅游融合发展，培育"天府旅游美食""非遗之旅"等非遗体验、研学旅游品牌，支持利用非遗馆、传承体验中心、非遗工坊培育一批非遗旅游体验基地，依托"大草原""大竹海"等文旅发展联盟打造一批具有鲜明非遗特色的主题旅游线路，推动非遗有机融入景区、度假区、特色小镇等，打造一批非遗特色景区。	2021年12月
甘肃省文化和旅游厅	《甘肃省"十四五"文化和旅游发展规划》	探索"非遗＋旅游"多元化融合创新模式，实现非遗活态化、生产性传承利用。	2021年11月
河南省人民政府	《河南省"十四五"文化旅游融合发展规划》	对非物质文化遗产等进行数据采集和数字模拟，推动非物质文化遗产进景区，规划建设省非物质文化遗产馆。	2021年12月
云南省人民政府	《云南省"十四五"文化和旅游发展规划》	加强非物质文化遗产系统性保护，提高非物质文化遗产保护传承水平，推动非物质文化遗产保护成果合理利用。	2022年5月

三是出台省级层面"十四五"非物质文化遗产保护规划。2021年4月，浙江省文化和旅游厅印发《浙江省非物质文化遗产保护发展"十四五"规划》，挖掘整合特色非遗资源，加强"非遗＋旅游"载体建设，培育开发一批文旅融合项目和产品。提出至2025年，创建100个浙江省非遗旅游景区，推出10条省级非遗主题旅

游线路，评选公布 100 项浙江省优秀非遗旅游商品，建设 100 个省级非遗体验基地、100 个省级非遗生活馆、100 家省级非遗主题民宿、10 家省级非遗主题酒店。2021 年 11 月，四川省文化和旅游厅印发《四川省“十四五”非物质文化遗产保护规划》，提出“在有效保护前提下，推动非遗保护融入天府旅游名县、天府旅游名牌建设，融入大草原、大九寨、大竹海、大灌区、大蜀道等‘十大文旅精品’打造，融入长征红色旅游、巴蜀文化旅游走廊、藏羌彝文化产业走廊和茶马古道历史文化走廊建设，突出非遗资源独特文化内涵和民族、地域特色，培育新兴文旅业态。持续打造‘天府旅游美食’品牌，推出非遗美食、非遗体验、非遗研学等主题旅游线路。开发非遗旅游商品、非遗演艺作品，推动非遗融入景区、文旅小镇，建设非遗特色旅游目的地。”提出实施“天府旅游美食”品牌宣传推广工程、推动“非遗研学”常态化开展、实施“非遗进景区”工程三大具体措施。2021 年 12 月，山西省文化和旅游厅发布《山西省黄河流域非物质文化遗产保护传承弘扬专项规划（2021—2035 年）》，提出“促进黄河流域非遗保护传承与黄河文化旅游带建设有效衔接”和“充分利用‘黄河人家’‘汾河人家’等乡村旅游点、乡村民宿进行非遗展示。”

四是出台省级层面非物质文化遗产保护工作的实施意见。为深入贯彻落实习近平总书记关于非遗工作重要讲话重要指示，以及中办国办《关于进一步加强非物质文化遗产保护工作的意见》精神，有些省市反应迅速，出台省级层面的非物质文化遗产保护工作意见。2021 年 10 月，陕西省文化和旅游厅审议了《关于进一步加强非物质文化遗产保护工作的实施意见（送审稿）》。山东省文化和旅游厅出台《关于推进黄河流域　大运河沿线非物质文化遗产保护传承弘扬的意见》，提出打造黄河流域、大运河沿线非遗旅游主题线路；指导黄河流域、大运河沿线各市结合当地优势推动非遗景区建设。11 月，江西省文化和旅游厅组织召开《关于进一步加强非物质遗产保护工作的实施意见》（征求意见稿）讨论会，提出推动江西非物质文化遗产融入现代生活和服务国家战略的实施意见。

五是出台其他相关政策。2021 年 2 月，《山西省人民政府办公厅关于深化文化和旅游融合发展的实施意见》提出发挥山西丰富的传统音乐、戏剧、曲艺、美术、技艺等非遗元素优势，打造广灵剪纸、晋绣坊等非物质文化遗产产品展销基地，开展平遥漆器、宇达青铜等 50 个工艺美术文创产品进景区试点。开发布老虎、面塑、剪纸、煤雕、砂器、晋绣、皮影、木版年画、堆锦等非遗工艺礼品，以及山西药茶、优质杂粮、特色鲜干果、民间艺术品等地方特色旅游商品。2021 年 4 月，江苏省文旅厅出台《江苏省无限定空间非遗进景区工作指南（试行）》，提出在保护传承非遗资源的基础上，突破时间、空间、形式的限制，在景区内食、住、行、游、购、娱各环节，植入形式多样的非遗展陈、展示、展演、体验活动，让游客在景区内全程感受、全程共享非遗活态魅力。2021 年 9 月，山东省文化和旅游厅印发《山东省文化和旅游厅积极推进二十四节气传统文化弘扬传播实施方案》，推动二十四节气与文化旅游业态有机融合，以丰富的文化体验和文旅消费作为动力，推动文旅事业和产业更加健康繁荣。赋能乡村振兴，结合乡村振兴战略，推动二十四节气等优秀传统文化有效融入群众生产生活，推进生态文明建设，树立文明乡风，助力全面小康。青海省文化和旅游厅出台《青海省省级文化生态保护区管理办法》，于 12 月 2 日起正式实施，明确要鼓励通过设立工作站、大师工作室、就业工坊等方式激发项目传承活力，推出非遗主题旅游线路，使非遗更好融入人民群众的生产生活。2021 年 4 月，宁夏回族自治区文化和旅游厅、宁夏回族自治区财政厅印发《宁夏回族自治区非遗与旅游融合发展项目资金管理暂行办法》，支持自治区 4A 级以上旅游景区、乡村旅游示范点非遗展示体验销售场馆改造提升；重点城市街区非遗展示馆改造提升；城市和乡村重要旅游节点、旅游线路内非遗工坊旅游服务配套设施建设；非遗产品创新研发、商品化、市场化转化项目；非遗产品展示、展览、体验、销售等展会项目。

第二节　非遗与旅游融合发展的实践路径

文化是旅游的灵魂，旅游是文化的载体。文化与旅游相辅相成，共生共荣。“融合”已成为当下非遗作为文化资源的常态。实践证明，非遗是重要的旅游吸引物，旅游是实现非遗活态传承的重要载体。近年来，大量非遗资源被旅游“唤醒”，“非遗 + 旅游”日渐成为各地文旅发展的新方式，并不断地创造出新的消费场景，“吃非遗”“玩非遗”“赏非遗”“学非遗”“购非遗”已成为文旅消费的重要形态。做好空间融合、功能融合、产品融合、市场融合、民族融合等方面融合发展，成为当前和今后一个时期内非遗旅游融合发展的有效路径。

（一）做好空间融合，挖掘旅游休闲空间的非遗资源

空间融合指的是通过整合区域内的能源资源和生产要素，促进区域内资源整合及优化提升，从而达到推动区域整体协同发展的目标。《意见》提出完善区域性整体保护制度，“挖掘中国民间文化艺术之乡、中国传统村落、中国美丽休闲乡村、全国乡村旅游重点村、历史文化名城名镇名村、全国‘一村一品’示范村镇中的非物质文化遗产资源。”中国民间文化艺术之乡、全国乡村旅游重点村、历史文化名城名镇名村等既是重要的旅游休闲空间，也是主要的非遗资源产生和存续空间。例如神垕古镇、万达小镇等，就是文旅融合趋势下各类旅游休闲空间融合发展的典范。

神垕古镇，位于河南省禹州市西部，历史上一直是北方钧瓷生产中心，是国家级非遗项目——钧瓷烧制技艺传承至今的文化空间，先后被评为“中国钧瓷之都”“中国历史文化名镇”“国家 4A 级旅游景区”“河南省首批省级旅游休闲街区”。神垕古镇坚持保护为主、合理利用的原则，利用非物质文化遗产资源优势，开发文化旅游产品，既要保留非物质文化遗产的原生态和本真性，又要通过旅游开发向外界宣传推广。依托独具特色的钧瓷文化生态资源，积极发展钧瓷相关文化观光游、文化体验游、文化休闲游等多种形式的旅游活动。主要做法有以下几个方面：

一是神垕古镇通过成立神垕古镇管委会，出台多项制度，融合政府、知名旅游企业、非遗传承人、金融机构、职业技术院校等力量，引导、鼓励多方合作，建立常态化协同行动机制，实现跨行业、跨部门、跨身份的钧瓷文化保护实践新模式。加强对钧瓷核心烧制技艺的研究与传承，帮助扶持一批批年轻人走上振兴传统核心技艺的道路，延续了神垕小镇独特的文化魅力。

二是举办钧瓷文化旅游节活动，推出“中国钧瓷文化四海行”巡展，“钧窑万彩——钧瓷非遗文化全国巡回展”、名家名窑钧瓷拍卖、钧瓷时装秀、观礼猜瓷魁、三十六道国宴钧“肴”品尝、“大美禹州”全省摄影大赛获奖作品展等活动，吸引着世界各地八方游客慕名而来，提升了神垕钧瓷小镇的知名度，促进了小镇旅游业的快速发展。同时调动了传承人的积极性，传承人的积极性保障了非遗传习所（馆）的建设提升，传习所（馆）又增强了钧瓷小镇的吸引力，这样即形成了丰富的“产、学、研、销”非遗传承生态链，为非遗游注入了内生动力。

三是大力宣传推广研学游活动。打造了钧瓷文化园、坪山钧窑、金鼎钧窑等一

批具有非遗文化特色的研学游场所，钧瓷文化园被授予河南省首批“研学旅游示范基地”称号，神垕被纳入全省6条研学旅游精品线路，神垕钧瓷小镇研学游知名度不断提升，研学旅行已成为神垕镇旅游发展新的增长点。

四是打造鲜明的IP形象、设计有共鸣的文创商品、建立轻盈的文创空间。神垕古镇通过完成统一形象标识设计、神垕老街改造提升、建业神垕新天地、钧瓷文化主题公园、肖河综合治理等重大项目建设实现系统化、科学化发展。建设有大师工作室、钧瓷艺术馆、钧瓷文创中心、歌璞灵心舍钧瓷文化主题民宿、高端茶馆及钧瓷名店，引导神垕当地居民发展美食、茶饮、特色民宿等，带动更多居民走上富裕之路。

文化旅游是对文化的消费，旅游文化是对文化的创造。深入挖掘这些空间的非遗资源，不仅能够丰富其文化内涵、丰富旅游体验，还能为非遗的区域性整体保护、有效传承提供支撑，也为后续中国民间文化之乡、中国传统村落、中国美丽休闲乡村、全国乡村旅游重点村、历史文化名城名镇名村、全国“一村一品”示范村镇的文旅建设发展提供参考。

（二）做好产品融合，打造非遗主题旅游产品体系

1. 非遗主题旅游线路：非遗资源景点化

非遗主题旅游线路指的是通过提炼当地主要的文化符号，串珠成链，通过“文化场景化、场景主题化、主题线路化”的设计，形成了极具地方特色的非遗主题旅游产品。同时，也让非遗更好地融入了市民生活，变成可听、可玩、可尝、可游的鲜活之旅。通过全国非遗主题旅游线路的展示、推介，可以提高非遗传承实践水平，为旅游业注入更加优质、更具吸引力的文化内容，并充分发挥旅游业的独特优势，为非遗保护传承和发展注入新的更大的内生动力。

2020年10月，由文化和旅游部非物质文化遗产司发起的“全国非遗主题旅游线路征集宣传”活动入选线路名单正式发布，此次入选的线路共12条，包括北京城市中轴线非遗主题旅游线路、千里草原风景大道非遗支线、浙西南畲乡非遗技艺体验游、徽文化非遗研学之旅、齐风鲁韵非遗之旅、“屈原昭君故里”非遗之旅、广州老城新活力文化遗产深度游、中越边境非遗之旅、黔东南侗族非遗深度体验游、

交响丝路非遗之旅、涛涛黄河非遗之旅、喀什民俗非遗主题游。

近两年，各省市（区）也相继发布非遗主题旅游线路。例如四川省以非遗传习所、非遗体验区和非遗体验基地为载体，将全省非遗元素与旅游线路融合，通过产品设计、线路策划，在全国范围内率先推出了10条“非遗之旅”路线。2020年8月，云南省发布了《关于公布云南省非遗主题旅游线路的通知》，推出了10条非遗主题旅游线路；2020年第四季度，广东省发布了3条非遗主题旅游线路，即“广州老城新活力文化遗产深度游”“沿海经济带粤东文化遗产体验游”“沿海经济带粤西海上丝绸之路文化游”；2021年6月12日，在“乐享非遗传承·庆祝建党百年”为主题的2021“文化和自然遗产日”杭州系列活动启动仪式上，发布了首批10条“乐享非遗，悠游杭州”杭州非遗主题旅游线路；湖南省文化和旅游厅在第五届鄂湘赣皖非遗联展上，发布了10条非遗主题（研学）旅游线路。这10条线路以非遗传承点、传习所、体验区、体验基地为载体，将湖南非遗元素与旅游线路融合，共覆盖14个市（州）100个县（市区），串联156个传承传习点，涉及367个非遗项目；2021年6月4日—6日重庆市在“非遗购物节”——第六届重庆非物质文化遗产暨老字号博览会发布10条非遗旅游线路；2021年10月28日，山东省发布黄河入海非遗之旅等10条山东省非遗主题旅游线路。

2. 非遗研学旅游：非遗资源产品化

近年来，随着“乡村振兴”“文旅融合”“全域旅游”等国家战略的部署与推进，非遗传承与各地的旅游发展互动频繁，非遗研学旅游依托浓郁的地域特色在旅游市场中备受欢迎，非遗研学旅游迎来了广阔的市场前景。彝族火把节、竹艺村、“锦绣成都”研学游等先后入选全国非遗与旅游融合发展优秀案例。

2021年，河南省提出坚持“聚焦一条线（黄河）、突破两座城（开封、洛阳）、点亮几颗星（林州、新县、鹿邑）”，打造全国重要的研学旅行目的地。引进上海乐其、上海东方绿舟、北京启行、北京世纪明德、安徽工程大学等专业研学旅行机构。与世界研学旅游组织合作，召开世界研学旅游大会。发挥内地游学联盟秘书处设在河南的优势，重点开拓港澳台游学市场。打造一批主题鲜明的研学旅行营地，研发一批研学旅行精品课程，推出一批研学旅游精品线路。目前，洛阳非遗研学项目、朱仙镇木版年画研学游是河南省比较成熟的研学旅游项目。

2021年5月25日，海南省举办了“跟着非遗逛海南——2021海南非遗研学发展大会”，主要板块包括：非遗研学创意设计大赛、非遗研学专家交流会和非遗研学成果发布会。非遗研学创意设计大赛旨在依托海南传统技艺黎锦、苗绣、传统戏剧琼剧、公仔戏、传统美术椰雕、木雕等丰富的非遗资源，让非遗以研学的全新姿态融入现代生活，在研学旅行中开展非遗保护传承教育，传承弘扬中华优秀传统文化。举办非遗研学发展大会，不仅为提升研学教育质量搭建了对话平台，同时也为行业发展构筑起新标准、新范式，这对促进非遗研学突破性发展具有里程碑意义，让旅游的发展为非遗的传播拓宽渠道、插上“翅膀”。

《非遗少年行》是广东省推出的以“侨乡文化”为关注重点，一期选取一个非遗代表性项目。在全省中小学生中邀请“非遗首席体验官”，跟随主持人和栏目组以行走、体验、拜师学艺的方式一起走进鹤山古劳梁赞公园、新会茅龙草堂、新会葵博园、江门长堤东艺宫灯博物馆等非遗体验点，如在新会葵艺项目中，“非遗体验官”们从选葵叶、烘扇到裁型，跟随非遗传承人一步步完成制作，见证葵扇的华丽变身。每期《非遗少年行》根据当地的非遗项目和特色文旅资源，面向广大青少年推荐一条“非遗＋旅游”的“非遗体验游”研学之旅线路。

（三）做好功能融合，发挥非遗的独特吸引力

1. 非遗旅游文创：非遗资源商品化

非遗文创依托非遗资源，通过创意性和应用性设计，开发出具备文化性、知识性和实用性的文创商品，以非遗工坊、非遗博物馆、非遗文化产业园、非遗主题景区为主要落地载体。较为成功的实例是贵州丹寨锦绣谷。锦绣谷位于贵州省黔东南自治州丹寨县龙泉山国家森林公园韭菜沟景区，景区有身怀绝技的刺绣师、造纸师、蜡染师、制银师，是晟世锦绣的“文创工厂”。该景区以乡镇合作社、村寨工坊以及系统的技能培训为途径，保护并提升苗族、侗族、瑶族、水族等民族的刺绣、蜡染、织布、造纸等传统工艺，并通过“实体店＋电子商务”的方式，专注打造民族手工产品的品牌影响力，由此成为我国民族文创的代表性品牌。类似的案例还有很多，例如，江西景德镇的古窑民俗博览区、湖南长沙的雨花非遗馆等。

2. 非遗旅游演艺：非遗资源景观化

非遗旅游演艺是近年来兴起的非遗旅游融合发展新模式，主要指从非遗中选取音乐、舞蹈和情节元素，按照现代演艺方式进行重新编排，在非遗主要传承地举办大型旅游演艺活动。大大小小的山水实景演出、文旅演艺和歌舞类表演，无疑是对舞蹈、音乐、服饰、节庆、习俗等非遗文化的再开发。上海朱家角实景版《牡丹亭》，是将表演融入实景园林的典范。

园林实景版昆曲《牡丹亭》是2010年上海世博会园区外文化展演剧目，由上海世博会文化大使、著名华人音乐家谭盾，"昆曲王子"张军和舞蹈家黄豆豆联袂打造。实景地点选择在青浦朱家角课植园。数目有限的观众席设置在实景园林的河道附近，全程无麦的原生态表演让人无限融入其中，即使对昆曲无甚耐心的观众也仿佛瞬间沉入昆曲的灵韵中。

3. 非遗主题民宿：非遗资源活化

随着乡村振兴战略的全面实施，中国乡村正发生着前所未有的变化，民宿成为越来越多国人"美好生活"的重要载体，"进则江湖，退则田园"也是当下许多市民向往的生活状态。非遗主题民宿既增强了入住旅客的文化体验，同时也为非遗文化开辟了活化的路径。例如桐庐，作为浙江美丽乡村的样本地，国家级旅游示范县，是中国民宿发展的探路者、先行者，2019年第三届国际民宿发展论坛在桐庐举行，进一步促进了桐庐民宿的发展。目前，桐庐共有民宿经营户600余户、床位10000余张，民宿集聚村20余个，特色精品民宿近百家。江西婺源县思口镇作为婺源明清古宅的聚集地，目前已建成花满堂、西冲院、明训别院、将军府、正经堂、花田溪等19家高端古宅民宿。

非遗主题民宿可以让非遗项目得到更好的传承：一是为其提供更多的展示机会；二是可以在民宿开展形式多样的非遗常态化体验活动，让非遗见人、见物、见生活，激发人们的兴趣和热情，这也正在成为当地民宿发展趋势所在。

（四）做好市场融合，拓宽非遗消费旅游化场景

非遗源自人民群众的生产生活实践，实现非遗的合理保护和有效传承，关键是

要推动非遗融入人民群众生产生活。

“非遗购物节”是2020年“文化和自然遗产日”首次推出的集中为传承人传播电商的新理念，引入电商新平台，增强电商的新能力，拓展销售的新空间。“非遗购物节”是让广大非遗人拥抱电商的“总动员”，也是提高非遗传承人电商能力的“大练兵”。2021年“非遗购物节”由文化和旅游部、商务部、国家乡村振兴局有关司局支持，阿里巴巴、京东、拼多多、唯品会、抖音、中国手艺网等平台围绕巩固脱贫攻坚成果、提振社会消费、弘扬中华优秀传统文化联合举办。全国各地市通过线上线下两种方式举办“非遗购物节”，线上活动主要是联合阿里巴巴旗下“淘宝手艺人”开展专场，在京东、苏宁、拼多多等众多电商平台开设店铺，其中河南省线上活动分为五大部分：一是推动河南非遗项目中已有网店的项目参加各大电商平台的非遗购物节网络促销活动；二是推动河南非遗项目中没有网店但有意向和实力的项目在各大电商平台开设网店；三是推介河南非遗项目参加中国手艺网开展的2021年非遗购物节“云探店”活动；四是与“黄河之礼”平台共同打造2021年非遗购物节线上、线下活动；五是与“豫记”平台共同打造2021年非遗购物节线上、线下活动。线下活动丰富多彩，主要依托旅游景区、历史文化街区等场所展示非遗技艺、展销非遗产品，让人民群众在购物体验中共同参与非遗保护、共享非遗保护成果。此次活动呈现出以下几个特点：一是搭建平台，促进消费；二是文脉赓续，多彩呈现；三是非遗美食，挑动味蕾；四是非遗精品，琳琅满目；五是非遗文创，引领时尚；六是讲座展演，免费听看；七是线上展销，形式多样；八是百年华诞，不忘初心。举办非遗购物节，对于帮助广大非遗传承人群、项目保护单位、非遗扶贫就业工坊和非遗相关企业克服疫情影响，推动复工复产，促进社会消费具有积极意义。

“非遗大集”是以展销、展演、技艺展示、美食品尝等方式搭建的非遗产品及衍生品线上销售平台，让人民群众在购物体验中共同参与非遗保护、共享非遗保护成果，促进非遗和旅游融合发展。在2021年“文化和自然遗产日”期间，国家5A级旅游景区栾川鸡冠洞举办非遗大集活动，“非遗”研学、展演展览、知识竞答、购物体验等各类“非遗”项目动态展演和静态展示次第展开；10月，运河非遗大集活动亮相2021中国大运河非遗旅游大会，此次非遗大集上，从大公桥到清名桥，来自全国100家非遗保护单位和非遗相关文化旅游企业、精选非遗名品及非遗文创在此汇集。再往南到南水仙桥，大运河沿线省市非遗美食及其传承人，在现场以制作、直播等形式，全方位营造非遗美食消费体验新场景。

“非遗购物节”“非遗大集”等活动是当前非遗保护工作的一项尝试，也是今后非遗相关产品创新发展的一个重要思路。旅游业突出的客源招徕和调配作用以及较为成熟的网络营销平台和渠道，可以为非遗相关产品提供新的消费场景、消费群体，使其更好融入生产生活。

（五）做好民族融合，推动非遗助力乡村振兴

1. 非遗工坊建设助力乡村振兴

2021 年 2 月 25 日召开的全国脱贫攻坚总结表彰大会上，习近平总书记庄严宣告我国脱贫攻坚战取得了全面胜利。在这场伟大的脱贫攻坚战中，传统工艺等非遗发挥了独特优势，各地传统工艺工作站和非遗扶贫就业工坊，为助力精准扶贫发挥了重要作用。

非遗扶贫就业工坊作为非遗助力精准扶贫的重要抓手，不仅使老少边穷地区的非遗得以实现创造性转化与创新性发展，更开辟了我国文化扶贫事业的新路径。“十三五”以来，有关部门支持各地设立各级非遗扶贫就业工坊超过 2000 家，带动数十万人就业增收。为了推动非遗就业工坊在巩固拓展脱贫攻坚成果、全面推进乡村振兴上发挥更大的作用，需要注重产业关联，积极构建多产业融合发展、互促共进的非遗就业工坊发展新格局。一是深化非遗就业工坊与旅游产业的融合发展。积极把非遗就业工坊发展纳入文化旅游产业发展、旅游线路布局中统筹谋划，充分发挥非遗开发、非遗就业工坊的文化创意、商品制造、市场交易、旅游娱乐等功能，推动其在焕发新的生机活力的同时，助推旅游经济快速融合发展。二是推动非遗就业工坊与其他产业良性互动。深化“非遗项目 + 传承人 + 就业工坊（基地）”“传承人 + 合作社（协会）”“就业工坊（基地）+ 农户”等模式，发挥“非遗 +”效应，大力延伸非遗扶贫开发、非遗就业工坊发展链条，推动实现文化制造业、文化服务业、现代特色农业的有效衔接，形成非遗就业工坊与其他扶贫产业共建格局。

2. 非遗助力乡村振兴

乡村振兴是以乡村人民生活为中心的整体性、关联性“全面振兴”。作为乡村优秀传统文化，非物质文化遗产成为“振兴”的重要内容。因此，乡村振兴需要非

遗，非遗保护传承、发展创新离不开乡村振兴。需要实现乡村振兴与文化生态保护区建设的互惠互利、共生互融。丹寨属于黔东南民族文化生态保护试验区的核心区，丹寨万达小镇是乡村振兴、乡村扶贫一个很重要的空间，是空间赋能乡村振兴的典型案例。河南省文化和旅游厅以“黄河非遗点亮老家河南”首届全国大学生乡村振兴创意大赛为依托，采用“乡村出题 + 高校答题 + 成果落地”的闭环模型，设置“黄河之礼”非遗空间赋能赛道、“黄河之礼”非遗文创设计赛道，以竞赛为平台，充分挖掘河南黄河非遗资源，讲好黄河非遗故事，打造一批非遗展示空间和非遗创意产品，全面系统地提升黄河流域非遗项目传承能力和产品转化度，强力推动将非遗资源优势转化为助力乡村振兴、文旅融合发展优势。

第三节　非遗旅游发展存在的问题

（一）顶层设计不足，统筹规划体系偏弱

非遗旅游的融合发展需要科学的顶层设计、完善的政策环境和必要的政府引导。在统筹规划上，国家已做出“融入重大国家战略，推动非遗与旅游融合发展”的战略安排，尤其是“十四五”乃至更长的时期内，将非遗旅游融合发展作为一项重要任务，需要从规划层面做好顶层设计。目前，国家和省市层面已经出台的规划是从文化和旅游发展或非物质文化遗产保护整体性方面做的规划，非遗和旅游融合发展专项规划欠缺，缺少顶层设计的规划引领。在政策供给方面，虽然各地出台了相关的政策文件，但是支持政策不够全面、系统，落地实施效果也有待进一步观察。整体上看，我国各省市（区）县非遗旅游融合发展态势良好，但更需进一步加强运用法律、制度、政策等多种手段对非遗旅游进行有效指导和促进，在推动非遗旅游持续健康良好发展的探索道路上继续努力。

（二）旅游文创创意不足，独立 IP 偏少

旅游文创产品同质化是目前影响旅游文创产品品质的主要因素。大多数旅游产业开发层次较低，开发模式单一，同质化现象普遍，能够突显本地特色的旅游产品

较少，旅游纪念品文化创意不足，全国各地的旅游文创产品千篇一律，如钥匙扣、手机壳、冰箱贴、鼠标垫、书签、笔记本等。丰富的非遗资源和深厚的文化底蕴没有充分挖掘，没有通过文创产品和旅游纪念品展现出来，难以迎合大众游客尤其是年轻人的需求，难以满足日益多样化的旅游市场需求。徽州区的竹艺轩是成功的案例，该企业成立了文创部，投入专项资金，引进文创人才对旅游产品进行研发，多项文创产品已成功开拓营销市场并取得回报。

（三）项目规模偏小，活化利用率低

非遗活化的路径主要有两个方面：一种是基于生活方式的活化，主要是强调老百姓的生活方式，要见人、见物、见生活，需要有烟火味，要进入现代生活；另一种是基于生产方式的活化，主要强调的是生产性保护，最重要的是要把生产方式变成现代能够利用的，能够把传统的工艺进行活化。但是在这个过程中，需要融合现代的技术，需要构建出个性化和地方化的文旅融合的业态和空间。业态方面，主要是非遗 + 节庆，非遗 + 演艺，非遗 + 研学。空间方面主要有非遗文创园，非遗的历史街区、非遗小镇。目前来看，非遗文创园、非遗的历史街区、非遗小镇数量偏少、未形成规模和示范效应。

第四节　非遗旅游发展展望

随着我国社会经济的持续稳定发展，消费升级和需求衍化发展，在文旅行业，传统的观光旅游已经难以满足旅游者日益多元化、个性化的消费需求。在文旅融合政策的推动下，做好文旅消费供给侧改革、丰富文旅产品和服务，已经成为重要的指导思想和发展路径。当下，非遗作为新兴的旅游资源，在国家和各地政策、人才的支持指导下，可以开发成为叫座又叫好的旅游产品。

（一）非遗旅游政策将进一步落地落实

自 2021 年以来，国家和省市（区）在非遗旅游融合发展方面出台了相关政策法

规，以促使非遗实现创造性转化、创新性发展。《“十四五”非物质文化遗产保护规划》的出台是国家层面从顶层设计为非遗旅游的融合发展制定的发展蓝图。在国家政策的要求，各省市政府也在加紧推进非遗旅游融合发展扶持政策的出台，如浙江省文化和旅游厅发布《浙江省非物质文化遗产保护发展“十四五”规划》，四川省文化和旅游厅发布《四川省“十四五”非物质文化遗产保护规划》，山西省文化和旅游厅发布《山西省黄河流域非物质文化遗产保护传承弘扬专项规划（2021—2035年）》，已率先完成非遗旅游融合发展扶持政策，这在各省市产生示范效应，有利于推动国家政策更快地落地、落实。12月30日，文化和旅游部在召开的2021年第四季度例行新闻发布会上，提出2022年，将持续推进非遗法律法规制度建设，推动印发关于推动传统工艺高质量发展、非遗与旅游融合发展的相关政策文件，例如制定出台《关于推动非遗与旅游融合发展的通知（暂定名）》，这些政策文件将成为推动非遗旅游融合发展落地落实的有力保障，同时也将给非遗旅游融合发展带来更大的契机，从而推动非遗与旅游更多形式的融合，形成多因素、多方面、多形态的全新旅游体验。

（二）非遗旅游专业人才将进一步增加

2021年3月1日，教育部公布了2020年度普通高等学校本科专业备案和审批结果，非物质文化遗产保护专业被《列入普通高等学校本科专业目录的新专业名单（2021年）》的艺术学门类中。这是顺应非物质文化遗产保护工作深入开展，对专业人才需求量激增而诞生的。目前，中国是世界上入选联合国教科文组织非物质文化遗产名录项目数量最多的国家，但我国对非物质文化遗产保护的教育和研究远远不能满足现实的需要。我国的高等院校有责任将这一使命担当起来，非物质文化遗产保护人才需要高校的专业性培养。经教育部批准，西安音乐学院新设“非物质文化遗产保护”本科专业，立足地方文化资源的挖掘，在“西安鼓乐”“陕北民歌”“秦派民乐”等方面培育出了一批人类“非物质文化遗产”代表性成果和创造性科研力量。

（三）非遗进景区将进一步增加

非遗进景区，以行业内部为切入点来看，是推进非遗和旅游融合发展速度最快、效果最好的一个抓手。目前，在多项扶持政策的推动下，全国各地积极开展非遗进景区，并取得了良好效果。这将有力推动在各地景区的有效建设，加快新的非遗旅游产品开发，为更多的非遗旅游融合发展之路打开了大门。

非遗进景区，从服务于更为高远的发展目标来看，比如丹寨万达小镇是响应国家扶贫战略提出的，这是一个非遗进景区的成功案例。丹寨将非遗融入高品质的生活，营造了全要素的非遗环境，将非遗渗透在食、住、行、游、购、娱的旅游全要素之中，把非遗变成能让大家体验的文化内容，把非遗变成实实在在的商品，让人们处处感受到非遗、体验到非遗。同时，景区提供的非遗产品，是非遗精品，而且是符合游客口味的非遗精品。丹寨万达小镇的成功在于创新的、市场化的非遗和旅游融合模式，在于创新了一种以城市为主体化的文化休闲度假产品，同时得益于国家的精准扶贫政策。广东顺德欢乐海岸，是以游乐性为主题的公园，注重人文性是其成功的秘诀。欢乐海岸在设计时，凝聚全顺德甚至海内外的力量来整理、挖掘顺德的非遗整理、挖掘当地的非遗来弘扬传统文化，其中有中华美食博物馆、龙舟博物馆、美术馆、青云文社历史纪念馆。

（四）非遗旅游互动体验将进一步加强

在体验经济时代，旅客的需求日益多元化，对参与式、体验式、互动式文旅项目需求增加。“数字技术”是未来非遗旅游发展的一个重要方向，也将受到广大民众，尤其是青少年的欢迎。目前，主要是现在互联网和数字技术，把 VR、互联网技术结合，包括动漫的二次元文化、虚拟角色、弹幕，关注者、演员可以互动，既留住了老观众，又吸引了现在的粉丝。在技术上，第一，它设有网络直播，用户可以在线观看；第二，现场的舞台上可以由直播的屏幕，网络用户可以通过弹幕进行互动并发表评论，观众、游客能够一起来参与，实现了传统艺术和现代高科技完美融合，线上和线下互动，演员和观众的交互融合。“非遗馆 + 体验中心”传承体验设施建设的现实要求，将非遗项目有机地结合起来，创作深度的活态展陈、展演与民众发生互动，使得公众能够通过文物展示、活态展演、浸入式体验、配套公众教育等一系列活动，江苏南京秦淮非遗体验馆、浙江杭州手工艺活态馆、汕头市非物质文化遗产体验馆等是其成功案例。2017 年《我的家在紫禁城》展览，就是人格化传播理念发挥了一次成功应用，通过展览对话角色的转变，创新展示故宫人文历史的同时也拉近了故宫与参观者之间的距离。非遗与旅游融合要更加注重互联网和数字技术，让年轻人更易接受，更易心动。加强非物质文化遗产生产性的保护，并不断培养传承人，这对现代的商品化、活化起到了重要作用。

（五）非遗旅游市场前景将更加广阔

对于非遗，活态属性是非遗市场化的前提。对于旅游，旅游就是一种生活体验，旅游与非遗融合发展，既能把数量巨大的文化资源的存量激活，丰富旅游供给；又能使中华五千多年的优秀传统文化得到传承与发展，两者融合发展有着深厚基础和广阔前景。通过推动非遗与旅游融合发展，能够为旅游业注入更富吸引力的文化内容，促进旅游业更好发展；能够在旅游中进一步提高非遗的可见度、影响力，促进非遗的传播和合理利用。

我国非遗资源十分丰富。截至 2020 年年底，入选联合国教科文组织非遗名录的项目已达 42 个，是目前世界上拥有世界非物质文化遗产数量最多的国家。在国家级非物质文化遗产方面，国务院已公布了五批代表名录，共包含 1557 个国家级项目。丰富而多元的资源为非遗旅游产业打造提供了良好的基础。

同时，从行业政策的角度来看，文化和旅游部《“十四五”文化和旅游发展规划》，中共中央办公厅、国务院办公厅《关于进一步加强非物质文化遗产保护工作的意见》等政策文件将非遗与旅游融合纳入重点发展工程。从市场角度来看，非遗旅游正逐步从政府部门“输血”向自身“造血”发展，围绕非遗旅游，非遗研学、非遗民宿、非遗演艺、非遗文创等产品形态不断涌现。从市场需求来看，一方面，随着人民文化自信程度的提高，非遗的社会认知度和影响力正逐步提高；另一方面，非遗开始融入大众生活，人们越来越接受和喜爱具有文化内涵的消费品。

（作者简介：彭恒礼，中国旅游研究院文化旅游研究基地研究员，非遗旅游研究中心负责人；李静静，中国旅游研究院文化旅游研究基地助理研究员、鹤壁市图书馆助理馆员）

第五章　博物馆旅游发展分析与展望

常卫锋

一座博物馆就是一所大学校。博物馆拥有大量珍贵的文物，既是公共文化服务的重要阵地，又是旅游发展的重要载体，同时为文化旅游持续发展提供不竭的源泉。截至2020年年底，全国共备案博物馆5788家，类型丰富、主体多元的现代博物馆体系基本形成。在文旅融合背景下，博物馆旅游以博物馆场所和博物馆内容为依托和载体，以文化为核心，将文化活动和游览观光、开阔视野增长知识有机结合，让普通的旅游观光上升为高品质有深度的文化体验，成为新兴的旅游热点，呈现迅猛发展态势。在全球博物馆受到新冠肺炎疫情广泛影响的情况下，2020年我国博物馆推出陈列展览2.9万余个、教育活动22.5万余场，接待观众5.4亿人次，"到博物馆去"成社会新风尚。尤其是在博物馆文创、云上博物馆、智慧博物馆、研学旅游等方面广受游客青睐。一大批博物馆成为网红打卡地，博物馆旅游成为文旅市场的一片新蓝海。

第一节　博物馆旅游发展现状

（一）博物馆数量稳步增长

自2012年以来，我国文物事业得到很大发展，国、省、市、县级文保单位以及博物馆藏品数量分别增长115%、60%、88%、122%。中央财政累计投入国家文物保护资金570亿元。"十三五"期间，全国博物馆增加915家，年均增长2.08%，平均每两天新增一家博物馆，如期实现平均每25万人拥有一座博物馆的发展目标。2020年底，我国博物馆由5535家增长至5788家，同比增长4.6%，实现平稳增长。其中已认定等级的国家博物馆1224家（一级博物馆204家、二级博物馆455家、三级博物馆 565 家)，较上一轮评估增长 43.9%，占比 22.1%，规范化水平进一步提高。其中，山东省有国家定级馆 127 家、一级馆 18 家，数量均居全国第一。免费开放博物馆 5214 家，占比 90.08%，整体体现了公益属性。从博物馆申办主体看，社会力量投资建设的各类博物馆三分天下有其一。截至 2020 年年底，文物部门所属国有博物馆 3987 家，占总量的 68.89%；非国有博物馆 1801 家，占总量的 31.11%。全国博物馆藏品总量达 4319.09 万件 / 套。其中，故宫博物院藏品 186.3404 万件 / 套，占全国的 4.31%，位居第一。

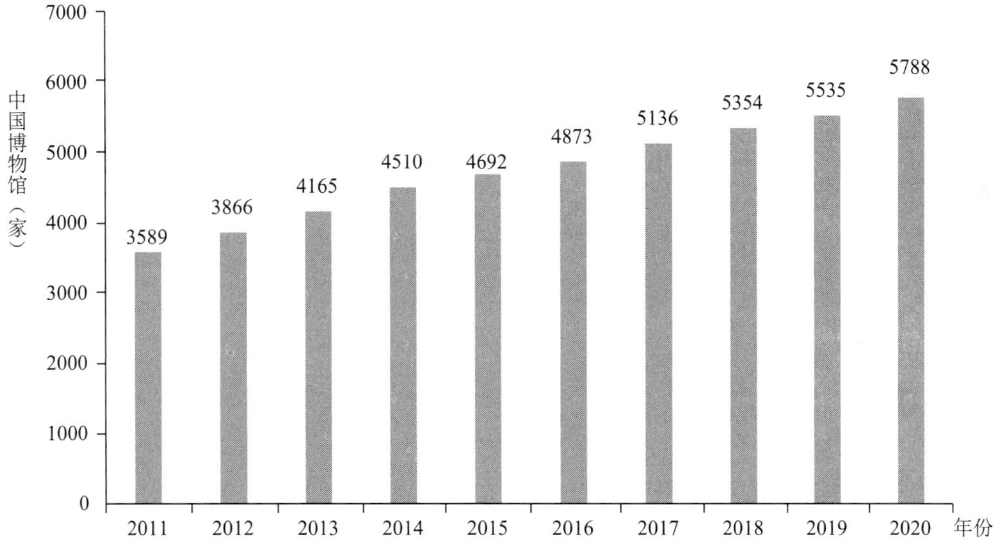

图 5–1　2011—2020 年中国博物馆数量

博物馆布局和体系更加完善。新设立的中国共产党历史展览馆、中共一大纪念馆、中国人民解放军海军博物馆、扬州中国大运河博物馆等向公众开放，湖北省博物馆、江西省博物馆、苏州博物馆等建成新馆，青海省博物馆、重庆白鹤梁水下博物馆完成陈列改造，福建省世茂海上丝绸之路博物馆等一批非国有博物馆建成开放。故宫博物院发布的“故宫青少年博物馆在线教育资源平台”和在线学习平台“故宫云课”、中国国家博物馆推出的研学丛书等，社会反响良好。目前，我国已形成以国家级博物馆为龙头，国家定级博物馆和重点行业博物馆为骨干、市县级博物馆为支点的博物馆网络，构建起以国有博物馆为主体、非国有博物馆为补充的博物馆资源共享平台。

（二）博物馆游成为社会新风尚

我国博物馆行业规模扩容，为博物馆游创造了条件。近年来，随着《我在故宫修文物》《上新了，故宫》《国家宝藏》《唐宫夜宴》等一系列创意节目的走红，引发了一轮又一轮的博物馆参观“全民热潮”。尽管面临百年未遇的大疫情冲击，2020 年我国博物馆接待观众仍达 5.4 亿人次，其中未成年人观众 1.3 亿人次。从近年来对节假日旅游市场的监测结果来看，90% 以上的游客会参与各类文化活动，40% 的游客会进入文博场所。2021 年“五一”假期，全国各地博物馆游客激增，一些知名博物馆一票难求。2021 年上半年，据携程数据，通过平台预订博物馆门票的游客人次，与 2019 年同期相比增长 75%。这与其他国家的博物馆接待情况形成鲜明对比：2020 年全球排名前 20 的博物馆参观人数同比 2019 年下降了 78%。在应对新冠疫情的冲击上，我国博物馆行业显现出强大的韧性。

在加大宣传积极“请进来”的同时，博物馆也在符合防疫要求的前提下主动“走出去”。成都地铁 7 号线、长沙地铁 1 号线、武汉地铁 8 号线、郑州地铁 4 号线、福州地铁 1 号线等依托铁道空间，采用彩绘、画卷展出、文化符号再处理、全息投影等方式打造“地铁里的博物馆”，将文物（元素）“搬进”地铁站，让更多人了解文化遗产的保护传承，享受到普惠的公共文化服务。上海与西班牙普拉多国家博物馆合作的“地铁遇见普拉多”展览用 29 件精心挑选的大师作品将上海地铁站的 1 号口打造成了一座画廊，吸引了近百万观众参观。包头博物馆打造了“流动的博物馆”，借助展板、宣传册、现场体验等形式，让历史文化“流动”起来，让博物馆文物与百姓生活无缝衔接。作为文旅融合前沿，博物馆旅游具有广阔发展前景和长周期的市场热度。

（三）智慧博物馆和云展览成为新赛道

2021 年 5 月，中宣部、文化和旅游部等 9 部门联合印发了《关于推进博物馆改革发展的指导意见》，明确提出“以业务需求为核心、以现代科学技术为支撑，逐步实现智慧服务、智慧保护、智慧管理”。11 月，中央全面深化改革委员会第二十二次会议审议通过了《关于让文物活起来、扩大中华文化国际影响力的实施意见》，明确提出要准确提炼并展示中华优秀传统文化的精神标识，更好体现文物的历史价值、文化价值、审美价值、科技价值、时代价值。“让文物活起来”是文博工作在新时代的一项新课题。博物馆是让文物活起来的重要领域。其中，智慧博物馆、沉浸式体验逐渐成为新的赛道。

随着科学技术的进步与革新，催生出丰富多样、包罗万象的数字博物馆项目。疫情又加速了这一趋势。从游客的角度，在受到疫情阻隔而关闭博物馆的情况下，云展览、云教育、云直播成为打开博物馆的新方式，拓展博物馆文化服务的辐射范围。随着文旅市场的重启，“云旅游”激发的出游潜力逐步释放，云观展、云直播诱发的需求也转化为线下的参观活动。从供给侧看，各地博物馆也正在探索借助现代科技，增加个性化、沉浸式体验，活化历史场景，拉近馆藏文物和人们生活的距离。据不完全统计，目前已有 100 多家博物馆在集中平台上创建了虚拟展览，包括 VR 故宫、数字国博、数字敦煌、三星堆博物馆虚拟展、湘博解谜游戏等项目。作为中国博物馆“网红”领军者，故宫博物院推出的 VR 故宫用高拟真度的绘画还原现场，让人身临其境。在中国国家博物馆，可选择“大唐风华”“古蜀华章”“卢浮宫的畅想”“伦勃朗和他的时代”等不同主题的数字展厅进行全景游览。莫高窟博物馆的数字敦煌囊括了 10 个朝代、30 个洞窟，游客可畅游各石窟内的 3D 全景高清图像。三星堆博物馆重新开放的开幕式和活动当天，在线访问量达 16 万人次。2021 年 5 月，湖南省博物馆“湖湘典藏 BOX”系列新成员“湖南人 · 基因密码”博物馆实景解谜游戏正式上线，一改传统的观展模式，由考古专家“X 教授”带领体验者解开刻在基因中的湘人密码。故宫博物院联合腾讯打造的“‘纹’以载道——故宫腾讯沉浸式数字体验展”、浙江省博物馆“丽人行——中国古代女性图像云展览”等收获好评如潮。洛阳博物馆“上洛”展览的跨界展示、杭州博物馆“粮道山 18 号计划”的共享式策展，为现代博物馆策展方式变革注入了新活力。

在国际上，也不乏应对疫情而采取的服务公众新做法。如伦敦自然历史博物馆通过 360° 虚拟导览的神奇动物自然奇观展览。新加坡国家博物馆和英国维多利亚与阿尔伯特博物馆在内的机构通过创建专题性线上节目讲述新冠疫情的故事。有超过 2000 家博物馆与 Google Arts & Culture（谷歌文化与艺术项目）合作，允许用户在线访问藏品和互动内容。

（四）博物馆文创持续走俏

2021 年，文化和旅游部、国家文物局等 8 部门联合印发《关于进一步推动文化文物单位文化创意产品开发的若干措施》，进一步强调要落实文化创意产品开发试点、吸引社会力量参与开发、健全收入分配机制和奖励政策、增强文创产品开发主体活力等，为博物馆文创开发注入了强心针。随着国潮的兴起和我国年青一代文化自信的增强，在国家支持政策的加持下，博物馆文创产品迎来了春天。当前，博物馆文创正以最时尚、流行的方式走进消费者的视野，增强了博物馆的互动性、体验性和吸引力。2021 年，博物馆推出的手办、雪糕、考古盲盒、巧克力、数字藏品等新文创跳脱了以往千篇一律的刻板印象，抓住了消费者，特别是年轻消费者的心。

博物馆或馆藏文物形象用雪糕来表现，不仅可以提升雪糕颜值，拉近游客与历史文化的距离，还能拍照“打卡”并很适合在社交平台传播，这使得这些文创雪糕纷纷“出圈”，无数游客被文创雪糕“圈粉”。2021 年，文创雪糕是夏天博物馆的时尚主角。据不完全统计，国内至少有 20 多家博物馆和景区推出文创雪糕，售价一般在 15~20 多元。故宫推出的脊兽雪糕憨态可掬，秦始皇帝陵博物院推出的兵马俑文创雪糕非常呆萌，河南省博物馆推出“莲鹤方壶”雪糕造型逼真惹人喜爱，沈阳故宫博物院的“大政殿雪糕”古色古香，三星堆博物馆的青铜面具（“青铜味”“出土味”）雪糕惟妙惟肖。广东省博物馆推出一款“恐龙考古蛋糕”有四层四种口味。沈阳故宫与德氏冷饮联名推出紫气东来松露巧克力、凤凰楼轻牛乳等多款冰淇淋雪糕，成为该馆销量最大的文创产品。开封市博物馆提取魏大梁城、北宋皇宫遗址龙亭、现代建筑代表开封东京大桥三大元素，结合古都“城摞城”的特点，开发了“城摞城文创雪糕”，不仅有草莓、蓝花楹、可可、抹茶、鲜奶 5 种口味，而且雪糕棒清洗后是一枚精美的定制书签，可谓匠心独运。此外，国博、敦煌研究院、首都博物馆、山西博物院等依托自己的明星藏品也都推出了特色雪糕。

盲盒是近年来博物馆的另一个大热的文创主角。博物馆盲盒产品是博物馆文化 IP、产品设计和社会营销共同结合的产物，将考古工作的知识性与盲盒的神秘性有机融合，满足了年轻人“求新求异求乐求分享”的精神文化和心理需求。故宫博物院于 2020 年 4 月推出的“故宫猫祥瑞”系列盲盒和“宫廷宝贝”系列盲盒，是我国最早的博物馆盲盒产品。河南博物院、秦始皇帝陵博物院、三星堆博物馆、故宫博物院、敦煌研究院、陕西历史博物馆、广州博物馆等知名博物馆，相继推出了“一鸮倾城”“秦风小将”“祈福神官”“迷你国宝”“唐宫夜宴仕女乐队”“超活化青铜小分队”“天龙八部”“广州·印记”等系列文创类盲盒，成为各个博物馆文创产品中的翘楚，往往“一盒难求”。其中，河南博物院出品的“探秘河南博物院”考古盲盒5天的线上销售量超过5000件，销售额就超过了50万元，截至2021年3月已售出15万余件，引发100万以上的线上关注。河南博物院考古盲盒以“失传的宝物”命名，分为传承、史诗、传说三大种类，2021年9月更新的宝物中，已经包含了河南博物院六大镇院之宝及80多款文物微缩仿制模型，入选全国博物馆文创精品榜单，已售出35万个，销售额突破2800万元。三星堆与文创产品相关设计公司共同推出了三星堆祈福神官、三星堆川蜀小堆、三星堆摇滚盲盒、三星堆考古盲盒、沉睡千年等6套盲盒，共计四五十种造型，已经成为来三星堆博物馆年轻游客的“标配”。随着产品的迭代升级，还出现了“破坏”与“修复”的全过程体验产品——“考古盲盒”与“修复盲盒”。三星堆博物馆的“考古盲盒”附赠铲子、锤子和眼镜，让拆手办的过程充满了仪式感；开“修复盲盒”如同进行真正的“文物修复”，“修复”“碎片文物”的过程，进一步拉近了博物馆与年轻人的距离，带给体验者“沉浸式考古体验”。盲盒已成为当下我国年轻人潮流消费的主打商品，数据显示“Z世代”占盲盒消费市场比重近四成。

文创巧克力吸睛无数。2021年国庆节期间，三星堆文创工作室推出了金面具巧克力，这款巧克力除了好吃，最大的亮点在于文物修复解锁功能。每一块青铜人像巧克力都配有一张黄金面具和一把小镊子，消费者品尝巧克力前先得解锁给文物戴面具，将文物修复的乐趣融入产品中。12月，河南博物院推出的“妇好鸮尊”宝物巧克力采用3D建模技术还原了妇好鸮尊身上绚丽的蝉纹、倒夔纹，集文物雄奇与呆萌之韵味于一身，再度成为爆款文创。

数字文创藏品蓬勃兴起。基于区块链技术的数字藏品成为中国数字新文创的典型代表，2021年也成为数字藏品元年。花9.9元抢购一份“太阳神鸟”，19.9元拥有一只“东汉陶狗”，花上29.9元还可以将国宝级文物东汉铜奔马“收入囊中”，2021年“收藏国宝”的全新体验正在悄然升温，全国各大博物馆推出的数字藏品屡屡破圈。9月，敦煌研究院与腾讯共同发布了文博行业首个公益NFT（Non-Fungible Token，非同质化通证），限量9999份，首次让用户在线上观看到敦煌莫高窟第 156 窟的全景。10 月，支付宝蚂蚁链粉丝粒发售湖北省博物馆国家级馆藏文物 3D 数字藏品“越王宝剑”，共 10000 份，售价 19.9 元，1 秒售罄，冲上微博热搜榜。蚂蚁鲸探还推出了重点针对文博领域的“宝藏计划”，目前共为故宫、国博、湖北省博物馆、湖南省博物馆、河南博物院等 17 家文博机构提供了数字藏品服务。

另外，沈阳故宫与奶茶品牌合作推出的“1636 故宫奶茶”、广州博物馆和中国大酒店联合推出的“消失的名菜”及端午节时琳琅满目的博物馆月饼，河南博物院以“青玉人首蛇身饰”为原型、出自糖果大师手工制作的玉佩棒棒糖，国内收藏玩具品牌 52TOYS 提取“仕女、兵马俑、三星堆”等文物中的元素创造出《超活化系列》玩具，都是博物馆跨界合作、让文物“活”起来的有益尝试。

主流平台助推文创热销。天猫数据显示，文创产品的消费者中“95 后”占比已近四成，年轻人对博物馆周边产品的兴趣有增无减。盲盒、摆件、非遗元素的商品以及 IP 跨界联名款成为最受他们欢迎的品类。截至 2021 年 7 月，已有近 100 家博物馆、艺术馆入驻天猫。除故宫、河南博物院、苏州博物馆等国内“大咖”外，还有法国卢浮宫、英国大英博物馆、俄罗斯艾尔米塔什博物馆和美国大都会博物馆世界四大博物馆。2021 年“双 11”前夕，河南博物院、甘肃省博物馆等多家博物馆组团集中入驻天猫，为天猫“双 11”推出限定款新品。天猫还联合三星堆、河南博物院、甘肃省博物馆等 6 大博物馆，推出镇馆之宝盲盒。“双 11”开售首日（截至 11 日上午 10 点），博物馆文创产品迎来爆发，同比激增超 400%，新文创成为天猫“双 11”最大的黑马之一。近年来苏州博物馆将传统文化和现代工艺的深度融合，接连打造出秘色瓷莲花碗曲奇饼干、文徵明手植紫藤种子等具有自身特色的爆款文创产品。每年苏博会至少原创研发 100 款文创产品，目前累积已经达到 1000 多款。虽然因疫情闭馆 3 个多月，2020 年苏博仍完成文创产品营业额 2600 余万元，其中《贝聿铭的建筑密码》立体书全渠道销量超过 2 万册，小花器冰箱贴年销售额超过百万元。三星堆系列盲盒年销售量已超 18 万件，年销售额超 1300 万元。沈阳故宫国庆假期沈阳故宫文创产品人均消费同比增长 37%。

无论是雪糕、盲盒、巧克力，还是数字藏品，无论是全程自主设计生产的“单品牌”文创，还是联合其他品牌进行“双品牌”开发，这些文创产品都是博物馆魅力的一种发酵，正在吸引带动越来越多爱好者走进博物馆。

（五）跨界融合取得新突破

1. 博物馆 + 研学

把博物馆作为“第二课堂”开展博物馆研学，对激发学生学习兴趣、培养创新思维、提高实践能力具有重要意义。2021 年，教育部发布《革命传统进中小学课程教材指南》《中华优秀传统文化进中小学课程教材指南》，明确鼓励各地探索博物馆教育资源化、课程化、菜单化、网络化的新发展模式，极大促进了博物馆进校园示范项目和博物馆研学的快速发展。尤其是教育“双减”政策的出台为研学游大发展创造了新机遇，一批博物馆抢抓机遇纷纷推出创新性、趣味性研学项目。中国文字博物馆围绕自身特色，推出了“人在汉字”“舌尖上的汉字”“甲骨文里的世界”等汉字专题课程 50 多节，全方位解读汉字知识，起到了很好的教育效果。开封博物馆充分利用自身资源，创新活动形式和教学模式，设置了体验感知、科学探究、任务驱动和动手制作四大活动类型，开发了地上悬河、宋代科技、宋代文学、宋代军事等 11 项研学课程，完善“在博物馆看展览”“城摞城探寻北宋东京城”等多条文化体验型研学线路，让孩子们亲手打开这本奇妙的“历史书”，取得经济、社会效益双丰收。海昏侯国遗址博物馆则结合馆藏文物特色，自 5 月 1 日起推出了汉代文化研学之旅，让参观者近距离了解我国目前面积最大、保存最好、格局最完整的汉代列侯国都城聚落遗址。2021 年国庆节期间，二里头夏都遗址博物馆举办了为期七天的“探秘夏都”研学活动，受到了广大中小学生和家长的热烈欢迎。吉州窑博物馆推出了“庐陵文化体验”“吉州窑陶瓷艺术体验”“吉州窑考古模拟体验”等系列研学实践课程，发挥了特殊的教育功能。2021 年，绍兴市开展了首届中小学研学实践教育“优质课程”评选，绍兴博物馆、中国黄酒博物馆等研学项目入围中小学研学时间教育“优质课程”。自 2017 年 5 月，广西壮族自治区博物馆推出“跟着博物馆游广西”研学旅行项目至今，项目先后开辟了“海丝文化”小航海家之旅、“南北文化融合”穿越之旅、“明媚三月三”民族文化之旅等 8 个主题 12 条研学线路，横跨 4 省 20 余个地市，研学场馆包括区内外博物馆 38 个，开展研学旅行活动 40 余场次，参与青少年逾千人，2021 年正式上线红色之旅研学小程序，持续探索“互联网 + 研学旅行”的线下线上融合发展新路径。

2. 博物馆 + 住宿

博物馆与酒店的跨界能带给游客全新的住宿体验。在国外，“博物馆 + 酒店”的案例有很多，如法国美居里昂艺术博物馆酒店、美国 21 世纪路易斯维尔博物馆酒店、土耳其博物馆酒店、新西兰惠灵顿博物馆酒店等。国内的博物馆型酒店更是不胜枚举。西安威斯汀大酒店是喜达屋酒店及度假酒店国际集团旗下唯一的博物馆酒店，在逾 7000 平方米的空间和三个特别展厅里展示馆藏的 1200 多件馆藏精美文物，其基本展示陈列内容为“色挂形象穷神变——中国古代壁画源流展”，是我国首家系统全面展示中国古代绘画发展历程的专题博物馆，极大地提高了酒店文化品位和吸引力。苏州六悦庄博物馆酒店有超过 5000 件传统艺术品分布于酒店 50 间豪华客房和花园等公共区域，将东方的含蓄美与西方的视觉张力巧妙地融于一体，已成为当地网红酒店。先后荣获长三角公共文化空间创新设计大赛 2020“百佳公共文化空间奖”、2021 年优秀公共文化空间案例之“跨界艺术空间”。

3. 博物馆 + 剧目演艺

博物馆与剧目演艺的结合，为文物活化利用提供了新舞台，丰富了旅游演艺的类型。2021 年年初，河南卫视春晚的舞蹈节目《唐宫夜宴》将河南博物院的 8 件乐俑和 5 件舞俑“带”到了舞台上，复原了唐俑丰腴的身姿，展示了唐朝少女们从准备、整理妆容到夜宴演奏的过程，引发盛赞迅速“出圈”。河南博物院也因此成为“顶流”网红和热门打卡地。“只此青绿”借助艺术创作，将静态的《千里江山图》用动态的舞蹈来呈现，引发了大众对故宫《千里江山图》的关注，让故宫馆藏名画焕发新活力。

4. 博物馆 + 影视综艺

博物馆将文物故事转化为动漫，能够更便捷地传递给更多的观众。央视开播的《国家宝藏》综艺节目让博物馆的搜索指数上升 50 个百分点；2021 年新推出的第四季以呈现革命文物为主题，调用先进的互动呈现技术，让红色文物活起来，带领青少年打卡红色博物馆。《国家宝藏 · 展演季》《中国国宝大会》等文博类节目热播，《中国国宝大会》第一季电视观众过亿。

5. 博物馆 + 剧本杀

以“剧本杀”营造沉浸式场景成为博物馆一种全新的打开方式，受到年轻人追捧。2019 年，上海玻璃博物馆首先将“剧本杀”这一形式引入博物馆。2021 年，作为地方中小型博物馆，广东江门五邑华侨华人博物馆另辟蹊径，推出了“剧本杀”《华埠风云》，每周二至周日开放一场，观众可自行组成 5 人团免费预约参加，获得大量好评。潍坊十笏园博物馆联合市中小学生综合实践活动基地推出了《十笏侦探事务所——四大家族》的剧本杀，用沉浸式体验的方式解读博物馆与藏品背后的历史文化，实现了寓教于乐的目的。

6. 博物馆 + 时尚业态

艺术会展节庆与博物馆的结合，往往能起到锦上添花的作用。苏州博物馆与阿里巴巴电商平台合作，在苏州举办以当地建筑与文化为元素的时装秀，时装秀展出的部分衣服同时在淘宝首页做推广，有 300 多万人在网上互动，让苏州博物馆火了一把，焕发了博物馆的现代活力。三星堆博物馆围绕“三星堆 + 生活美学”的理念，将自身文化特色和时尚潮流结合起来，相继推出了渔夫帽、水杯、帆布袋、项链、耳钉、扑克牌、口罩等一大批颇受消费者喜爱的文创产品。南京创意中心在南京市七大博物馆的支持下提炼文博元素，重点打造城市文博 IP 项目，通过门店销售、线上平台、IP 对外授权和创意服务等多种形式，推动 IP 全面落地转化，并通过“微笑传递”“文化中的力量”等活动向全球输出。台湾吉而好文创作为台湾最大的实体设计师平台，与北京故宫博物馆、莺歌陶瓷博物馆、苏州文博中心等多家博物馆联合开发 IP，将博物馆 IP 与现代生活相链接，利用非遗资源转化文创产品，满足人们多方面、多层次、多样化的文化需求。

还有一批博物馆通过跨界衍生，让博物馆 IP“出圈”。如经过多年探索，南京中国科举博物馆的 IP 授权和跨界合作已涵盖多个领域：博物馆 + 美食方面，推出“江南贡院”品牌糕点系列；博物馆 + 酒店，推出了棋峰试馆酒店、九间客房，分别以“一举成名”“夺锦之才”“金榜题名”等来命名；博物馆 + 影视，《跟着书本去旅行》节目第 197~199 集《南京印记》，向观众展示了中国的千年科举历史。

（六）行业协作日趋紧密

博物馆联盟是整合资源、搭建平台、创新机制、加强联动的重要合作形式。2021 年，我国博物馆联盟进一步扩容，拓展了行业内资源共享、优势互补、协同发展的新平台。3 月，由 65 家成员单位组成的青海省博物馆联盟成立，与相关文化企业签订文化创意产品授权合作协议，并提出通过联盟的方式最大限度地整合全省文物资源，加快博物馆群建设，加大博物馆文创产品开发，增强博物馆“造血”功能。5 月，长株潭区域博物馆联盟成立，共有长沙、株洲、湘潭三市的 40 家博物馆加入，将统筹三市博物馆资源，深化各馆之间的合作。在全国工业博物馆联盟会员大会上，宣布成立了全国工业博物馆联盟研究院，并发布了《工业博物馆（展馆）星级评定评分细则》等相关内容。6 月，在 2021 丝绸之路周的开幕式上，中国丝绸博物馆联合中国、英国、美国、俄罗斯等 18 个国家的 40 余家博物馆共同推出了“丝绸之路数字博物馆（SROM）”。作为一个集“数字藏品”“数字展览”“数字知识”与“云上策展”等功能于一体的共享平台，SROM 致力于开展丝绸之路沿线博物馆的合作，打破实体藏品与博物馆的线下空间局限，实现线上资源互通和共享。9 月，长江流域博物馆联盟成立，联盟《倡议书》提出以联盟为纽带，深入研究、挖掘、利用长江文物资源，把长江文化保护好、传承好、弘扬好，推动联盟博物馆间协同发展。10 月，全国陶瓷文化博物馆联盟成立，旨在联合全国陶瓷相关博物馆、高校、科研院所、相关文化企事业单位和相关社团组织，协同发展、共同提高，促进陶瓷文化产业发展。10 月，上海合作组织博物馆联盟成立大会在中国国家博物馆召开，宣告上合组织首个文化领域专业机构间联盟正式成立，旨在为促进各国文化遗产资源整合和资源共享搭建新平台，推动上合组织优秀文化广泛传播，助力成员国共同发展繁荣。

除业界外，地方政府和科研机构也开始重视博物馆发展经验的分析与总结，北京、上海、广东等地的文物行政部门都首次推出了博物馆发展年度报告（见表 5-1）。

表 5-1　2021 年国内博物馆年会及联盟主要活动

时间	活动	地点 / 形式
2021 年 3 月	青海省博物馆联盟成立大会	西宁
2021 年 4 月	“东方博物馆之都”研讨会	洛阳

续表

时间	活动	地点 / 形式
2021 年 5 月	国际博物馆协会藏品保护委员会（ICOM-CC）第十九届大会	北京
2021 年 5 月	2021 年工业博物馆创新发展峰会暨全国工业博物馆联盟会员大会	深圳
2021 年 5 月	长株潭区域博物馆联盟成立大会	长沙
2021 年 5 月	第二届博物馆青年论坛	北京
2021 年 5 月	首届中国博物馆青年学术研讨会	南通
2021 年 6 月	2021“丝绸之路周”	杭州、西安、兰州、福州
2021 年 7 月	全国革命文物展示联盟成立大会	南京
2021 年 9 月	第二届国际博物馆高级别论坛	深圳
2021 年 10 月	中国博物馆协会陶瓷专业委员会成立大会	景德镇
2021 年 10 月	第二届金砖国家博物馆联盟大会暨学术论坛	视频
2021 年 10 月	上海合作组织博物馆联盟成立大会	北京
2021 年 10 月	第三届两岸博物馆 IP 授权交流论坛	南京
2021 年 11 月	博物馆与可持续发展 2021 国际学术研讨会	安吉
2021 年 12 月	中国博物馆协会藏品保护专业委员会委员 2021 年会议	视频
2021 年 12 月	全国水利博物馆联盟 2021 年年会暨讲好大运河故事学术研讨会	视频

数据来源：根据公开资料整理。

第二节　博物馆旅游发展存在的问题

博物馆作为非营利的永久性机构，是征集、典藏、陈列和研究代表自然和人类文化遗产的实物的场所，是公共文化服务的窗口。随着“博物馆热”的兴起，到“博物馆里过大年”“博物馆打卡”成为社会新时尚，博物馆在促进城乡和区域旅游发展中正日益发挥重要的作用。博物馆旅游成为文旅发展战略中不可忽视的组成部分。但不可否认，当前博物馆旅游还存在产业融合不够、产品吸引力不强、个性化服务欠缺、配套设施不健全，营销推广不足等问题，与人民群众日益增长的美好生活需要还存在不小差距。

（一）与文旅产业融合不够，良性互动不足

我国博物馆数量大、覆盖广、类型多样、旅游工作基础良好，具有文旅融合发展的先天优势和广阔空间。但由于目前我国博物馆大多属于事业单位，经费全部由财政拨款，缺乏与综合效益挂钩的绩效考核制度、与接待参观人次相适应的经费制度、与工作绩效相关的员工奖惩制度，铁饭碗、大锅饭现象依然存在。主人翁意识缺失，管理者与员工对陈列藏品缺乏热情，缺乏主动宣传的意识，服务旅游者的意愿不够强烈等现象不同程度存在，影响了博物馆的管理水平和管理绩效。

适应文旅深度融合和博物馆游大发展的趋势，博物馆应树立开放意识，重新定义“观众”，面向游客需求，主动进行旅游化改造，完善配套设施，拓展休闲娱乐功能，成为俗雅共赏之地。要树立目的地观念，主动拥抱旅游市场，融入当地旅游圈（如红色旅游圈、科普旅游圈、学生夏令营活动圈、研学旅游圈等），服务城市文化旅游品牌塑造。政府部门要按照《中共中央办公厅、国务院关于加强文物保护利用改革的若干意见》精神，分类推进博物馆法人治理结构建设，赋予博物馆更大办馆自主权；鼓励博物馆开发文创产品，增加二次消费，其所得收入实施统一预算管理，可以用于公共服务、藏品征集、绩效奖励等；落实非国有博物馆支持政策，进一步激发博物馆创新活力。

（二）特色不够鲜明，产品缺乏吸引力

观众流量是反映一个博物馆是否成功的重要指标。无论是发挥教育功能创造社会效益，还是通过文化创意创造经济效益，都能在观众流量、游客评价上得到体现。当前，我国博物馆数量、种类越来越多，但博物馆的品质参差不齐，分化明显。一方面，以故宫博物院、中国国家博物馆、陕西历史博物馆、河南博物院等为代表的重量级博物馆，凭借较高的知名度、丰富的藏品、富有创意的宣传推广、多样化的主题活动，塑造出了辨识度高的大 IP，圈粉无数，接待异常火热；另一方面，大部分县级博物馆（包括部分地市级博物馆）尽管对公众免费开放，但由于在主题特色、藏品数量、配套设施、服务项目等方面的缺陷不足，导致访客稀少，有的甚至门可

罗雀。从展陈上看，一些博物馆在设计展陈时缺乏用户思维、升级思维，囿于“我展你看”“我说你听”的传统模式，没有从游客需求出发，忽视旅游消费迭代升级，导致主题缺失；很多博物馆只是将馆内的展品简单陈列摆设，展陈方式陈旧，缺乏吸引力，难以引起参观者共鸣；部分展陈枯燥，难以激发参观欲和求知欲，不少参观者在博物馆里走马观花，难以获得深度体验。地方博物馆在主题展览、社会教育等方面的差距也在拉大，北上广深等一线城市在展览的质量和数量上优势明显。

适应游客多样化的游览需求，博物馆应立足自身馆藏资源和所在城市文化特色，突出主题，优化基本展陈，设计主题参观游览线路，提高自身文化辨识度；应对接市场需求和文旅产业特色，在充分调研的基础上，在博物馆主题定位的统摄下策划推出系列主题临展，吸引特定游客，强化自身文化辨识度。政府部门要支持博物馆开展文物交换、藏品交流、社会捐献等活动，有条件的地方可适当加大考古发掘和专业策展人才引进力度，帮助博物馆丰富藏品、提升展陈水平；要考虑将博物馆主题展陈和特色藏品纳入城市文旅宣传推广计划，扩大知名度。

（三）个性化服务欠缺，旅游体验感不强

讲解员是博物馆旅游服务链条中的关键一环。随着旅游市场的发展和消费者的成熟，人们的旅游需求更加多样化、个性化，这在博物馆旅游中对讲解服务也不例外。游客需要的是“菜单式”、定制化、有互动的讲解服务，但博物馆提供的却是无差别服务，端上来的“服务菜单”往往就是一种“菜品”或一个“套餐”，现实中讲解员滔滔不绝，解说内容千篇一律，效果却不能令人满意。因循守旧、忽视游客的需求是根本原因。博物馆服务“以一对多”“以不变应万变”的传统做法，还体现在对游客观众年龄群体、接受程度的不加区别上。实践告诉我们，博物馆的讲解服务对青少年成长发挥着关键作用，很多人的职业选择都与小时候在博物馆受到过的教育有关。但当下的博物馆，大多将成年人视为参观的主流人群，在展陈说明、讲解词上忽视针对儿童的讲解，无法将深奥枯燥的专业知识、专业术语转化、翻译成浅显易懂的语言，导致儿童根本就不了解其中的奥妙，得到的启发也就有限。对老年人、残障人士等特殊群体的个性化服务就更薄弱。此外，一些博物馆服务和运营水平偏低、服务项目单一、缺乏科技时尚元素等，也降低了现代游客的体验感，无法实现参观游览者的心理预期。

适应现代游客对分层化的讲解服务、更深刻体验的需求，博物馆应坚持以人为本，针对不同群体不同职业，丰富讲解选项，在讲解语种、深浅程度、游览线路等方面进行细分设计，推出多样化“讲解套餐”，满足分众化消费需求；应在文物活化上多出奇招，丰富讲解形式，借助移动互联网、云计算、大数据、VR、AR 等现代科技手段，打破传统的平面展览模式，通过立体全方位的形式向参观者展示藏品，让文物真正“活起来”；采用“人脸识别”“刷码入馆”“无感支付”等无接触服务，提高参观的便捷度、安全防控的精准度。政府部门要支持博物馆智能化改造，加大智慧博物馆、数字藏品等开发建设力度，增强博物馆的体验感和吸引力，推动博物馆破圈出彩。

（四）配套设施不健全，经济效益不佳

从我国来看，博物馆配套设施不完善、缺失盈利项目是普遍存在的现象。有些博物馆在展陈、互动方面舍得花钱弄得高大上，但在观众用餐环境、用餐标准、可选择项目等方面都不匹配，缺少人文关怀。更有甚者，有些博物馆面积大、游线长，观众几个小时走下来，别说能找个地方坐坐喝杯咖啡，口渴了连买瓶矿泉水都困难；临走时想买本相关资料都没地方买。数据显示，发达国家旅游购物占旅游收入的比例在 60%~70%，我国目前还不到 40%。这种局面，既让博物馆丧失了很好的营收机会，又导致游客不满，可谓双输。

博物馆作为公共文化设施，承担公共文化职能，公益属性、社会效益是首要的，但也不排斥其发展文创产业、经商盈利，获得经济效益促进更好发展。毕竟单纯靠国家财政补贴或政策支持，无论是国有博物馆还是非国有博物馆发展空间都会大大受限（2021 年，财政部下拨博物馆纪念馆免费开放补助资金合计 30.84 亿元）。尽管我国《博物馆条例》规定，国有博物馆的正常运行经费列入本级财政预算，但僧多粥少，能“吃饱”就属不易，要想“吃好”会更难。一旦经费紧张，稳定人才、修复文物、修理馆舍、新增项目都会遇到困难。从我国博物馆来看，2019 年，全国 5500 多家博物馆，平均每家博物馆年总收入 581.7 万元，其中还有大量达不到该平均值。受新冠肺炎疫情影响，2020 年收入与上年同比减少 51%，势必影响到博物馆的发展。事实上，有不少博物馆不仅难以发展，而且生存都会面临危机；由于经费困难，馆舍失修，雨水渗漏损毁珍贵文物的现象也屡见不鲜。对收费博物馆来

说，缺乏市场化经营理念，导致无法购买更好的展品、设计更好的活动，就难以吸引到足够多的游客，无法自负盈亏，很容易陷入盈利能力低下与游客减少的恶性循环。据博物馆行业研究，一些博物馆之所以关停，主要原因也是经费不济。

适应现代游客慢下来、深体验、舒适化的参观需求，博物馆应加强顶层设计，在功能区规划时，充分考虑游客生理需求和精神需求，适当布局文创商品店、咖啡店、冰激凌店、主题餐馆等配套设施，让观众在博物馆获取知识、享受生活，留下美好体验。要通过招募志愿者，提供免费服务，提高游客满意度。有条件的博物馆可考虑引入 4D 影院、研学基地、非遗工坊等，增加服务项目；通过适当增加临展面积，增加经济收入。政府部门要在规划、政策、资金等方面给予支持，增加服务内容和盈利项目，帮助博物馆完善外部交通、停车等配套设施以提高通达性，促进博物馆健康有序发展。

表 5-2　2016—2020 年全国博物馆年度总收入

年份	收入（亿元）
2016	234
2017	325
2018	304
2019	322
2020	158

（五）营销推广不足，品牌化程度不高

目前，博物馆除教育、展示、传播等核心功能外，还具有收藏、保护、研究、旅游等多方面功能，已成为满足社会大众旅游文化产品消费需求的生产者、国民终身教育需求的提供者。博物馆扩大宣传、打造品牌，最直接的目的就在于激发观众参观博物馆的兴趣，让观众走进博物馆、走近藏品。但在传统管理模式下，博物馆尤其是中小博物馆和非国有博物馆做得还很不够。一方面在于国有博物馆不以营利为目的，其游客接待量与工作人员薪酬无直接关联，而游客量增加意味着管理难度、服务人数、运行成本的增加，但与之相匹配的绩效考核、配套政策、机制普遍

缺失导致其缺乏主动宣传的动力；另一方面在于一些博物馆管理者缺乏市场意识、竞争意识，抱着手中握着宝物“被需要”的心态，习惯于“等客上门”。在营销宣传上，“等、靠、要”思想严重，习惯于依靠政府部门组织，不愿开展自主宣传。互联网时代，线上宣传也对一些传统博物馆管理和工作人员提出了挑战。一些博物馆除了传统的配置触摸屏、印制展陈手册、开展专题讲座等社教宣传外，依托馆藏资源开展事件营销不够，官方网站、“两微一抖”建设水平低，网络直播、云展览等现代营销手段缺失，难以满足现代游客的欣赏方式和消费习惯。另外，在宣传方式、宣传内容上，针对不同性别、不同年龄段、不同职业身份观众的偏好差异进行的差异化营销也很薄弱。相对而言，全国 5500 多家博物馆，除部分自带流量的大博物馆外，在国际上叫得响的并不太多，整体上博物馆行业的品牌化程度偏低。

适应讲好中国故事、推动中华优秀传统文化走出去，提升我国国际传播能力和自身品牌打造的需要，博物馆应转变观念，调整思路，强化服务意识，树立主动营销理念，延伸服务触角，让馆藏资源精准触达游客。要根据自身的特色建立网店，加大网站建设推广力度。要学习借鉴成功做法，跳出单调、枯燥的说教方式，通过故事的讲述、生动的表达、新颖的形式，激发人们的参观游览兴趣。政府部门要在政策设计、人员培训、宣传矩阵、品牌授权等方面加强统筹指导，充分调动博物馆自主宣传、主动宣传的积极性，通过资源整合，放大博物馆宣传效果，推动博物馆品牌塑造。在营销手段创新上，故宫博物院的做法值得借鉴：通过互联网公布了 186 万件藏品信息方便人们查阅；精心设计网站，开通微博、微信，推出了故宫初雪、故宫红月亮等照片，分享宫里喵主子的生活，吸引了上千万人浏览观看；通过《我在故宫修文物》向大家展现博物馆的魅力，让馆内藏品真正“活起来”，收获了大量粉丝。

第三节　博物馆旅游发展趋势

（一）价值被重塑，博物馆游日趋生活化

1. 博物馆展示文化软实力

从宏观层面上看，凝聚国家认同、增强文化自信、推动国际文化交流互鉴，迫

切需要发挥博物馆的作用。对内，凝聚国家和民族认同。博物馆作为中华文明的保存者和记录者，可以通过丰富的考古人类学出土文物和民族志资料展现，诠释中华民族构成的多样性和文化来源的多元性，以及我国自古以来就是统一的多民族国家的理念，从而促进民族团结、增强国民的心理认同和文化认同。对外，构建和展示国家形象。博物馆通过对外文化交流，展示国家文化形象，提高文化软实力，使我们能够用世界眼光看待中华文明在人类文明史上的地位，积极发挥其在推动构建人类命运共同体中的作用。

2. 博物馆旅游生活场景化

博物馆对于推动经济发展、维护社会和谐稳定上的价值和作用也日益受到关注和重视。一方面，博物馆旅游为经济发展注入了新动能；另一方面，博物馆能够不断满足人民对美好生活的需要，也成为社会和谐的稳定器。在常态化疫情防控背景下，为释放压力，满足生活化的旅游需求，短途游、周边游、本地游持续走热，博物馆作为本地居民日常休闲和青少年社会实践活动的重要场所，必将在城乡居民休闲旅游方面发挥更加重要的作用。2021 年国庆假期，文博游仍然是假期出游的热门选择。去哪儿数据显示，平台“博物馆”搜索热度与 2020 年持平，比 2019 年时增长 240%。故宫博物院、南京博物院、陕西历史博物馆、河南博物院、四川博物院成为国庆假期平台搜索热度最高的 TOP5。一系列考古新发现让三星堆博物馆热度居高不下，10 月 2 日—5 日连续四天发布门票售罄信息；去四川游玩的游客中超过三成将三星堆列入打卡目的地。可以预见，周末和小长假博物馆游将持续成为新热点。博物馆未来的生存和繁荣将取决于它们如何为个人、社会和世界带来积极改变。

（二）跨界化发展，“博物馆 +”前景广阔

让收藏在博物馆里的文物、陈列在广阔大地上的遗产、书写在古籍里的文字活起来，是博物馆跨界发展的出发点和归宿。从《国家宝藏》到《中国考古大会》，从《我在故宫修文物》《假如国宝会说话》到《国家宝藏·展演季》《中国国宝大会》，文物在新时代与教育互动、与科技联姻、与创意嫁接、与旅游融合，不断满足人民对美好生活的向往。在文旅融合的背景下，随着国家层面“互联网 + 中华文

明”行动计划的实施和前期系列政策效应的持续释放，以“博物馆＋研学”“博物馆＋住宿”“博物馆＋剧目演艺”“博物馆＋影视综艺”“博物馆＋剧本杀”“博物馆＋时尚业态”等为代表的跨界融合新业态新产品，未来会不断涌现，必将进一步丰富博物馆旅游的产品谱系，拓展博物馆的文化教育功能，让文化遗产走入千家万户，有助于向观众讲好展品背后的故事、新时代的博物馆故事。

（三）打造 IP，博物馆展陈数字化

博物馆不仅是历史文化的存储器、旧遗产的投影机，更应该是新文化的发生器。《2021 年中国品牌授权行业发展白皮书》数据显示，博物馆馆藏文化资源成为热门 IP。在争夺游客日趋激烈的未来，提高品牌个性，打造 IP 是提升博物馆竞争力的重要方式。主要有三种方式：一是立足馆藏资源内部挖潜，打造自有 IP。博物馆将藏品文化主题渗入到生活中，将藏品标志性内容嵌入产品形象以增强博物馆内容的趣味性和吸引力。二是强强联合，联动潮流品牌打造 IP。将文博内容与文具产品设计相结合，与家庭装饰品、日常生活用品设计相结合，与食物外观设计相结合，打造新的 IP。三是创新宣传手段，加强 IP 推广。目前已有超过 30 家博物馆入驻喜马拉雅。适应人们碎片化学习、社群化分享的需要，在抖音、B 站开设官方账号，利用短视频、音频（喜马拉雅、蜻蜓）宣介藏品，参与文博类综艺节目等方式既能让博物馆文化服务走进千家万户未来，又能有效扩大博物馆品牌知名度和影响力，将是今后众多博物馆的共同选择。

智慧博物馆将提升观众的体验感、参与感作为展陈设计初衷，打破了传统博物馆以文物资源为中心的展陈模式，新技术的应用为观众带来交互式、沉浸式体验。2021 年出台的《关于推进博物馆改革发展的指导意见》《“十四五”文物保护和科技创新规划》明确提出加快藏品数字化、加强科技支撑、优化传播服务等，为博物馆文物活化利用指明了方向。一是云展览、智慧博物馆将加快拓展。随着物联网、大数据、云计算、人工智能等技术在博物馆领域的加快渗透，“云端”成为博物馆提供公共文化服务的“主战场”。把博物馆搬上“云端”、将藏品数字化，向线上拓展、向云端延伸的文博服务形式将更加普及，游客与博物馆之间的供需模式将重塑。未来将有更多博物馆像故宫一样，基于自身藏品资源和文化优势，利用“互联网＋”建立数字技术平台，通过 AR、MR、3D 等技术手段展示藏品及展厅，宣传教

育性文博内容，拓展博物馆衍生品市场。二是数字藏品将高速发展。收入增长、文化繁荣、需求升级、技术革新、疫情倒逼，以数字藏品元年为新起点，博物馆数字藏品将进入爆发期。借助区块链、云计算、人工智能、扩展现实等技术，博物馆不但能够持续保持与社会和新生代观众的关联，也为扩大传播影响，弘扬优秀文化开辟了新途径。未来，博物馆数字藏品将成为文物活起来的重要载体和文博产业跨界发展的新热点，为文旅高质量发展提供新动能。

（四）需求多元，服务走向个性化

如果说典藏品是博物馆的心脏，那教育则是博物馆的灵魂。“三分游，七分讲”，文物讲解是参观展馆不可或缺的一部分。针对固定一套讲解词、一种参观路线的传统做法，未来可以有多种破题之法：一是随着一些具有资质的社会讲解机构的快速崛起，博物馆可以购买第三方提供讲解服务；二是经主管部门同意，博物馆可以组织资质认定，向具备讲解能力的社会人士发放相关证件，将其作为“编外力量”纳入管理，在高峰期提供服务；三是招募一定数量的志愿者，经培训合格后担当义务讲解员；四是适当借助科技手段，带给游客新奇体验。具有代表性的是河南博物院推出的“AR 弹幕”服务，让游客在博物院观赏文物的同时，用手机扫描文物打卡，并发送“弹幕”留下感想，实现了与其他打卡游客隔空交流。长沙博物馆的智慧导览“三件套”：用互动触摸屏看观展路线、用智慧笔获取文物信息、用导览手机听语音讲解，观众可以享受到更加便捷、智能、有人情味的用户体验。当然，最根本的还是博物馆自身要强化质量意识、服务意识、品牌意识，不断提高编制内讲解员的业务素质和能力，努力让讲解兼具知识性、趣味性、互动性，能打动人留住人。现实中，那种“不允许社会人士（含导游、社会教育机构及其他个人）在博物馆展厅组织开展讲解活动”的做法简单粗暴，并不可取。

总之，如何将博物馆资源开发、产品供给和旅游市场需求有效对接、深度融合，使博物馆在博物馆旅游方面发挥更大作用，需要政产学研多部门共同探讨、稳步推进。一方面，应从供给侧下手，深化体制机制改革，依托优势展品、特色展陈等核心资源，加强保护利用研究阐释，提升展陈质量水平，做到有产品、有调性、能消费，做好博物馆“围墙内”的事；另一方面应从需求端出发，以普罗大众需求为导向牵引，优化博物馆布局，增加配套服务设施，加强游客管理，让观众进得来、留得下、能体验、有收获，做好“围墙”内外的事，实现传播文化知识、提升旅游体验、繁荣文旅市场的目标。

第四节　博物馆旅游发展案例

（一）工业旅游的体验——景德镇陶瓷工业遗产博物馆

景德镇陶瓷工业遗产博物馆是国内首家以陶瓷工业为主要内容的行业博物馆，位于“中国瓷都”江西景德镇陶溪川文创街区内。其前身是建于1958年的景德镇宇宙瓷厂。厂房内保留了古老的圆窑、20世纪60年代的煤烧隧道窑和20世纪90年代的汽烧隧道窑，窑房两端分别保留着苏联援建时期未完工的原料漏斗和高达60多米的烟囱。被联合国教科文组织授予“2017年度亚太地区文化遗产保护奖之创新奖”。博物馆利用宇宙瓷厂内留存的旧窑房，通过修补修复创新，建设“文化脊柱”“文化拱廊”等标志性文化景观建筑，打造出独特、新颖的文化体验空间和客观了解景德镇近现代陶瓷工业变迁发展的文化平台。

该博物馆通过历史文献的打捞，以场景再现、珍贵实物、图文影像资料等形式，对现代陶瓷工业的工具、设备、窑炉、工艺流程、产品，391名陶瓷工人口述史、6.9万名瓷工“身份档案”进行集中展示。按照手工作坊—私营—私私联营—公私联营—国营瓷厂—改制转型的历史脉络，展示景德镇陶瓷工业经历的沧桑变革和曾经焕发的光华，成为全国首家具有影响力和示范作用的陶瓷工业遗产（物质和非物质文化）专题博物馆。

整个博物馆采用“以物展史”的方式，以时间为序，充分运用现代新材料、新造型以及声、光、电等辅助手法，以场景再现、珍贵实物、图片资料等多种形式，通过“筚路蓝缕、恢复发展”“迂回曲折、起伏跌宕”“改革改造、致力发展”“改制转型、浴火重生”四个展区，展示了1903—2015年，景德镇陶瓷工业所经历的百年沧桑，从中品味景德镇近现代陶瓷工业发展历史，纵览景德镇陶瓷工业遗产风貌。

（二）沉浸式夜游博物馆——上海玻璃博物馆

2021年国庆黄金周，上海玻璃博物馆“24小时不打烊”，推出包括“沉浸式夜游博物馆”和“和最爱的人夜宿博物馆”在内的不少限定活动，令不少观众惊呼发现“宝藏”。

上海玻璃博物馆不仅是一座博物馆，更像是一座以玻璃为主题的园区，共有包括主馆、儿童玻璃博物馆、玻璃迷宫、破碎特展、彩虹礼堂等20个不同的展馆。强互动性，是这家博物馆给人留下的深刻印象。因而，它的24小时不打烊，不是噱头，而是观众当真能在里面泡上24小时。例如，它的儿童玻璃博物馆，是国内首个以儿童视角出发的博物馆，建立在一座具有60年历史的玻璃熔炉车间之上，2021年5月18日国际博物馆日刚刚在空间和内容上全面升级至2.0版本。展厅没有固定的参观动线，而由一份游戏任务手册开启探索之旅。26个字母是策展的核心概念，也是游戏手册的主体，分别对应着展厅的26个大型装置，也即26个展项。A代表Architecture（建筑设计），K代表Kaleidoscope（万花筒），U代表Upcycling（回收利用）……每一个字母背后都是一个词汇，每一个词汇后都是玻璃的一个秘密。小朋友寻找到每一个字母背后的秘密，用荧光笔在游戏手册上将其标记完成，才算通关。

玻璃迷宫是一个同样由体验驱动的展馆。它把世界上最古老的游戏之一——迷宫变成了一个独一无二的设计体验。这是一个由灯光、玻璃以及镜子所组成、有着无限镜像的巨大幻象迷阵，邀请人们在一个无穷无尽的立方体空间中探秘前行，寻找8个通关密码。热力剧场最近上新了全新剧目《漫游者》，呈现出脆弱的人类在浩瀚的宇宙中，面对无限未知的孤独感和依旧不断探索的勇气。这是国内首个热玻璃表演剧场，在完全黑暗的空间中展现玻璃时而点状时而线状时而液态时而固体的变幻多样的状态，既有安静孤独的效果，又暗藏生机和能量。在“沉浸式夜游博物馆”中，最新开发的手机小游戏特别加入其中，带人们玩转20000平方米的博物馆园区。观众通过小程序打开AR沉浸式游戏，就能化身成宇宙“探险家”，开启自己的“星际穿越之旅”。闯过20多个小游戏，收集到“金木水火土”五大场馆的能量，就可以获取精美的订制奖品“能量宝盒”。这款AR小游戏是上海首家，甚至可以说是全国第一家，基于微信小程序开发的，带你边逛博物馆边学知识的小游戏。

“和最爱的人夜宿博物馆”则给了人们难得的在博物馆里过夜的奇妙体验。馆方提供帐篷，观众可以选择在室内或者室外搭帐篷过夜，还开辟出户外电影大剧场，睡前看个电影也能成为不错的选择。

“双减”后不少家长都更乐于参加这样的活动。带着两个孩子前来体验博物馆奇妙夜的黄女士就是其中之一，她说“将帐篷宿营的野趣与人文气息的博物馆结合，饶有新意。参与的观众几乎都带着孩子。帐篷住宿环节，是一项动手动脑的亲子活动。清晨在清脆的鸟鸣声中醒来，想到自己被各种艺术品环绕，颇有在哈德逊别墅的错觉”。

（三）剧本杀进入博物馆——江门五邑华侨华人博物馆

剧本杀《华埠风云》根据真实历史事件改编，故事背景设置在 1946 年 4 月，洪门致公党领袖、著名美洲侨领司徒美堂先生欲率美洲各地洪门代表回上海参加“五洲洪门恳亲大会”，与国内各党派商讨国家大事。于是，司徒美堂先生来到了美国纽约唐人街，准备挑选一名致公党代表跟随自己回国，并且再挑选一名代表作为纽约唐人街的新领袖。

在这场游戏中，除了一名玩家扮演司徒美堂之外，另外 4 名玩家角色分别为唐人街华侨报社社长钟门亭、唐人街洗衣馆老板江炯潮、唐人街中药铺伙计公孙戊、唐人街裁缝店店长宋耀东。经过自我介绍、现场搜证、发言等环节，这四名玩家都要尽力为自己争取选票，成为两名回国代表之一，而游戏成功的标志是选出符合司徒美堂要求的两位玩家，否则将对回国事宜产生负面影响。本次“剧本杀”活动也是为了配合“侨心向党　同心圆梦——五邑华侨华人与中国共产党”展览而推出的。该展入选了中宣部和国家文物局公开推介的庆祝中国共产党成立 100 周年精品展览，展现五邑华侨支持新民主主义革命、社会主义革命与建设、改革开放与全面建设社会主义现代化国家的历史画卷，也是第一次全面系统地梳理了五邑华侨和中国共产党的关系。展览展出了爱国侨领司徒美堂的相关文献和遗物，而《华埠风云》中其他四位人物原型的故事也在展览中有所体现。因此，在每场“剧本杀”游戏结束之后，工作人员会将玩家带进展厅，以讲解的方式进行一场特别的复盘，让玩家对这段历史有更加深入的理解。

由于模拟场景展示本就是华博馆的重要展示方式之一，因此该馆的空间条件对于“剧本杀”这一活动形式的开展有着先天的优势。馆内的场景由珠江电影制片厂设计制作，细节精致，生动逼真，本身就带给观众极大的代入感与沉浸感。“剧本杀”《华埠风云》发生的地点“唐人街”便是博物馆陈列“海外创业篇”的一部分，供玩家探索搜证的空间包括5个房间近200平方米。馆方对空间不需要进行过多改造，仅需购买道具，融入场景不同角落，便可创造出一个极具沉浸感的剧本杀场地。《华埠风云》剧本的撰写、线索和道具的设置等相关工作全部由本馆的工作人员完成，历时一个月，经过三次内测，才正式推出。博物馆“剧本杀”的剧情要兼顾史实与推理，既要最大限度地呈现历史人物与事件的全貌，又要有足够的趣味性。道具的设置方面也体现了工作人员的很多巧思，如为了让观众更有真实感而在道具上融入方言等具有地方特色的元素，这些细节的设计都会提升玩家体验。馆方的用心也得到了积极的反馈，一些观众在社交媒体上向大家推荐这一活动，普遍认为收获很大。

虽然华博馆开展“剧本杀”的空间均为现代复原场景，但也存在展项被破坏的风险，因此，馆方需要派出工作人员在现场跟进，除了推动游戏进程，也要监督玩家在搜证过程中不对展项进行破坏，且每天活动结束之后需要对场景进行还原。好在每日仅接受一场预约，每场仅有5位玩家参与，且“剧本杀”推出的契机正值暑假，华博馆得以招募志愿者参与运营工作。即便如此，人手本就不充裕的博物馆宣教部门依然感到压力陡增。

实际上，“剧本杀”从开发到运营所需人力也是博物馆在推出这项活动时需要考虑的问题。有些博物馆选择与第三方机构合作，具体的开发与运营工作均由第三方公司来负责，馆方几乎不需要加派人手在现场配合，但这种方式对于资金有限的中小型博物馆来说则存在不少困难。也有的博物馆规模较大，能够集中投入较多人力组织供几十甚至上百人参与的大型解谜活动，然而，如此大型的活动即便对于大馆来说，似乎也难以长期开展。

展品的安全是博物馆最为关注的问题。华博馆《华埠风云》暂不接受低龄观众预约，且参与人数和游戏空间均在可控范围之内，加之工作人员的认真负责让观众充分感受到了博物馆的诚意，均自觉遵守馆内规定，因此活动开展一个月以来，暂无展项受损的情况，这也给博物馆以信心，继续策划开展可供观众深度参与的活动。

此外，玩家与一般观众处于同一空间时，参观秩序又如何维持？华博馆的做法是将游戏区用隔离线与展览参观区域隔开，玩家与普通观众互不影响，同时告知普通观众区域内正在进行一场体验活动，很多观众也因此产生好奇纷纷咨询详情，这也相当于为“剧本杀”活动做了“活广告”。虽然这样似乎又将沉浸式体验局限于有限的空间和少数观众，但也的确是符合华博馆体量和馆内空间结构的做法。

华博馆推出《华埠风云》后，立即得到了市民的踊跃参与。很多观众在社交网络上推荐，还有抖音网红前来拍摄视频，使活动得到了更广泛的传播。

（四）“宠物友好”主题活动——观复博物馆跨界必胜客

“养宠”正逐渐成为宠物爱好者的一种生活方式，与此同时，对于流浪动物的保护也日益得到越来越多人的关注。必胜客在多个城市发起特殊的“520 宠爱日”，北京必胜客联合观复博物馆观复猫推出“必须宠爱”主题活动，共同倡导“以领养代替购买，让生命不再流浪”，活动希望唤起更多关爱动物人士的关注，共同探讨关爱流浪动物的相关话题。

很多人对“观复猫”并不陌生，它们多是观复博物馆创办人马未都先生收养的流浪猫，从 2003 年收留第一只取名为“花肥肥”的流浪猫算起，至今观复博物馆已有 30 余只观复猫。即使多数观复猫都有过流浪和被弃养的经历，却不影响他们的可爱和治愈。按马未都先生自己的讲述“起初收养这些猫是想让它们能吃饱穿暖，但慢慢发现猫所给予人的反而更多，有乐趣，有温情，有陪伴”。动物给予人类很多的温暖，人类与动物间温情和谐的画面又让人动容。

一座城市的“动物友好指数”，在某种意义上也成为它文明程度的体现。必胜客“必须宠爱”项目的立意与观复博物馆观复猫的倡导不谋而合，都是希望和动物们和睦生活在一起的人类，在爱与被爱中，会更多地感受到快乐和责任，因为每一个生命都值得被善待。

北京必胜客联合观复猫推出的“必须宠爱”联名公益活动，旨在呼吁并召集喜爱动物的年轻人关爱流浪动物，与必胜客一起打造宠爱环节，打卡爱宠人士新去处。双方此次不仅推出联名的观复猫形象海报，还在望京华彩必胜客门店中打造出观复猫形象的专属展示区域，喜爱动物的消费者通过扫描二维码即可进入领养环节，填写相关信息后还可有机会领养属于自己的喵星人。

（作者简介：常卫锋，中国旅游研究院文化旅游研究基地特约研究员，开封大学旅游学院副教授）

第六章　乡村旅游发展分析与展望

李　昊

自20世纪90年代以来，我国乡村旅游快速发展已近30年。近年来，国家政府部门以及各地方政府均出台了促进乡村旅游发展的政策文件，我国乡村地区的旅游业发展蓬勃。精准扶贫方略实施以来，乡村旅游是有效、快速实现农村脱贫的重要途径之一，是我国农民就业增收、农村经济发展的主战场和中坚力量，在推动乡村脱贫和乡村振兴方面发挥了重要作用。2021年作为“十四五”的开局之年，国家对乡村振兴战略提出了更高更具体的要求，乡村振兴政策利好，乡村旅游迎来重大发展机遇。

第一节　乡村旅游发展现状

（一）乡村旅游助力脱贫攻坚与乡村振兴有效衔接

习近平总书记说，脱贫攻坚，发展乡村旅游是一个重要渠道。近年来，各级文化和旅游部门以习近平总书记扶贫开发重要战略思想为指引，把旅游扶贫作为一项重要政治任务和重点工作抓实抓细，取得了显著成就，乡村旅游在全面打赢脱贫攻坚战中发挥了积极作用，我国旅游扶贫成效显著。为实现巩固拓展脱贫攻坚成果同乡村振兴有效衔接，中共中央、国务院出台《关于实现巩固拓展脱贫攻坚成果同乡村振兴有效衔接的意见》，提出要进一步巩固拓展脱贫攻坚成果，接续推动脱贫地区发展和乡村全面振兴。2021年中央一号文件提出，全面推进乡村振兴，加快农业农村现代化，凸显了新发展阶段党中央对农业农村工作的高度重视，这也是自21世纪以来我国连续18年以“三农”为主题发布中央一号文件。2021年2月25日，国家乡村振兴局正式挂牌成立，“国务院扶贫开发领导小组”的牌子永久性摘下，这既是我国脱贫攻坚战取得全面胜利的一个标志，也是全面实施乡村振兴，奔向新生活、新奋斗的起点。6月1日正式实施的《中华人民共和国乡村振兴促进法》为乡村振兴提供了制度保障，标志着乡村振兴战略迈入有法可依、依法实施的新阶段。国务院、发展改革委、农业农村部、文化和旅游部等部门相继出台一系列关于乡村振兴的政策文件，涉及乡村旅游发展的多个方面，借乡村振兴之东风，乡村旅游迎来政策红利。

文化和旅游部积极推动乡村旅游与乡村振兴、美丽乡村建设相结合，推出《体验脱贫成就·助力乡村振兴　全国乡村旅游扶贫示范案例选编》，共计收录100个典型案例，全面总结展示乡村旅游扶贫成果，促进与乡村振兴有效衔接。《"十四五"文化和旅游发展规划》提出要推出一批文化内涵丰富、产品特色鲜明、配套设施完善、环境美好宜居、风俗淳朴文明的全国乡村旅游重点村镇，培育一批全国乡村旅游集聚区。2021年，文化和旅游部遴选出254个中国美丽休闲乡村，并公布了532个乡村被纳入2010—2017年中国美丽休闲乡村监测合格名单。公布199个村入选第三批全国乡村旅游重点村，100个镇（乡）拟入选第一批全国乡村旅游重点镇（乡）。世界旅游联盟、中国国际扶贫中心和世界银行共同发布《2021世界旅游联盟——旅游助力乡村振兴案例》，收集了全国31个省区市的50个典型案例，充分展现了中国旅游助力乡村振兴的优秀成果。

表6-1　2021年我国主要政府文件涉及乡村旅游内容

文件名称	发布部门 / 时间	涉及乡村旅游内容
《中共中央　国务院关于全面推进乡村振兴加快农业农村现代化的意见》	中共中央办公厅、国务院办公厅 2021-01-04	开发休闲农业和乡村旅游精品线路，完善配套设施；加强村庄风貌引导，保护传统村落、传统民居和历史文化名村名镇；加大农村地区文化遗产遗迹保护力度；加强农村资源路、产业路、旅游路和村内主干道建设。
《2021年乡村产业工作要点》	农业农村部 2021-01-29	优化乡村休闲旅游业，发掘农业"产品供给、文化体验、生态涵养、休闲旅游、健康养生、文创教育、安排就业"等多种功能，促进乡村休闲旅游转型升级；推介一批乡村休闲旅游精品景点线路，遴选一批中国美丽休闲乡村，建设一批全国休闲农业重点县；打造150条乡村休闲旅游精品景点线路，建设200个中国美丽休闲乡村；开发乡村休闲旅游"夜经济"、农家宴、乡土菜等新项目。

续表

文件名称	发布部门 / 时间	涉及乡村旅游内容
《关于加快推进乡村人才振兴的意见》	中共中央办公厅、国务院办公厅 2021-02-23	加强乡村文化旅游体育人才队伍建设。推动文化旅游体育人才下乡服务，重点向革命老区、民族地区、边疆地区倾斜。完善文化和旅游、广播电视、网络视听等专业人才扶持政策，培养一批乡村文艺社团、创作团队、文化志愿者、非遗传承人和乡村旅游示范者。
《中华人民共和国乡村振兴促进法》	第十三届全国人民代表大会常务委员会 2021-04-29	支持特色农业、休闲农业、现代农产品加工业、乡村手工业、绿色建材、红色旅游、乡村旅游、康养和乡村物流、电子商务等乡村产业的发展；支持休闲农业和乡村旅游重点村镇等的建设；鼓励城市居民到乡村旅游、休闲度假、养生养老等。
《社会资本投资农业农村指引（2021 年）》	农业农村部办公厅、国家乡村振兴局综合司 2021-05-08	鼓励社会资本发展休闲农业、乡村旅游、餐饮民宿、创意农业、农耕体验、康养基地等产业，充分发掘农业农村生态、文化等各类资源优势，打造一批乡村休闲旅游目的地；引导社会资本发展乡村特色文化产业，推动农商文旅体融合发展，挖掘和利用农耕文化遗产资源，建设农耕主题博物馆、村史馆，传承农耕手工艺、曲艺、民俗节庆。
《关于拓展农业多种功能　促进乡村产业高质量发展的指导意见》	农业农村部 2021-11-17	以乡村休闲旅游业为重点拓展农业多种功能，推动乡村农文旅一体化发展；形成以农产品加工业为“干”贯通产加销、以乡村休闲旅游业为“径”融合农文旅、以新农村电商为“网”对接科工贸的现代乡村产业体系；到 2025 年，乡村休闲旅游年接待游客人数 40 亿人次，年营业收入 1.2 万亿元。
《农村人居环境整治提升五年行动方案（2021—2025 年）》	中共中央办公厅、国务院办公厅 2021-12-07	加快建设乡村景区旅游厕所。

（二）后疫情时代焕发乡村旅游新生机

受新冠疫情影响，旅游业受到很大程度的冲击，旅游业务大面积停滞受阻，乡村旅游业也遭受到较大打击。目前虽然国内疫情形势明显好转，但是国际疫情复杂多变，“外防输入、内防反弹”压力持续增大，新冠疫情影响还在持续。过去一年，国内疫情在多地零星暴发，游客出游意愿不断被压制，在各地疫情相关规定限制和强烈的出游意愿双重作用下，周末本地游和周边游成为游客为数不多的选择之一，近郊乡村游焕发新生机。携程发布的《2021 年中秋假期旅游数据报告》和《2021 年国庆假期出游总结报告》均显示周边短途游、乡村旅游颇受游客青睐，如 2021 年中秋期间，周边游预订人数占出游总人数比例为 56%，高于疫情之前的 2019 年中秋。此外，当今世界正经历百年未有之大变局，国际环境发生了深刻复杂变化，不稳定性、不确定性日益增加，我国正在走向国内大循环为主体、国内国际双循环相互促进的新发展格局，“双循环”发展新格局下的核心是扩大内需，乡村旅游是刺激国内旅游消费的重要途径之一。疫情之下，以往的出国旅游消费部分转化为近郊乡村旅游消费，加之城市居民对于乡村生活的向往，深化乡村旅游供给侧改革，优化乡村旅游产品供给，加快乡村旅游提质增效是刺激乡村旅游消费的必然选择。以乡村民宿为代表的乡村休闲度假成为城市新消费的代表业态之一，乡村旅游也从农家乐、单业态民宿、粗糙周边游升级到轻奢度假、民宿集群、乡村旅居等。从全球范围看，联合国世界旅游组织正式发布 2021 年首批联合国世界旅游组织“最佳旅游乡村”名单，旨在借旅游拉动世界乡村地区发展，并促进全球旅游行业复苏，进一步推动落实全球可持续发展。中国浙江余村和安徽西递村成功入选。

（三）短视频营销引爆乡村旅游目的地

信息技术已经被广泛应用在乡村旅游的营销、咨询、预订、游览、交易等多个环节，短视频营销已发展成为乡村旅游营销的一个重要渠道，一些乡村通过短视频传播成为“网红村”，极大地带动了当地的乡村旅游。无论是一夜爆火的四川甘孜州理塘县的藏族小伙儿丁真，还是新疆伊犁昭苏副县长贺娇龙、黑龙江大兴安岭林区塔河县文化和旅游局局长都波，他们通过短视频所引发的“网红”效应都为当地旅游业发展贡献出不小力量。在国家网络扶贫政策的推动下，各大短视频与电商平台纷纷出台了助力农村发展的计划，在脱贫攻坚和赋能乡村振兴过程中发挥了积极作用。四川省打造的“广元・利州月坝村直播专线”以月坝村丰富的生态景观、物产人文为依托，以“互联网 + 文旅 + 特色产业”融合发展为纽带，以互动直播、农村电商、度假旅游、文化传播相融合，是一条集特产、美食、美景、文化娱乐多元消费于一体的新业态体验路线，一经上线，便成了四川头条网红专线，成为助力乡村振兴、商旅文融合发展的示范标杆。短视频不仅加速了优质乡村旅游产品的传播推广，也影响了潜在游客的出行决策，为乡村旅游引入流量。内蒙古“牧民达西”

用“抖音”记录草原生活，传播祖辈传下的“赛驼”“驼具制作”等非遗文化，走红后，平均每天会收到上百条咨询旅游的私信，大大增加了当地的曝光量，也把家乡的文化、风景、美食传播了出去。河南省新乡市辉县小屯村“90后”小伙“大新”尚勤杰，用一年的时间在村里的墙壁上进行各式各样的涂鸦，走红“抖音”后，也带火了小屯村的乡村旅游，吸引了大批的游客前来拍照打卡，使一个贫困村变成了网红景点，获赞无数。

（四）乡村民宿引领乡村旅游转型升级

疫情激发了游客对于休闲、康养的需求，乡村已经发展成为城市居民重要的休闲度假目的地，在中长距离旅游受限的情况下，近郊乡村度假成为短距离休闲度假消费者的重要选择。高层次的休闲度假需求倒逼乡村旅游高品质发展，乡村民宿满足了游客对田园休闲度假的需求，成为乡村休闲度假的重要载体，特色化、精品化、高端化、品牌化的乡村民宿迎来爆发式增长。乡村民宿逐渐打破传统的单一住宿功能，向体验、康养、娱乐、会议、研学等多功能拓展，从而带动乡村旅游多业态发展，丰富乡村旅游优质产品供给，推动乡村旅游向高品质发展。各地政府也积极推动乡村民宿建设，出台一系列政策促进并规范乡村民宿发展。2021年，广东省政府办公厅印发了《关于促进农村消费提质升级的若干政策措施》，其中明确提出要支持乡村民宿提升消费，推进乡村民宿特色化、集群化、规范化、品牌化发展，打造高品质乡村民宿。广东省文化和旅游厅、广东省农业农村厅遴选了首批20个乡村民宿示范镇和92个乡村民宿示范点。广东省已初步形成了广州从化和增城、深圳大鹏新区、惠州南昆山和双月湾、清远清新清城和英德、汕头南澳县、阳江海陵岛等乡村民宿集聚区。为引导河南省乡村民宿发展，早在2019年，河南省文化和旅游厅出台《关于促进乡村民宿发展的指导意见》，明确提出了“民宿发展争最快”的发展目标，涌现出了鹤壁“灵泉妙境”、焦作“云上院子”、信阳“老家寒舍”、济源“小有洞天”、永城“芒砀小院”等一批品牌民宿，成为点亮乡村经济、助力乡村振兴的有效载体。乡村民宿不仅在乡村旅游转型升级过程中发挥领头羊的作用，而且正逐渐发展成为乡村“微度假”综合体，携程、同程、小猪等企业纷纷将目光投向乡村民宿建设。2021年3月，携程集团发布“乡村旅游振兴”战略，计划投入10亿元乡村旅游产业基金、规模化赋能100个旅游村以及培养10000名乡村旅游振兴人才等。其中，打造 10 个高端乡村住宿标杆产品——携程度假农庄，提升乡村目的地住宿体验成为项目的重中之重。位于安徽省六安市的首个携程度假农庄于 7 月份正式投入运营后，携程度假农庄河南济源小有洞天联营店、携程度假农庄地球仓长沙浔龙河联营店、携程度假农庄禾木西融联营店、携程度假农庄喀纳斯云顶阁联营店也已正式开业。

（五）社会力量加持乡村旅游高质量发展

随着乡村振兴战略的深入实施，社会各方力量参与到乡村振兴中来，社会力量带来的人力、智力、物力、财力等有效推动乡村旅游高质量发展。2020 年 10 月，“清华大学文化创意发展研究院乡创基地”落户江西省景德镇市浮梁县，并成立乡创学院。浮梁县政府与清华大学文化创意发展研究院合作创建了“乡创特派员制度”，选聘具备乡村创新发展理念的公务员、企业家、创业者、社会工作者、艺术家、设计师等人才为“乡创特派员”，开展“一村一员”特派服务。该机制通过导入文化创意的高端人才与前沿理念，充分发挥乡村自然资源和文化资源优势，有力推动乡村高质量发展。2021 年，由中国城市科学研究会、河南省文化和旅游厅等单位共同主办，浙江财经大学承办的“黄河非遗点亮老家河南”首届全国大学生乡村振兴创意大赛圆满举办。该赛事以“非遗活化、整村提升”为目标，采用“乡村出题 + 高校答卷 + 成果落地”的闭环模型，“政校企村”四位一体，组织大学生走进河南乡村，充分发挥大学生的创新活力，探索了一条非遗资源助力乡村振兴的新路径，有效赋能乡村旅游。该赛事还包括文化赋能空间专项赛、乡村研学旅行赛、未来乡村和数字乡村赛等多项专项赛事，从多个角度引导大学生投身乡村，用高校智力促进乡村振兴。中山大学旅游学院保继刚教授团队组织实施“阿者科计划”，自 2018 年起，先后向云南省红河哈尼族彝族自治州元阳县阿者科村派驻了 5 批 9 名研究生，帮助该村通过发展乡村旅游实现脱贫，该项目作为中国旅游减贫案例入选教育部第四届直属高校精准扶贫精准脱贫十大典型项目和世界旅游联盟“全球百强旅游减贫案例”。河南省修武县连续多年面向全球广发“英雄帖”，吸引上百位国内外美学知名专家、顶尖院校学者、设计师实地考察，共谋修武县乡村发展，摸索出一条乡村振兴的“美学路径”。

第二节　乡村旅游发展存在的问题

（一）产业链条不够健全

我国乡村旅游经过多年发展，虽然正从粗放式向精细化发展，但是依然面临乡村旅游业态单一、产业链不够完善等问题。伴随着美丽乡村建设和乡村振兴战略的实施，很多乡村纷纷提出发展乡村旅游，但是受理念、资金、人才等限制，乡村旅游依然停留在初级观光阶段，相关配套活动也仅仅是品农家饭菜、摘农家果蔬等浅层次体验，同质化现象普遍。导致游客停留时间短，重游意愿低，自然也谈不上乡村旅游发展的可持续。此外，由于我国乡村主要还是以传统的小农经济为主，乡村产业还是以第一产业为主，相关农事生产也是以一产为主，一二三产业之间的藩篱尚未打破。乡村旅游与其他产业之间的功能边界尚未突破，也造成乡村旅游产业链单一，产业融合有待进一步深化。如何以乡村旅游为纽带，通过乡村旅游发展，实现乡村资源整合、产品整合、路线整合、跨区域资源整合、产业链整合等一系列的资源整合，延伸乡村旅游产业链，扩大乡村旅游产业带动效应，是今后乡村旅游发展必须要解决的问题。

（二）乡村本土人才流失

随着我国社会经济的快速发展，城镇化程度越来越高，我国农村地区的人员大量外迁，我国农村人口不断流失，伴随着农村人口的流失，广大乡村正面临着耕地荒芜、学校关闭、基础设施瘫痪等的现实困境，尤其是位于深山里面的村庄，由于交通不便、基础设施建设落后、医疗系统欠缺等，本土人才能够不流失已是万幸，吸引人才为乡村发展助力更是困难重重。对于大量经济不发达地区的乡村来讲，随着年轻人的不断外出，村庄人口结构不断老龄化，空心村的数量不断增加，人力资本急剧匮乏。而在乡村旅游发展过程中，人力资源是一切资源中最主要的资源，是最富有创造力和创新性的，乡村旅游的运营管理、产品设计、文化赋能等都离不开智力支持。此外，乡土文化的保护传承和乡村经济社会的可持续发展，更离不开乡村本土人才的参与和支持。只有外来投资者参与，没有乡村本地人才的参与和监督，容易走上只追求经济效益的歧途。在乡村人力资本匮乏的现实发展困境下，如何能够留住农村人口、如何能够留住人才甚至吸引人才是必须重视的问题。参考“科技特派员”和“乡创特派员”制度，制定实施“乡村旅游特派员”制度，由外部引进人才带动内部人才培养，不失为一种解决方法。

（三）运营管理能力薄弱

由于乡村本土人才流失和人才引进困境，乡村旅游难以形成专业、完善、高效的旅游管理机构，乡村旅游从业人员稀少，相关管理制度与规范欠缺，导致乡村旅游处于粗放管理状态，也不利于乡村旅游资源进行全面、有效的开发建设。比如在乡村民宿经营中，很多民宿经营者都是从情怀开始，没有接受过系统、专业的从业教育，在经营中积累管理运营经验，人才短缺问题较为突出。此外，一些乡村旅游景点由村委会等政府牵头进行开发建设，而运营是政府项目的弱项，即使成立专业乡村旅游开发公司，成员也多由“村两委”成员兼职，缺少专业运营团队，发展难以持续。不少乡村旅游开发都是以项目为王，以乡村旅游项目建设驱动乡村旅游发展固然值得肯定，但是欠缺对项目运营管理的提前规划，导致项目后期失败风险极大。以安徽半汤街道的三瓜公社、河南信阳郝堂村等为代表的乡村，通过引入专业的运营团队“农道”进行合作，将乡村旅游开发交给专业团队，运营（定位）、软件、硬件同步进入，甚至包括农民培训、学习、参观等，政府只需要做好基础设施配套，则取得较为显著的成绩。因此，政府部门应当思考如何引进专业的团队做专业的运营管理，以实现乡村旅游可持续发展。

（四）文化挖掘不够深入

一直以来，我国乡村旅游都面临同质化严重的问题，其核心在于对当地文化的挖掘不够深入，导致开发出来的乡村旅游产品缺少特色化。随着旅游业逐渐成熟，传统的观光已不能满足现在游客的需求，一个旅游目的地的可持续发展必须与当地的文化相融合，文化在旅游中最好的展示则是能让游客全身心参与体验当地文化，而创意创新更是旅游目的地保持持久生命力的关键。乡村文化不仅仅是停留在乡村风貌、乡村建筑、生产工具等浅层次的具象文化，还体现在风土人情、乡村民俗、非遗手工、乡规民约等深层次的抽象文化。但是很多乡村旅游开发并没有深入挖掘乡村文化，依旧停留在农耕文化、饮食文化等浅层次文化的开发利用，导致乡村只能提供看农村景、吃农家饭、摘农家菜等浅层次的乡村旅游活动。此外，许多乡村仅仅将乡村的文化表象粗暴放大和复制，缺少对当地文化的创新性开发，使得打造出来的乡村文化产品缺乏原真性和独特性。比如不少地方耗费巨资修建乡村雕塑、文化长廊、村史馆、乡村博物馆等，千篇一律的“文化展陈”让游客提不起什么兴趣，门庭冷落，几近成为摆设，陷入了新的“千村一面”的尴尬境地。

（五）缺乏社会资金支持

随着旅游产业的蓬勃发展，前些年，社会各行业都积极参与旅游业的开发与经营，表现出极高的投资热情，如民间资本介入景区开发，买断景区若干年的经营权；饭店企业纷纷组建多元化经营的大型饭店集团，扩大规模，提高竞争力等，为乡村旅游的开发提供了大好机遇。但是受疫情影响和经济下行压力，旅游投资显著放缓。由于现阶段我国乡村旅游在交通、餐饮、住宿、游览、购物等方面的基础设施建设尚不完善，乡村业态比较单一，乡村旅游开发建设离不开资金支持。乡村旅游的科学规划、基础设施的修建、乡村环境的改善、旅游产品的开发、从业人员的培训等方面都需要大量资金投入，而目前地方政府经济实力一般，特别是部分乡村村集体收入微薄，能得到的政府资金支持有限，对于乡村旅游的进一步开发建设具有很大制约。对于现阶段的乡村旅游开发来说，如何建立一个多渠道的旅游融资网络，为后续建设提供强有力保障，进而形成一个良好的社会化旅游供给市场是当前乡村旅游开发建设必须面对的现实问题之一。

第三节　乡村旅游发展趋势

（一）乡村旅游政策持续发力

我国在全面建成小康社会、取得脱贫攻坚战的全面胜利后，步入了全面推进乡村振兴的新阶段，乡村旅游是实施乡村振兴战略的重要抓手和有效路径，理应在巩固拓展脱贫攻坚成果同乡村振兴有效衔接中，肩负起重要的发展使命。近年来，中央政府各部门持续关注乡村旅游，肯定了乡村旅游对于促进城乡统筹、推动农业农村现代化、促进美丽乡村建设、助力乡村振兴等方面的作用，乡村旅游成为诸多国家战略和政策的交汇点。“十四五”时期乡村将迎来一系列乡村振兴政策，乡村旅游发展应坚持乡村振兴战略总目标，把握好政策红利。可充分利用相关政策，包括但不限于乡村振兴政策、文化政策、金融政策、土地政策、生态政策、教育政策、体育政策、共同富裕政策等。同时，还要了解乡村振兴项目立项的绿色通道、税收优惠、政策补贴、基金引导等内容。此外，中共中央、国务院已出台《关于支持浙江高质量发展建设共同富裕示范区的意见》，随后，文化和旅游部、浙江省人民政府印发《关于高质量打造新时代文化高地推进共同富裕示范区建设行动方案（2021—2025 年）》，提出要推进实施乡村旅游精品工程，推进乡村文化和旅游创客创业创新试点，开展民宿（农家乐）助力乡村振兴改革试点等，大力推进乡村旅游提质升级，推动旅游增收、促进农民就业。这些政策文件为文化和旅游赋能乡村振兴，促进城乡一体发展，实现共同富裕指明方向。乡村旅游有望在乡村振兴和共同富裕政策的加持下，实现爆发式增长。

（二）乡村旅游业态更加多元

伴随大众对旅游的文化内涵、个性化需求，乡村旅游也面临新的机遇和挑战，传统的旅游产品需要更新换代，新兴的旅游产品需要良好的发展市场，乡村旅游产品面临全面升级。传统的乡村观光旅游、农家乐旅游等旅游产品慢慢进入成熟期，乡村旅游业态必须由单纯观光向观光、休闲、运动、度假并重转变。近年来，我国乡村旅游业态正发生根本性改变，游客对乡村休闲度假的需求催生了美食品鉴、非遗体验、户外探险、康体养生、会议培训、研学旅行、民俗演艺、夜间娱乐等乡村旅游新业态。如位于江西省景德镇市珠山区里村街道的陶溪川文创街区，是中国第一座集文化创意、购物、休闲、餐饮、娱乐于一体的陶瓷文化主题创意园区，涵盖商业贸易、酒店餐饮、文化创意、艺术交流、会展博览、文化旅游、休闲娱乐等多功能业态，每年吸引世界各地的游客竞相参观。而位于浙江省衢州市江山市凤林镇的白沙村，通过“乡村 + 体育 + 旅游”模式，依托村志、体育、军旅三大文化优势，大力培育新业态，通过举办各类体育比赛，不断发展旅游业，吸引不少游客慕名而来，从一个深度贫困村发展成为体育振兴乡村的先行者。未来，乡村旅游开发应在依托乡村资源的基础上，跳出乡村旅游发展固化模式，考虑发展体育旅游、养生旅游、研学旅游、工业旅游、自驾车营地、极限旅游等新型旅游模式，增加游客参与度，增强游客休闲性。农场、庄园、酒庄、艺术村、营地等特色化、精品化的乡村旅游业态将不断丰富，乡村逐渐发展为多业态的乡村生活综合体。

（三）文化成为乡村旅游核心竞争力

党的十九届五中全会站在党和国家事业发展全局高度，明确提出到 2035 年建成文化强国，推动乡村文化振兴也是实施乡村振兴战略的重要内容。文化性是乡村旅游的一个根本的属性。文化和旅游部印发《关于推进旅游商品创意提升工作的通知》，提出全面推进“创意下乡”工作，鼓励围绕乡村旅游、休闲度假、非遗传承等主题，推动乡村创意产品、特色非遗产品等多种类型的系列旅游商品。此外，文化和旅游部还提出以全国乡村旅游重点村镇、乡村旅游精品线路、优选乡村民宿、乡村旅游融合发展示范区等为抓手，实施乡村旅游艺术提升计划，推动乡村旅游与相关产业融合发展。新形势下，乡村旅游发展应顺应乡村文化振兴，深入挖掘当地文化，奇思妙想，跳出传统旅游产品开发套路，实施“文化 +”发展战略，通过乡村文化赋能乡村旅游产品开发，不断推陈出新，延长乡村旅游地生命周期。同时，以乡村文创活化乡村文化，通过乡村旅游促进乡村文化振兴，繁荣发展乡村文化，提高乡村社会文明程度。如浙江省文化和旅游厅连续两年举办“浙宿好礼”乡村民宿伴手礼大赛，通过开发地方特色资源，推出民宿特色文创，从而丰富乡村旅游产品，带动农户增收致富，提升民宿高质量发展。而“诗画浙江 · 百县千碗”工程则使浙江旅游美食品牌发展成为文旅融合大 IP，“百县千碗”不仅提供了更多美食产品供给，更让游客了解到背后的文化与民俗，提升了旅游体验。未来，乡村旅游开发应充分认识文化旅游产业融合发展的重要性，抓住乡村振兴战略机遇，将文化产业发展与农村经济发展有机结合，以特色本地文化为亮点打造乡村旅游产业，促进文化旅游产业大发展大融合。

（四）从乡村度假到沉浸式旅居

旅游产品已经从最初的观光型到休闲型，再到度假型，正逐渐升级到“文化融合、资源整合、产品复合”的旅游产品 4.0 时代。伴随着消费者对于乡村生活美学的追求和乡愁回归的需求，功能化、场景化、特色化、休闲化的乡村度假越来越受到游客的青睐。乡村旅游将从以乡村旅游、假日旅游为代表的大众休闲，逐步成长为居住和旅游相互融合的乡村沉浸式旅居。一方面，疫情迫使游客从长距离出游转为利用周末开启近郊出游，文旅消费正朝着近郊休闲游、复合型旅游产品的方向发展，处于从观光游和深度休闲度假游中间过程的“微度假”应运而生，趋势火爆。不同于传统度假区的大规模展开，乡村微度假目的地是小而美的产品类型，更加强调近郊乡村的深度体验和多元的乡村业态，即对乡村生活的沉浸式体验。另一方面，我国人口老龄化趋势日益严峻，积极应对人口老龄化已上升为国家战略，农村社区居家养老成为乡村养老的重要方式，“乡村旅居 + 养老”应运而生。近年来，随着社会主义新农村建设和乡村振兴战略实施，乡村地区经济得到很大程度的发展，基础设施不断完善，也为乡村旅居养老模式提供了发展契机。未来，随着中国老龄人已经从追求物质生活阶段，向追求精神生活养老阶段转变，加之老龄人对锻炼身体、自我实现等的追求，“闲不住”的老龄人会使乡村“旅居 + 养老”的产品内涵向“沉浸式体验”延伸，包含劳作、休闲、度假、文化、艺术、医疗、护理等方方面面，乡村沉浸式旅居养老前景广阔。当休闲成为常态，旅游就成为一种休闲方式；当乡村旅游成为时尚，乡村旅居就成为一种生活方式。乡村沉浸式旅居不仅是乡村旅游再升级的综合化产品，也是对传统度假产品的重要补充。乡村旅游未来必定要扎根于当地村民的生活，走向乡村沉浸式旅居，以更好地实现旅游生活化和生活旅游化。

（五）数字文旅赋能乡村旅游

2021 年的中央一号文件明确提出“实施数字乡村建设发展工程”，数字乡村建设驶入“快车道”。中央网信办、农业农村部、工信部等 7 部委联合印发《数字乡村建设指南 1.0》，明确了数字乡村建设总框架，对智慧乡村旅游、智慧认养农业等提出了建设要求，提出要运用数字化赋能乡村旅游管理、服务、营销、运营各环节，通过线上线下相融合，实现乡村旅游服务方式和管理模式创新，打造游前、游中、游后服务体验闭环。未来，互联网、人工智能、大数据等新一代信息技术将为乡村文化旅游注入新鲜活力，乡村旅游发展必然走向智慧化。近年来，数字技术在文旅产业的加快应用，推动了文旅融合和在线文旅产品的发展。特别是新冠疫情，凸显了数字化在文旅产业发展中的重要性。《数字中国指数报告（2020）》显示，文旅产业的“用云量”呈显著增长趋势，增速超400%，正处于数字化转型的初级阶段和飞速增长阶段，未来还有广大的发展蓝海。伴随着“数字平台+文旅”产业融合模式的不断成熟，乡村数字文化旅游也发展成为乡村旅游与数字经济融合的新业态，不仅有利于乡村文化旅游资源的有效整合，而且有效降低了乡村文化旅游门槛，并提高了与游客的互动性。在数字化背景下，乡村基础设施将更加完善，也有利于催生乡村出现更多的产业模式，如乡村旅游可融合直播、文创、电商、物流等多个产业，创造新的价值空间。此外，2021年被称为“元宇宙元年”，各路企业纷纷入局“元宇宙”。“元宇宙”在未来文旅产业中的运用，或许也能从拓展乡村旅游营销手段、创新乡村旅游产品、延伸乡村产业链条等方面给乡村旅游注入新的活力。

第四节　乡村旅游发展的区域案例①

（一）河南省凉水泉村：打造高端民宿集群　实现旅游脱贫致富

凉水泉村隶属于河南省鹤壁市淇县灵山街道办事处，距县城20公里，距灵山办事处7公里，是太行山区典型的贫困村，也是低收入人口占比高、扶贫任务重的区域。凉水泉村文化底蕴深厚，自然风光优美，紧邻国家4A级旅游景区古灵山。2017年当地政府与河南中旅集团合作开发，通过发挥中旅资金和平台优势，打造建设了高端民宿——灵泉妙境，探索出一条“旅行社+景区+古村落+产业扶贫”的乡村民宿发展模式。这个模式在第四届全国民宿大会上，被评为“全国发展乡村民宿十大典型模式”。凉水泉村不仅通过旅游实现了脱贫致富，还获评全国乡村旅游

① 注：本节案例均选自文化和旅游部《体验脱贫成就·助力乡村振兴　全国乡村旅游扶贫示范案例选编》https://zhuanti.mct.gov.cn/experience2.html。

重点村、国家森林乡村、省级传统古村落、省级旅游度假区、全国甲级民宿灵泉妙境·石光院子等多项荣誉。

河南中旅集团自与当地政府合作以来，采取“资产托管 + 旅游产业 + 扶贫”的模式，筑牢旅游产业开发与贫困户稳定增收的利益联结机制，带动贫困群众长期增收、稳定脱贫。2019 年年底，该村户均年增收 2.8 万元以上，贫困人口全部顺利脱贫。主要带贫措施体现在以下五个方面：

一是固定资产租赁，增加村集体经济。对全村房屋整体租赁，按照房屋保存状况以 30~60 元 / 平方米的价格向村集体支付租金。目前共流转房屋 75 栋，其中租赁贫困户的房屋数量为 36 栋，通过收取房屋租金使村集体经济实现增收 33 万元。

二是流转耕地林地，获得财产性收入。公司将贫困户的耕地和林地进行流转用于发展特色林果采摘，以每亩 600 元的标准，流转土地 613 亩，解决了贫困户搬迁后迁出地生产资料闲置问题，流转后户均可增收 1.1 万元左右。同时，将村内果树、花椒树一次性买断，按照 90 元的价格买断 11000 棵，共计 99 万元买断费用。然后公司又将全部花椒树以每年 4000 元租金返租给凉水泉村 5 户贫困户经营，户均增收 2 万元以上。

三是“三员三小”就业，获得工资性收入。以淇县凉水泉旅游开发公司为依托，创建旅游产业扶贫基地，以服务员、公司雇员、群众演员、小客栈、小商铺、小餐饮的方式，吸纳当地群众就业，并与就业相对困难的建档立卡贫困人口 13 人签订了劳动合同，人均年增收达 1.5 万元以上。

四是参与开发建设，获得务工性收入。在凉水泉灵泉妙境高端民宿集群的建设过程中，优先安排有劳动能力的建档立卡贫困户参与开发建设，每人每天收入 120~200 元。比如贫困户贾某年过七旬，三级肢体残疾，右臂缺失。公司安排其通做一些拉推车、保洁、除草等力所能及的工作，每月获得务工收入 1260 元以上，2019 年年底顺利脱贫。

五是农特产品销售，获得经营性收入。国家 4A 级旅游景区古灵山为凉水泉的客流提供了基本保障，再加上灵泉妙境高端民宿度假区的建设，众多游客纷至沓来、观光游览，有效带动了当地群众的农产品销售。山核桃、山小米、红薯粉皮、笨鸡蛋等农特产品销售火爆，户年均增收 1000 元以上，使群众足不出户，就解决了农特产品的销路问题。

小民宿、大产业，小民宿、大联动。乡村民宿是乡村旅游体系的重要内容，是带动乡村经济增长的重要抓手。从凉水泉村到灵泉妙境，该村以发展高端民宿为抓手，借力社会运作，实现公司带动，不仅带动了贫困群众脱贫致富，还实现了一个小山村从“深山旧宅”到“诗和远方”的跨越式发展。

（二）河南省大南坡村：用美学重塑乡村　赋能乡村振兴

大南坡村隶属河南省焦作市修武县西村乡，地处豫西南太行山脉之中，距离焦作市 18 公里，位于云台山风景名胜区浅山区范围内，是有修武县抗日模范村之称的革命老区。20 世纪 70 年代，依靠得天独厚的煤炭资源，大南坡村成为远近闻名的富裕村，村里建起 1700 多平方米的礼堂、队部、学校，还组织起了全县最好的剧团。但随着后来“黑色煤炭”向“绿色经济”转型，煤窑陆续关停，昔日的富裕村变成了省级深度贫困村，年轻人纷纷外出谋生。到 2016 年，全村 245 户村民中贫困户占 103 户，年人均收入只有 3000 元。

近年来，被称为“县域美学策源地”的修武县将美学作为驱动引擎，用美学项目带动，通过美学改造赋能乡村振兴。在美学理念驱动下，修武县请来了一批乡建专家，推动一批乡村营造项目落地大南坡村，其中，国有独资的修武县尚美文旅投资有限公司进驻，主导开发乡村旅游业，建设了一批乡村振兴旅游扶贫项目。随着全县“美学经济、全域旅游”工作的不断推进，大南坡村不仅于 2019 年实现了脱贫摘帽，而且逐渐发展为一个涵盖美学实践、地方营造、自然教育、展览实践、产品与空间创新等各种活跃动能的联合体，成为美学经济赋能乡村振兴的典型代表村之一，并于 2021 年入围第三批全国乡村旅游重点村名单。该村以美学为引领，以文化为根基，以乡村旅游助力乡村振兴的主要措施如下：

一是引入乡村治理人才。修武县坚持美学引领、高维谋划，连续多年面向全球广发“英雄帖”，邀请上百位国内外美学知名专家、顶尖院校学者、设计师实地考察，先后引入左靖工作室、成都奇村文创等国内知名社区营造专家、民宿品牌参与大南坡乡村振兴。建筑师、设计师、插画师、摄影师、动画师、陶艺师、自然农法和发酵食物研究者等一大批文化艺术家，让大南坡村成为乡建人才的汇聚地，为实现乡村振兴提供坚强人才保障。其中，聘请国家乡村旅游产业基地导师、四川“网红村”明月村操盘手陈奇担任大南坡村乡村营造顾问，引入策展人、碧山工销社创始人左靖当大南坡村文化发展总顾问，引入国内外颇具影响力的场域建筑、张唐景观做整体设计，引入 2019 年伦敦书展“年度最佳书店”方所，引入潮流音乐人“五条人”士多店等，让文化、艺术、设计的力量，介入大南坡村的各项经济和文化建设，激活本村和周边村落的文化与公共生活，活化村庄里的美学资源，使美丽乡村成为生活常态。

二是不搞大拆大建。修武县在探索以美学理念发展乡村旅游过程中，坚持无规划不建设，避免了一些地方“一刀切”大拆大建的破坏式发展模式，而是严格控制建设工程，分批分层次进行建设。四十年前的煤炭经济时代在大南坡村里留下了一定数量的公共建筑，曾经活跃一时的礼堂、戏台、大队部等空间均已许久未被使用。改造团队充分利用这些保存完好的老建筑，避免大拆大建，以修旧如旧为原则，通过外部清理和内部装修对村里的老旧建筑进行加固改造。始建于 20 世纪 70 年代的大队部办公建筑、粮库和供销社等公共建筑相继被改造为社区营造中心、艺术中心、碧山工销社等，大南坡村文化活动空间被搭建起来，呵护了乡土之美，留住了乡愁乡韵。

三是注重社区参与。大南坡村依托党组织、社会组织和村民自治组织三方力量，通过党建引领，深入开展“还权、赋能、归位”的乡村营造工作，调动群众参与乡村治理积极性，让村民从原来各过各的边缘人，变成共治共建共享的主角。在党支部的带领下，大南坡村孵化产生了文艺队、武术队、环保队等群众自发组织，村民开始主动融入村庄治理，如每周义务清理村内垃圾、维护村庄环境卫生等。不定期开设的南坡讲堂，对村民进行乡村振兴案例、人居环境提升、乡村文化、手工艺等方面培训，村民自治能力不断提升，村民参与乡村营造热情也被激活，歇业 40 年的村剧团恢复演出，年轻人纷纷回来开办民宿。大秧歌、怀梆戏、豫剧、舞蹈等各类文化活动和演出蓬勃开展，村民精神面貌焕然一新。

修武县以“美学经济”为引领，在传承和弘扬中华美学精神中不断创新，通过文化使脱贫攻坚与乡村振兴的有力衔接，撬动传统产业升级，赋能全域乡村振兴，探索出了县域美学经济建设对于实现新时代乡村振兴目标的新路径和新模式。

（作者简介：李昊，中国旅游研究院文化旅游研究基地研究员）

第七章　主题酒店发展分析与展望

郭志刚

2021 年年初，“2020 年文化主题酒店品牌影响力 30 强”榜单出台，榜单显示，亚朵、书香世家、君亭等主题酒店名列其中。伴随着消费升级时代的来临，主题酒店已经成为中国大住宿业的主流之一。

第一节　主题酒店发展现状

（一）主题酒店品牌影响力

2021 年年初，迈点研究院独家发布了“2020 年主题酒店品牌影响力 30 强榜单”，榜单显示，亚朵、书香世家、书香府邸位列榜单前三，君亭、开元观堂、开元颐居、珺唐、皇家驿栈、格菲、都市花园进入前十。其中，打造传统文化酒店品牌的书香酒店集团表现强劲，旗下“书香府邸”“书香世家”“书香门第”三个文化主题酒店均入围榜单。

品牌影响力指数从潜在客群、媒体聚集、品牌运营、网络口碑四个方面综合解读文化主题酒店品牌在互联网及移动互联网领域的影响力，为品牌制定战略方案，为提升品牌发展赋能（见表 7–1）。

表 7–1　2020 年文化主题酒店品牌影响力 30 强榜单

排名	品牌名称	品牌类型	MBI 指数值
1	亚朵	有限服务中档酒店	395.88
2	书香世家	有限服务中档酒店	283.33
3	书香府邸	精品酒店	255.28

续表

排名	品牌名称	品牌类型	MBI 指数值
4	君亭	有限服务中档酒店	253.35
5	开元观堂	精品酒店	219.01
6	开元颐居	有限服务中档酒店	196.88
7	珺唐	精品酒店	190.04
8	皇家驿站	精品酒店	183.31
9	格菲	有限服务中档酒店	178.06
10	都市花园	有限服务中档酒店	172.04
11	雷迪森庄园	精品酒店	171.58
12	书香门第	经济型酒店	167.92
13	中州华鼎饭店	国内高端酒店	164.12
14	安珀	精品酒店	163.58
15	南京颐和	精品酒店	160.61
16	圆正	有限服务中档酒店	159.87
17	四季青藤	有限服务中档酒店	148.79
18	品缦	有限服务中档酒店	146.53
19	丽呈东谷	有限服务中档酒店	146.16
20	相隅精宿	有限服务中档酒店	145.35
21	永利活禅	有限服务中档酒店	144.90
22	岭南五号	精品酒店	140.74
23	纽宾凯尚居	有限服务中档酒店	138.14
24	古亦居	有限服务中档酒店	137.81
25	华里	有限服务中档酒店	130.75
26	云端	精品酒店	128.50
27	索特来文艺	有限服务中档酒店	126.25
28	庐境	精品酒店	119.73
29	花盛	有限服务中档酒店	118.37
30	岭南精选	有限服务中档酒店	110.38

（二）细分指标

1. 媒体舆情分析

2020年，百度新闻、迈点新闻、360资讯、国搜新闻、搜狗新闻、腾讯新闻、网易新闻、搜狐新闻、新浪新闻、中国网是文化主题酒店最主要的十大媒体宣传平台，品牌相关宣传接近1400篇次，占全网媒体宣传量的95.75%。其中，百度新闻、迈点新闻、360资讯居榜单前三位，是主题酒店品牌最受关注的网络动态新闻媒体，三大平台的出稿量分别为585篇、384篇、137篇。从行业媒体投放量分布来看，迈点网、凤凰网旅游、环球旅讯是最受关注的三大媒体（见表7–2）。

表7–2　2020年文化主题酒店品牌媒体新闻投放分布

品牌媒体名称	新闻量投放占比（%）
迈点网	92.98
凤凰网旅游	1.94
环球旅讯	0.97
其他	4.12

从酒店品牌媒体指数表现来看，书香世家、亚朵、书香府邸三大品牌媒体关注度较高，媒体指数分别为34.62、34.30、30.24；书香世家媒体综合表现最强，亚朵紧随其后，仅有0.32之差。

通过媒体覆盖来源来看，亚朵略占优势，监测范围内相关文章媒体量为471篇，媒体覆盖最全最多。但是，书香世家在行业专业媒体以及区域媒体覆盖上更具优势，其在迈点网上涉及相关文章近100篇，覆盖中国江苏网、浙江在线、浙江科技新闻网、最江阴等区域媒体，品牌区域影响力强劲。通过相关内容聚类分析来看，书香世家舆论关注的焦点主要围绕疫情期间复工运营策略调整、集团经营、酒店开业、品牌加盟宣讲等几大方面。

在消费者行为习惯发生变化之下，近年来，酒店品牌通过App、官网、微信、微博等运营越来越受到重视。目前，OTA平台垄断市场已然形成，美团网、携程网、艺龙网、去哪儿网、猫途鹰网是文化主题酒店营销最主要的五大OTA平台。其中，携程网最具竞争优势，文化主题酒店覆盖最广，实际客群点评量最高；其次，同程艺龙和去哪儿客群点评也较为强势，并且文化主题酒店在该两大平台的整体好评率较高，猫途鹰网无论是在酒店入住还是客群点评表现都略显不足。

聚焦品牌网络点评来看，亚朵、书香世家、君亭、开元颐居网络点评累积超过十万，亚朵基于品牌旗下门店分布最广，占据优势；书香世家旗下门店网络点评最为活跃，每家门店平均点评量最高；另外，丽呈东谷、城迹、书香府邸三个品牌点评表现也较好，平均点评量都较高（见表 7-3）。

表 7-3　平均点评量上千的文化主题酒店品牌网络口碑详情

品牌名称	平均点评量（条 / 家）	平均好评率（%）	监测门店数量
品缦	1223	99.00	3
丽呈东谷	2364	96.38	7
亚朵	1462	96.22	228
书香府邸	2115	95.13	5
书香世家	2423	93.96	25
雷迪森庄园	1043	92.23	10
开元观堂	1429	92.00	7
君亭	1629	91.67	30
城迹	2344	91.00	3
华里	1588	87.43	4
岭南精选	1101	82.57	8

数据来源：迈点研究院，截至 2020 年 10 月 31 日。

从平均点评量来看，品缦、丽呈东谷、亚朵、书香府邸、书香世家、雷迪森庄园、开元观堂、君亭、城迹、华里、岭南精选 11 个酒店品牌平均点评量超过 1000 条，其中品缦、丽呈东谷、亚朵、书香府邸网络口碑表现强劲，平均好评率均超过 95%（见表 7-4）。

表 7-4　五大文化主题酒店品牌潜在客群主要区域来源

品牌名称	主要省份	主要城市
书香世家	江苏、山东、广东、浙江、湖南	苏州、临沂、常州、上海、北京
亚朵	上海、广东、江苏、北京、浙江	上海、北京、杭州、深圳、南京

续表

品牌名称	主要省份	主要城市
书香府邸	广东、河南、浙江、安徽、江苏	深圳、广州、鹰潭、丽水、杭州
君亭	浙江、上海、江苏、广东、北京	杭州、上海、北京、深圳、南京
南京和颐	上海、北京、江苏、浙江、山东	上海、北京、杭州、成都、苏州

数据来源：百度指数。

从五大酒店品牌潜在客群地域分布来看，文化主题酒店品牌潜在客群主要来源于华东地区，江浙沪、山东、广州等地；主要来源城市为北上广深以及成都、杭州、苏州、南京等重点旅游城市。

具体来看，书香世家潜在客群主要来源于苏州、临沂、常州、上海、北京；亚朵主要来源于上海、北京、杭州、深圳、南京；书香府邸主要来源于深圳、广州、鹰潭、丽水、杭州；君亭主要来源于杭州、上海、北京、深圳、南京；南京和颐主要来源于上海、北京、杭州、成都、苏州。

（三）小结

目前，文化主题酒店主要布局华东市场，以亚朵集团、书香酒店集团、浙江君亭酒店管理股份有限公司、开元酒店集团为代表的旗下品牌竞争力表现较为强劲，在潜在客群、媒体聚集、品牌运营、网络口碑四个方面表现得较为突出。

随着国际酒店品牌抢占中国市场的趋势愈演愈烈，酒店业打造个性化模式和特色产品是未来酒店业的发展方向。未来，布局一批“文化＋酒店”民族文化体验消费场所，促进文化产业与酒店业的融合发展是市场发展趋势之一。

第二节　主题酒店发展存在的问题

（一）主题形式单一

我国经济在近年来进步巨大，在短时间的迅猛进步使得人们对生活质量的追求提高，但是众多行业由于出现时间晚，没有经过长足的发展，其行业本身有着很大的局限性。主题酒店作为满足人们享受需求的行业，在目前的发展中就出现了很多的问题。就我国主题酒店发展的现状而言，其形式依旧比较单一，很多主题酒店为单体酒店，虽然其已经积极响应国家的号召开展对自身的深化改革。但是由于经验不足、专业人才匮乏、对人们需求没有精准把握等，众多主题酒店的主题形式比较单一，不能够良好展示其特征，同时，对顾客需求的满足程度也极为有限。

国家相关政策明确指出，应当“不断提升旅游产业化、集约化、品质化、国际化水平”，因此，主题酒店行业应当积极响应国家号召，做好对自身的深化改革，为政策的顺利施行做好保障。基于此，主题酒店应当在发展中更为注重对本身品质的提升以及与地域特征的结合。主题酒店本身是为满足人们高品质的生活追求产生的，为了深刻践行这一要求，为行业的发展做出贡献，主题酒店应当在发展中重视对于品质的提高，为自身发展和满足顾客需求提供保障。

（二）分布不够均匀

主题酒店的发展起步晚，当下存在很多不协调、不均衡的问题，目前来看，我国主题酒店的分布极为不均，这对其行业长足的进步有极为不利的影响。沿海发达城市由于经济水平更高，其主题酒店的发展水平更高。酒店行业本身存在的意义即为顾客提供优质的服务和理想的居所，发达城市由于经济水平高，居民对生活品质的要求更高，因此，对主题酒店选择的倾向性强。而在经济欠发达的地区，主题酒店的发展缓慢，对于当地特征发掘不足，相关服务人员素质较差，游客选择倾向性较弱。以上可以看出主题酒店分布不均，在发达城市分布广泛，在欠发达地区占比极为有限。

主题酒店在发展中应当注重结合顾客需求以及当地实际，做好对特色的发掘，保障其在市场中的竞争力。具体来说，为了有效推动旅游行业的发展，为行业和当地经济进步做出贡献，企业应当在酒店策划上结合地域特色，实现差异化和个性化发展，千篇一律的主题酒店是没有发展前景和进步空间的。消费者在选择消费的过程中，必然会对酒店的个性和差异进行比对，结合自身需求对酒店进行选择。酒店应将差异化和个性化作为发展方向和指导思想，确立其发展必然选择的定位。差异和个性是主题酒店的核心，作为核心竞争力酒店应当做好对其的发掘和完善，对我国主题酒店整体竞争力有限的现状进行改革。

（三）营销方法简单

主题酒店作为一种极具特色的酒店形式，需要对顾客有极强的吸引力，然而很多主题酒店在宣传和营销环节手段极为匮乏，顾客对酒店不了解或者了解甚少，因此，没有选择其消费和居住的倾向。在营销中广泛存在对酒店本身展示不足的现象，对主题酒店的发展带来限制和负面影响，对顾客的吸引力小，直接使得酒店的经济效益差。主题酒店在我国存在和发展的时间短，因此，相关专业人才少，酒店内部的管理不够全面和系统，在发展中可借鉴的案例少，这就使得很多主题酒店对开展营销推广建设不足，不能够为酒店的长足平稳发展做出贡献，阻碍企业自身和行业的进步。

目前来看，主题酒店中广泛存在营销手段和方法不足的问题，这对其发展带来了很大的局限。基于此，有必要对营销的方法进行更进一步的探索，创新其发展路径。具体来说，应当对酒店的主题进行准确定位和把握，对顾客群体特征进行良好的把握，最大限度结合酒店自身和顾客实际，对酒店定价以及销售渠道进行考量和优化。通过网络渠道开展主题酒店营销是依据其自身和时代特征的必然选择，我国网民群体庞大，在网络上开展相关营销是极为有效的，有必要利用相关网站和 App 等，针对目标群体精确开展广告投放。依据网络拓宽营销渠道，制定完善的、针对性强的方案，结合线上线下营销，最大限度为酒店的宣传做出贡献，为主题酒店的发展及其竞争力的提高夯实基础。

第三节 主题酒店发展展望

（一）加强目标市场调研，科学定位市场

主题酒店能否取得成功取决于酒店能否以独特的主题吸引特定的顾客群体，因此，准确的市场定位对主题酒店的发展非常重要。所谓市场定位，就是以市场需求为导向，细分市场，并选择目标市场，使酒店提供的产品和服务与目标市场上消费

者的选择相匹配。其中，选择的目标市场应满足 3 个条件：一是目标市场的可进入性，酒店通过制定营销策略，采取一系列营销活动，可以深入该目标市场，对消费者展开营销宣传；二是目标市场的充足性，即目标市场必须具有一定的规模，能够为酒店带来足够的经济效益；三是目标市场的匹配性，酒店提供的产品和服务就是目标市场消费者的需求，能够为目标市场的消费者带来良好的体验。

科学选择市场定位的主题酒店就是要在市场上找准自己的位置，把酒店与其他竞争者相区分，创造自己的特色，给消费者带来独特的主题文化体验，与他们产生共鸣，在他们内心留下深刻印象。第一，产品定位方面。主题酒店的优势在于自身独特的主题文化，因此，主题酒店应在酒店产品中表现出酒店文化，让本酒店与市场上的竞争对手相区分，展现出本酒店产品和服务的独特优势，提升消费者的体验。第二，服务定位层面。主题酒店应制定合理的服务标准，以规范化的服务为基础，突出个性化服务，展示主题酒店的服务形象，提升酒店的服务质量。第三，价格定位层面。酒店应根据自身所处市场环境的总体水平以及自身主题的内涵确定酒店的价格水平，做到物有所值、服务有所值。

（二）充分挖掘主题内涵，展现酒店特色

主题酒店较一般酒店的不同之处在于它有一个特定的主题，且围绕这个特定的主题进行装修、设计，以此展现酒店的主题特色。其实，主题酒店不应只在外观上“主题化”，还要在管理、氛围、服务等方面充分挖掘主题内涵、展现独特的主题形象和酒店个性，以期为消费者带来难忘的体验经历。如盘古寨主题酒店坐落于贵州凯里，2013 年年底开业以来深受消费者青睐。它是以苗族侗族传统文化为主题的民族文化主题酒店，走进酒店，映入眼帘的是苗族芦笙场、侗族风雨桥和苗侗寨门，苗族侗族刺绣遍布整个酒店。民族特色的酸汤和牛瘪是消费者的必点菜肴，深受消费者好评。拦门酒的酒歌和劝酒礼仪给消费者留下了难忘的经历，服务人员身上的苗族侗族传统服装让消费者耳目一新，晚上芦笙歌舞表演更是让消费者赞不绝口。盘古寨主题酒店围绕苗族、侗族传统文化展开，无所不在的装饰物、特色地道的民族佳肴、极具特色的迎客服务，无疑都是酒店的经营者深度挖掘其主题内涵的重要体现，这自然会带给消费者别具一格的体验经历。

（三）全面营造主题氛围，突出酒店主题

主题酒店应将消费者的体验活动融入主题酒店的硬件中，使其能产生更好的文化体验感受。对于消费者来说，走进一家主题酒店，首先映入眼帘的是酒店装饰，这可以让消费者了解该酒店的主题。其中，装饰装潢是主题酒店主题氛围营造最重要也是最直接的形式。此外，主题酒店的家具、装饰物、日常用品等，也是酒店营造主题氛围的表现形式。在这些硬件设施上的“主题化”给消费者带来了不同的体验经历。

对于主题酒店来说，主题不仅可以表现在装饰装潢上，也可以表现在管理、服务等主题文化氛围营造上，与主题相呼应的工作装、员工细致入微的服务、艺术及音乐表演等都能烘托出主题酒店独特的文化氛围，也能给消费者带来别具一格的主题文化体验。

（四）突出体验性产品，提高消费者体验度

主题酒店产品是酒店服务产品和体验产品的融合，是由若干个不同部门构成的总体。主题酒店围绕一个特定的主题开展，通过主题植入、主题环境与氛围营造、主题设施与产品设计以及主题活动与服务提供等给消费者带来独特、有价值的体验。其中，体验型酒店产品的主题营造可以大大提高消费者的体验度。

1. 主题客房的设计

主题客房是主题酒店最重要的体验性产品，消费者来到酒店，大部分时间会生活在客房。因此，酒店通过“主题”设计，把主题文化融入客房产品中，让消费者沉浸在主题文化的氛围中，会给消费者留下强烈的主题体验。如一家以足球为主题的主题酒店，把床和被单设计成一个“足球场”，将酒店的台灯和顶灯均做成足球的形状，通过 VR 技术将消费者直接带到某一场比赛的现场。对于酒店的常客、VIP 客户，酒店可以根据消费者的偏好，事先设计一张他喜欢的足球偶像的海报，准备一些介绍足球偶像的书籍、画报、音频视频等，这些小惊喜一定会带给消费者美好的体验。

2. 主题餐饮的搭配

中国的餐饮文化源远流长，酒店通过设计菜肴食、香、味、型、器、名等，表现主题文化。如一家以“三国”为主题的主题酒店，菜单上的菜名可以借用“三国”中家喻户晓的故事。如水蜜桃、蟠桃、油桃秘制果汁命名为“桃园三结义”，草菇、猴头菇、香菇的搭配命名为“三顾茅庐”，健康的苦瓜汁命名为“苦肉计”等。在餐具和其他器皿上可以用抽象的有关“三国”的主题符号印制，以表现主题。还可以借用“草船借箭”的典故装扮餐组，用一条草船供顾客用餐。餐厅内字画、匾额的悬挂、工艺品的摆放、墙纸的装饰、屏风的造型等都可以表现“三国”的主题，甚至餐厅的背景音乐、服务员的服饰都可以选用“三国”电视剧中音乐和服饰，以强化主题，给消费者带来难忘的主题体验。

3. 康乐主题的创新

对于主题酒店，康乐部的夜总会、游戏厅、棋牌室、台球室、桑拿、泳池、健身房等是吸引消费者的重要项目，也是满足消费者休闲、娱乐、健身等放松身心、消除疲劳需求的重要环节，酒店可将主题融入其中，开发全新具有文化主题特色的休闲康乐项目，让消费者在参与中体验主题文化。如一家以海洋文化为主题的主题酒店，在其外围挖了一个人工海湾，在海湾中停泊一艘“军舰”和“海盗船”，每天晚上都会举行走秀表演活动，以突出海洋文化的魅力，让顾客获得深层次的体验。

随着体验经济时代的到来，酒店业的竞争也从单纯的价格产品竞争转向更高层次的产品质量和文化竞争，主题酒店应运而生。主题酒店和一般酒店的不同之处在于它有一个明确的文化主题，能够吸引和保留特定的消费群体。主题酒店的主题不仅表现在酒店外观上，更体现在酒店的服务和经营管理中；不仅要让消费者享受其中的独特之处，还要让消费者融入酒店独特的文化氛围中。因此，主题酒店应加强目标市场调研，科学确定市场定位；充分挖掘主题内涵，展现酒店主题特色；营造硬软件主题氛围，突出酒店主题；突出体验性酒店产品，提高消费者体验度等，推进我国主题酒店健康发展。

第四节　主题酒店发展案例

（一）中高端主题酒店的标杆：亚朵酒店

“进门的一杯热茶，一双舒适的棉质拖鞋，一碗深夜的热粥，一份可口的水果。”某世界500强企业的条线业务负责人将这称为“亚朵四件套”。亚朵集团（以下简称“亚朵”）成立于2013年，与诸多将“豪”“锦”“万”“华”等贵气十足的文字用作品牌名称的酒店相比，这个源自云南亚朵村的名字似一股清流，流淌着自然、生活及人文情怀。

业外人士知晓亚朵，或许是因为其出圈的IP跨界营销动作，例如与网易云音乐合作的主题酒店等。而对于业内人士而言，亚朵更像是一匹酒店界的黑马，在华住、锦江、首旅三足鼎立的格局中杀出重围，在快捷酒店深入人心的时代建立起属于亚朵的消费者心智，率先提出“生活方式品牌”的概念，为整个酒店行业提供了一个“始于酒店，不止于酒店”的创新思路。根据弗若斯特沙利文的数据，截至2020年年底，按客房数量计，亚朵是中国最大的中高档连锁酒店。

“一个时代需要一个时代的品牌和企业”，亚朵创始人兼CEO王海军曾发出这样的感慨。在王海军的带领下，一群从事酒店行业的“老将”聚首，试图打造出一个新时代的酒店品牌及企业。如今看来，亚朵或许已成为他们第一个理想的成果。

在这个产业与消费不断升级的时代背景下，王海军不想再做低端，仅能满足房客住宿需求的酒店。因此，差异化定位中高端市场，满足住宿需求的同时注重体验感就成为亚朵贯彻至今的发展方向。作为中国头部的中高档连锁酒店，亚朵旗下已拥有中端、中高端、高端和豪华四大细分市场的6个品牌，具体包括中端品牌“轻居”，中高端品牌“亚朵酒店”“亚朵X酒店”，高端品牌“亚朵S酒店”“ZHOTEL”，以及豪华品牌“A.T.HOUSE”。

数量规模方面，截至2021年一季度，亚朵在营酒店数量达608家，客房数超7万间，覆盖131个城市，同时开发中酒店的数量为299家，开发中客房的数量超3万间。差异化的市场定位，源自亚朵的“体验派”思路。这一思路的核心在于从“经营房间”向“经营人群”转变，不仅如此，亚朵还总结出一套“标准个性化”

服务方法，保障服务能紧跟消费者需求的变化。根据慧评网的消费者调研显示，亚朵的整体满意度得分自 2017 年以来在 6 个主要的中高端酒店品牌中始终保持第一位置。在亚朵看来，酒店是一个生活方式体验及生活用品销售的天然场景。比如，当客户觉得酒店的床垫很舒适，可以直接在线上购买同款床垫。亚朵也由此从一家连锁酒店集团进一步升级为领先的生活方式品牌集团。截至 2021 年 3 月底，亚朵共开发了 1136 个场景零售 SKU（库存进出计量单位）。2019 年和 2020 年零售业务产生的 GMV（商品交易总额）分别为 8280 万元和 1.072 亿元，同比增长 29.5%。2021 年一季度的零售业务 GMV 达到 3260 万元。而由"体验派"理念延伸出来的场景零售业务也早已开始为亚朵创收。

2020 年，亚朵场景零售业务收入占其总收入的 4.5%，高于国内其他连锁酒店产生的零售业务收入。得益于中高端市场定位，以及颇受年轻人欢迎的场景零售业务发展，亚朵的受众群体逐渐聚焦于具备一定消费水平的高净值用户。

从地域来看，亚朵旗下近 80% 的酒店均分布在一线、新一线和二线城市的核心地段。这在一定程度上意味着亚朵旗下酒店的受众群体消费水平不低。根据招股书，30 岁以下亚朵用户的占比超过 24%，这部分用户贡献的交易额占比达 35%；30~40 岁的亚朵用户占比更高达 45.8%。截至 2021 年第一季度，亚朵的会员数量已超 2500 万。2015—2020 年，亚朵的会员数量复合年均增长率高达 79.6%。两年来，会员贡献的预订数占比分别为 39.3% 和 44.7%，占比较大且仍在增长。

对于酒店行业来说，想扩张就要用钱，想赚钱就要有人来住。因此，除了营收、净利润等核心业绩指标外，入住率、ADR 等常被视作衡量酒店经营情况的重要指标。

2020 年年初，突如其来的疫情把大大小小的酒店打了个措手不及。而亚朵在疫情之下显现出了更强的韧性。在年初集体"沦陷"的情况下，亚朵 2020 年实现营收 15.67 亿元，与 2019 年的营收规模基本持平。而锦江酒店和华住集团的全年营收则分别同比下滑 34% 和 9%。现金流方面，截至 2020 年年底，亚朵的经营活动现金流为 1.19 亿元，筹资活动现金流为 4801 万元。当前，亚朵处于经营活动现金流为正，投资活动现金流为负，筹资活动现金流为正的情况，这在一定程度上意味着，其仍处在高速扩张期，是一家高成长性的公司。而高成长性则意味着，亚朵的未来有无限可能。而从出租率、房价来看，疫情之后，亚朵业务经营的复苏速度远超行业平均水平。

首先，出租率方面，2019 年亚朵出租率为 73.4%。2020 年，在疫情影响下，其不含隔离征用酒店的出租率为 67.1%。而在 2021 年 4 月，亚朵酒店出租率已然恢复并超过疫情前水平，高达 80.4%。有资料显示，截至 2021 年第一季度的 10 年以来，中国各星级酒店的年度平均出租率均未达到 63%。这意味着，近些年亚朵的出租率水平已远超行业平均值，即使是疫情暴发的 2020 年也不例外。

拆解亚朵的营收结构，亚朵的营收主要来源于三部分：管理酒店（即加盟店）、租赁酒店（即直营店）、零售和其他。不论是店面数量，还是所贡献的营收占比，主打轻资产运营模式的加盟店均超过直营店，这也是亚朵抗风险能力较强的一大重要原因。2020 年，亚朵的加盟店营收占比由 2019 年的 53.6% 提升至 59.1%。同期直营店的营收占比则由 2019 年的 39.2% 下降至 31.7%。

中高端定位连锁集团以及生活方式品牌是亚朵的核心优势。差异化定位中高端市场，亚朵从一开始就选对了方向。未来，随着中高端酒店渗透率的提升，亚朵将进一步受益。根据弗若斯特沙利文报告，2015—2019 年中高档酒店客房数量复合平均增速为 25.7%，同期连锁酒店行业整体为 15.2%。预计 2021—2025 年中高档连锁酒店客房数量复合平均增速为 18.9%，仍将高于行业整体 8.8% 的增速。而中高档酒店客房的渗透率也将从 2020 年的 10.5% 提升至 16.1%。

同时，中高端酒店行业的低集中度也让亚朵可以稳坐“一哥”之席。目前，国内前五大酒店集团的中高档客房数量合计为 19.7 万间，占比 31.8%，中高档酒店行业集中度较低。其中，亚朵拥有 5.8 万家中高端客房，占比达 9.4%，市占率位居行业第一。

在“美好生活分享社区”小红书上，关于亚朵的笔记数量高达 1 万多。在搜索框中输入“亚朵”，弹出的关联词包括亚朵早餐、亚朵枕头、亚朵床垫、亚朵洗发水等，处处充满住宿以外的生活气息。顺着关联词点进去，更是好评如潮。其中，在疫情隔离期，亚朵隔离酒店成为不少网友口中的“惊喜”。

一是属地人文：亚朵酒店每家店在统一的风格上融入了当地的人文，使每个酒店都有各自鲜明的主题。设计风格富有浓厚艺术气息，带给顾客“自然、静谧、温暖、朴实”的健康生活方式。亚朵酒店大堂采用文艺精致的设计理念，复古与时尚，相得益彰。每家店有独特的属地化摄影，内容涵盖社会、自然、文化等多维度展现属地文化。在酒店客房走廊上可以看到挂有相关地域的摄影作品。

二是阅读空间：亚朵的每一家酒店都会有一处阅读空间——“竹居”，这也是亚朵酒店其中的一个设计理念。从刚踏入酒店大门一直到大堂，随处可见的书籍，这已经成为亚朵的一种生活方式，同时也形成了竹居的品牌理念。通过竹居把人文主题植入软件与服务，打造出一种有品质和精神的酒店，从房的价值走向人的价值，实现人与人的连接，开启另一种生活方式。

三是异业 IP：亚朵通过与异业 IP 合作，打造了诸如网易云亚朵酒店、QQ 亚朵酒店、虎扑亚朵酒店等。IP 酒店模式，意在通过主题房的方式将亚朵酒店与各领域的头部 IP 进行强关联，一方面将亚朵客房和酒店公共空间做成 IP 的线下展示场景，另一方面将 IP 自带品牌价值向亚朵品牌迁移。

（二）电竞主题酒店的头狼：爱电竞主题酒店

2021 年 6 月，同程艺龙同爱电竞酒店签署《战略合作协议》。此次签约，意味着爱电竞酒店将获得同程艺龙数千万融资，品牌估值超亿元。

在传统酒店高压中倔强生长近 3 年，星星之火由郑州逐渐蔓延至山西、安徽、广东、浙江等多个省份，电竞酒店正在从蓝海竞争中蹚出一条新的增长路子。

在战略签约仪式上，同程艺龙总裁办秘书长席丹丹表示："同程艺龙将通过平台和技术优势深度赋能电竞酒店品牌，为爱电竞酒店的技术研发、产品运营和消费体验注入强劲动力，双方共同推进电竞酒店在中国的高速发展。"

爱电竞酒店创始人袁阳表示：同程艺龙拥有技术实力和平台优势，将在品牌营销、场景运营、供应链、信息系统等方面对爱电竞酒店进行全方位赋能，帮助酒店提高数字化、智能化水平以实现降本增效，同时为消费者提供更加舒适的入住体验。未来将重点以酒店为核心，加速拓展，围绕社交场景体验不断提升，深耕年轻市场，保障品质的同时，进一步深化品牌认知，为更多新生代消费者带来优质的沉浸体验，成为电竞酒店行业更具生命力、影响力的品牌。

数据显示，2020 年 3—11 月，全国电竞酒店数量直线破万，总额呈明显的上升之势，平均月增速约为 130%，行业规模持续扩大。相对来讲，电竞酒店品牌更多呈现"星星之火"之势，行业绝对龙头并没有出现。为什么首笔公开融资会落在爱电竞酒店身上？

爱电竞是电竞酒店领域成立较早的品牌。郑州市健康路 168 号——爱电竞酒店的第一个酒店坐落于此。这里处于郑州闹市区，河南省体育场据此不足 2 公里。每到夜晚来临，健康路上的年轻人熙熙攘攘。3 年前，袁阳还是某传统酒店品牌高层。作为一位电竞游戏业余玩家，苦于没有一个合适的场地与好友打游戏，袁阳大胆地将电竞与酒店结合，成立爱电竞品牌。

电竞酒店至少是主题酒店融入电竞的元素，这样一个产品在市场上才会有一定竞争力。目前全国大多数电竞酒店最缺的就是品质和服务。从美团的差评来看，只有 9% 的差评是对电脑的配置和网速不满意，所以，电竞酒店还是要回归酒店的本质，做好舒适度。不可忽视的另一个因素是，河南是电竞酒店竞争最为激烈，且市场教育最为成熟的地区，从区域分布来看，电竞酒店主要集中在华中、华东两个区域，其中，河南的电竞酒店数量最多，达 971 家，其次是湖北，744 家，陕西 533 家暂居第三。整体形成了以河南为中心的二三线城市下沉市场发展的动力导向。梳理传统酒店和 OTA 平台的发展路径可知，爱电竞与同程的合作并不为奇。截至当下，携程已经渗入传统酒店巨头首旅酒店、华住酒店和亚朵酒店，且为重要股东之一。

早在 2018 年，中国电竞用户规模达到 4.28 亿人，电子竞技产业规模达 912 亿元。时至今日，中国电竞用户已经超过 5 亿，市场规模超过 1000 亿元，是全球最大的电竞市场。

如此巨大的市场背后，是电竞酒店行业的野蛮生长。根据《中国电竞酒店年度数据分析报告》，截至 2020 年 11 月，国内专业电竞酒店数量已经发展至 6863 家。而这一数字在 2020 年 3 月还仅为 2971 家。若将增改电竞客房的传统酒店囊括在内，电竞酒店的市场规模已经超过了万家。

值得注意的是，巨头介入电竞酒店领域，打法完全不一样。日前，香格里拉集团与腾讯游戏、腾讯电竞联合定制的游戏电竞主题房正式发布。全新揭幕的主题房分别以“腾讯电竞”、《秦时明月世界》手游、《天天爱消除》《欢乐斗地主》等电竞和游戏元素为设计灵感，将 IP 形象融入酒店场景中，为人们打造新潮有趣的入住体验。

这意味着，未来的电竞酒店，提供舒适的住宿体验只是常规输出，如何开发特有的电竞内容产品，将消费者与电竞酒店品牌紧密捆绑，将成为这个赛道的护城河之一。而介入这一领域越早，其品牌越有优势，这一时间差可以比后来者赢得更多胜算。

2021 年以后，特色电竞酒店的打造最重要的就是对电竞酒店的主题定位，这是特色电竞酒店的灵魂与核心竞争力。在对电竞酒店特色主题定位的过程中首先要注意符合市场需求，捕捉那些让多数人感兴趣的事物，并通过各种手法增加其特色，形成市场上鲜明的视觉亮点。而且针对不同的客源市场所打造的主题也有所差别，比如“90 后”对老游戏比较感兴趣，那就主打情怀老游戏主题酒店；“95 后”Z 时代年轻人则对潮流新颖的事物主题比较感兴趣，那就主打时下最热门游戏主题酒店。其次，主题的制定要结合周边环境，借助周边环境来增添主题色彩，并与之相适应。例如，坐落于云南省昆明市盘龙区的锦泰花园特色主题电竞酒店——方柚电竞酒店就以“暗黑风格，赛博朋克 2077”为卖点，主题与环境相得益彰，事半功倍。最后，主题定位还要与电竞酒店企业文化相结合，并将其共同的价值理念注入到所有员工的工作当中，这样才能让客人全身心感受到酒店主题的魅力。

（作者简介：郭志刚，中国旅游研究院文化旅游研究基地特约研究员，香港理工大学博士）

第八章　世界文化遗产旅游发展分析与展望

王　欢　杨雨晴

世界文化遗产以其超然的独特性、典型性和优质性每年吸引了数亿海内外游客的到访，代表了我国文化遗产旅游发展的基本形态与核心，引领了我国文化遗产旅游发展的基本方向与潮流，探索了我国文化遗产旅游发展的主要模式与方法，承担了我国文化遗产旅游良性循环发展的试验任务。可以说，世界文化遗产旅游既体现了我国文化遗产旅游发展的主要特征，又展现了我国文化遗产旅游发展中的主要问题。

第一节　我国世界文化遗产旅游发展现状

截至 2021 年 12 月底，我国的世界遗产总数达到 56 项（其中世界文化遗产 38 项，文化自然双重遗产 4 项），文化遗产的占比已达到我国世界遗产总数的 75%。

（一）疫情之下遗产旅游承受巨大压力

2021 年，为响应国家和当地疫情防控要求、减少人员聚集、保障人民群众生命健康安全，多数文化遗产旅游目的地根据当地防控情况间歇性对外开放。从经济角度来看，这种情况势必会给文化遗产地的旅游发展带来影响，当地旅游收入和游客接待量就是最直观的数字。

中国文化遗产研究院发布的《中国世界文化遗产 2020 年度保护状况总报告》显示，在新冠疫情开始爆发的 2020 年，我国 41 项世界文化遗产当中的 39 项遗产（由于部分遗产地未提交或更新相关信息，这里仅涉及 39 项遗产中的 107 处遗产地）吸引了约 1.71 亿人次前往游览，实地游客接待量较疫情前的 2019 年减少了近六成，九成的文化遗产地游客接待量都在减少，约一半遗产地的实地游客接待量减幅在50%~100%。但值得一提的是，2020 年世界文化遗产地的游客接待量占国内旅游游客接待量的约 6%，在有限统计之下仅凭几十处遗产地间歇性开放就达到了这样的体量。不得不说，世界文化遗产旅游在整个国内文化旅游市场，乃至全国大众旅游市场中仍占据着举足轻重的地位。

从入境游客接待量来看，我国世界文化遗产入境旅游部分受疫情影响最大。在疫情开始爆发的 2020 年全年，我国 24 项世界文化遗产、共计 32 处遗产地吸引境外游客约 25.98 万人次，相较于 2019 年减少了 733.96 万人次；同时，比较 32 处文化遗产地 2020 年的总游客量和入境游客总人次，计算可知入境游客接待量仅占游客总接待量的 0.36%，同比下降 2.75%。2021 年，在国际局势愈发严峻，疫情防控常态化管理下，我国的文化遗产旅游入境游客数量不会比 2020 年多。

从实地游客接待量来看，我国世界文化遗产旅游发展状况受疫情影响较大。据 2021 年年末遗产研究院公开的数据表明，2020 年全年，主要遗产地的门票收入和经营性收入（讲解等非门票收入）均呈大幅下降趋势，可统计到的 80 处遗产地门票收入共计 35.6 亿元，同比减少 64.91%，有 74 处遗产地的门票收入较上一年有明显下降，占可对比遗产地总数（78 处）的 94.87%，其中降幅达到一半以上的遗产地更是多达 52 处。究其原因，主要是因为遗产地游客接待量的锐减；另一方面则是因为新冠疫情影响下，多数遗产地为吸引游客前往游览，采取了门票优惠政策。此外，2020 年，可统计到的 59 处遗产地经营性收入共计 9.53 亿元，同比减少 69.94%，其中有 37 处遗产地收入较上一年有所下降，占可对比遗产地总数（49 处）的 75.51%。经对比得出，在门票优惠政策背景下，我国世界文化遗产旅游直接营收仍呈现出“门票经济”的典型特征，其门票收入仍然占据了收入构成的核心位置，相当于经营性收入的 3.5 倍。而且，从以上数据看出，各遗产地的门票收入受疫情影响波动较大，波及范围较广。

为了更加系统地呈现 2021 年我国世界文化遗产旅游的发展情况，结合国家旅游统计数据、世界文化遗产保护年度报告、各遗产地政府的两会工作报告，各遗产所在行政区域国民经济和社会发展统计公报、各遗产景区官网统计公告等官方信息，对 2021 年我国世界文化遗产旅游的游客接待量和旅游收入情况进行估算，并汇总展示（见表 8-1）。

表 8-1　2021 年我国部分世界文化遗产游客接待量与旅游总收入[①]

序号	遗产项目	批准时间（年）	旅游总收入（亿元）	游客接待量（万人次）
1	长城	1987	27[1]	380[2]
2	北京故宫	1987	—	360
3	布达拉宫历史建筑群	1994	300[1]	200（2000[2]）
4	承德避暑山庄	1994	300[1]	2800[2]
5	曲阜孔庙、孔林、孔府	1994	25[1]	230
6	武当山古建筑群	1994	58	720
7	丽江古城	1997	510[1]	850
8	平遥古城	1997	42[1]	450[2]
9	苏州古典园林	1997	1800[1]	500
10	天坛	1998	3[3]	900
11	颐和园	1998	5	720
12	大足石刻	1999	132.88[1]	2636.07[2]
13	龙门石窟	2000	1000[1]	140（10001[2]）
14	都江堰 - 青城山	2000	317.45[1]	450
15	云冈石窟	2001	290[1]	150
16	高句丽王城王陵及贵族墓葬	2004	15[1]	20（180[2]）
17	殷墟	2006	361[1]	20（2700[2]）
18	开平碉楼与村落	2007	18[1]	140[2]
19	福建土楼	2008	59[4]	590[5]
20	鼓浪屿：历史国际社区	2017	—	550
21	庐山	1996	1800[1]	1200[6]

① 在估算过程中，由于信息的缺失，本节只能尽可能地用估值展示遗产或者遗产地的旅游发展数据，这其中有不少细节需要注意。（1）表中脚注 1 和 2 分别代表该数字为遗产项目所在行政区域（均为市级行政区域，只有平遥为县级行政区域）2021 年旅游综合收入估值与旅游接待人次估值（如泰山 2021 年旅游总收入即为泰安市当年旅游综合收入估值）；（2）表中脚注 3 代表该数字为北京市东城区 5A 级景区（天坛为二者其中之一）2021 年旅游综合收入估值；（3）表中脚注 4 和 5 分别代表该数字为漳州市（仅限南靖县 + 华安县）2021 年游客接待人次估值与旅游综合收入估值；（4）表中脚注 6 代表该数字为庐山国家公园 2021 年旅游接待人次估值，非庐山所在行政区域旅游统计数据。

续表

序号	遗产项目	批准时间（年）	旅游总收入（亿元）	游客接待量（万人次）
22	五台山	2009	9[1]	98[2]
23	杭州西湖文化景观	2011	—	1500
24	左江花山岩文化景观	2016	340[1]	3500[2]
25	泰山（双重遗产）	1987	480[1]	450
26	黄山（双重遗产）	1990	7.5	152
27	武夷山（双重遗产）	1999	230[1]	1047[2]

2021 年，能够有效统计到数据的 27 项世界文化遗产（或世界文化遗产所在地区）中，各遗产全年游客接待量与旅游总收入较疫情前呈负增长趋势，但较 2020 年的整体情况略有上扬，回暖迹象明显。

大足石刻是 27 项世界文化遗产中唯一一项游客接待量与旅游总收入均达到 2019 年水平的遗产项目。那么，大足石刻是如何实现这个成绩的呢？首先，景区因疫情闭园后启动了遗产直播活动，仅 2020 年 3 月 11 日、12 日两天，“云游大足石刻”直播活动就吸引了近 400 万“云游客”观看，点赞量超过 131 万，这无疑为景区的重新开放积蓄了大量的潜在游客。其次，因为遗产地疫情得到有效防控后，大足石刻与青城山、都江堰、峨眉山及乐山大佛等遗产进行联动，搭建区域世界文化遗产旅游推广联盟，这增添了遗产地的知名度，使得大足石刻有了更加广泛的游客基础。最后，在遗产地游客量逐渐“升温”时，实施了分时段分批次引导服务，保证了疫情防控要求下遗产地旅游的有序进行。

此外，泰山与都江堰—青城山的遗产旅游也展现出了强劲的复苏势头，其中都江堰市旅游总收入较疫情前更是出现了正增长。结合这几则案例可以看到，在疫情防控常态化管理的大背景下，在某些省际范围内，个别遗产旅游已经开始呈现出明显正增长趋势。这表明：疫情背景下，虽远途旅游受限较多，但在一定区域之内，吸引更多的本地、本省游客的做法是有成效的；深度挖掘本地市场是当下为数不多的有效复苏方法之一；我国大众文化旅游市场的潜力是巨大的、大有可为的。另一则案例也较明显地支撑了以上观点。洛阳龙门石窟在 2021 年推出了省内各地居民分时段分月份免门票政策，吸引了大量省内游客前往，整个洛阳市更是吸引了超 1 亿人次的到访，虽然全市旅游收入并没有恢复到疫前水平，但人气已然强势回升，为将来的彻底恢复打下了坚实基础。

受疫情影响，不少遗产或遗产所在地的旅游统计信息并不完整，这也使得我们无法了解它们的旅游发展情况。本章节试着通过一些侧面信息和数据，对部分未列入表中的遗产项目的旅游发展情况进行概括：

第一，良渚古城遗址以及泉州项目。这两项均为近两年被列入《世界遗产名录》的遗产项目，又值疫情期间，尚缺乏官方的、系统的旅游信息统计，只能通过当地新闻得到相关零星信息并进行估算。自 2019 年 7 月至 2020 年 7 月，良渚古城遗址公园和良渚博物院共接待访客 150 万人次，其中，良渚古城遗址公园共接待访客近 50 余万人次，良渚博物院接待观众量约为百万人次。2021 年的情况相较 2020 年并未有本质上的改变，而且由于全年的疫情防控常态化管理，本节估算 2021 年良渚项目（含遗址公园和博物院两处主要遗产地）共接待游客约 100 万人次。2021 年 7 月 25 日，“泉州：宋元中国的世界海洋商贸中心”被列入世界文化遗产目录。截至 2021 年年底，关于其旅游经济效益和接待量的有效统计尚未公布。2022 年年初，通过对当地晚报进行查阅，得到一些零星信息，如下：2022 年春节期间，泉州 22 个遗产点（市舶司遗址内部考古，未开放）共接待游客 27.69 万人次。

第二，大型系列遗产项目。大运河、丝绸之路、长城、明清皇家陵寝等项目所辖遗产点较多，其旅游发展数据理应为各个遗产点的数据之合，但由于各遗产点所属行政区域的跨度比较大，统计数据的完善程度差距也大，且大多数遗产点未公布相关信息，所以对于此类大型遗产项目的全面估算仍无法顺利进行，“统计难”的状况并未改变。此外，丝绸之路与明清皇家陵寝项目的许多遗产点都属冷门遗产，在疫情冲击下，对其的旅游需求就更显小众，如丝绸之路的 5 处遗产点（汉魏洛阳城遗址、北庭故城遗址、兴教寺塔、崤函古道石壕段遗址、高昌故城）全年的游客接待量均未超过 1 万①。因此，除长城（也仅获得了嘉峪关段的信息）外，其他大型遗产项目的旅游发展情况并未出现在表中。

第三，西安城市圈内的多处遗产点。西安城市圈内的多处遗产点的情况未编制入表，原因主要有：一是多处遗产地 2021 年未公布相关旅游数据，其旅游数据多停留在 2019 年，无法进行较准确的比较；二是西安市辖多处世界文化遗产点，无

① 罗颖，张依萌，张玉敏，高晨翔，张欣，王芳，刘懿夫. 中国世界文化遗产 2020 年度保护状况总报告［J］. 中国文化遗产，2021（5）：64-79.

法准确地估算出每处遗产点的旅游情况，但根据西安市统计局以及当地新闻平台中的零星数据可以对西安市 2021 年的旅游情况进行总体估算，2021 年，西安市接待游客约 1.8 亿人次，旅游总收入约 1800 亿元，与 2020 年基本持平。

（二）遗产地超载现象减少，预约管理形式成主流

文化遗产被过度开发与利用一直是专家、社会和政府密切关注的问题，游客人数超载不利于遗产保护与旅游可持续发展逐渐成为共识。过去十年，大多数世界文化遗产已经呈报了遗产区域内游客的最大承载量。2020 年 10 月，国家文物局、文化和旅游部下发了《关于加强石窟寺等文物开发管理和实行游客承载量公告制度》（以下简称《制度》）的有关通知，要求石窟寺、故宫、承德避暑山庄等游客量大的世界文化遗产合理测算、核定公布游客承载量，严格控制游客数量，提升游客参观质量。《制度》的出台标志着国家对于文物文化遗产的游客管理进入深化落实阶段，在疫情防控常态化背景之下，它推动了世界文化遗产旅游向着精准化、预约化方向发展。为了保障游客的生命健康安全，积极响应国家号召，遵守属地疫情防控要求，在间歇性恢复开放的同时，各主要遗产地采取限流、预约、错峰游览等措施来管理与控制游客量，这使得遗产地游客超载现象得到了一定程度的缓解。

据文化遗产研究院 2021 年年末发布的报告显示，截至 2020 年年底，已有 29 项世界文化遗产（包括 64 处遗产地）积极响应国家号召，采用提前预约的模式从整体上先期掌握、预测和管理客流，这占上报年度信息遗产地总数的 59.26%，较疫前上升 13.89%。其中，较为热门的遗产地如泰山、敦煌莫高窟、秦始皇帝陵博物院、布达拉宫等均严格依据景区每日的限流量，实行 100% 实名线上预约门票、错峰参观等政策。在疫情防控工作有序进行的背景下，网上预约形式已然成为遗产地旅游管理的基本模式和人们休闲出行的惯常选择。遗产地游客接待量超出其承载量的现象明显减少。据统计，2020 年仅有 5 项遗产（包括 6 处遗产地）存在单日游客承载量超载的情况，占遗产地总数的 5.56%，同比下降 10.18%。不难看出，在疫情防控常态化下，文化遗产地游客超载的现象和其带来的隐忧得到有效缓解。但不可忽视的是，疫情防控背景下，在预约制度、错峰游览等措施实施下，游客超载现象依然存在。可想而知，当国内大众旅游恢复到疫情前的状态，加上游客会报复性旅游消费的预期，超载现象仍会大面积出现。因此，如何解决遗产地，尤其是世界文化遗

产地游客超载的问题依然是文旅人未来需要持续关注与深入研究的课题。

（三）游客量季节性差异大

据 2021 年公开数据表明，2020 年全年，世界文化遗产旅游仍然呈现出了典型的季节性特征。从我国世界文化遗产游客接待量的月度分布图来看，遗产地 1—3 月的总体游客接待量相对较少，8—10 月接待游客最多，游客量在五一黄金周达到一个小高峰，并继续波折上升，于十一期间达到全年最高峰。结合 2020 年的情况与现有的旅游宏观统计数据，我们可以做出一个基本判断：2021 年国内旅游情况较 2020 年明显回暖，从 2020 年的近 29 亿人次出游，到 2021 年 32.5 亿人次出游。作为其中最重要的代表，我国世界文化遗产旅游 2021 年的情况较 2020 年会有千万人次接待量的提升，但总体趋势与 2020 年情况相差不大，季节性特性依旧明显，热门与非热门遗产地的接待量有明显差异。

（四）“互联网 +”技术广泛运用，“云旅游”快速发展

疫情期间，各文化遗产地寻找新的方法和广大人民群众进行沟通与交流，“互联网 +”技术的应用便是交流新途径的基础。各遗产地运用新技术倾力打造“线上景区”，并对遗产防火、道路交通、文物古建、建筑施工、旅游安全、经营安全等工作进行全面排查。落实“限量、预约、错峰”等安全管理要求。依托智慧票务系统或者网络平台提醒游客提前网络预约购票、申领健康码，同时对游客接待量进行科学管控，通常不超过遗产地最大承载量的 50%。不少遗产地启用自动体温检测仪、人脸识别自助检票闸机等新型设备减少直接接触，通过“互联网 +”技术把好“健康码查验、体温监测、应急处置、秩序维护”四个关口，为疫情防控背景下遗产旅游保驾护航。

疫情给文化遗产旅游带来了巨大压力，而“云旅游”模式则为文化遗产旅游的回暖预定了顾客。面对旅游业的困难期，各遗产地积极找寻新方法，利用计算机网络和数字技术，通过图文语音、视频直播、VR 体验等数字化手段，构建线上旅游环境，发展云游直播、全景导览和线上讲座，推动文化遗产旅游模式创新性转型。从景区的互动直播到游客在线“种草”，再到遗产地线下引流，“云旅游”在丰富线

上文旅产品供给的同时也吸引着线下的潜在游客。如平遥县文旅局通过直播，邀请游客线上云游平遥古城，并从广大游客的游玩体验出发，创新性地采用 5G+VR 的观览方式，游客扫描二维码就可以 720° 无死角地观察文物遗产的细节。疫情期间，沈阳故宫更是策划开展了线上“云游博物馆”活动，文化宣讲者们担任主播进行了“沈阳故宫概况”“王朝溯源”“锦绣盛京”“宫闱往事”“盛世华彩”五场视频直播，观众量达数十万，收到了热烈反响。

疫情当下，“云旅游”的发展拓展了旅游新模式，这种展现形式给游客带来了全新的体验，也使得遗产地获得持续的关注。当抗击疫情战役全面胜利之后，可以实现流量变现，推动遗产地旅游经济的发展。

第二节　世界文化遗产旅游发展存在的问题

（一）文化遗产地旅游韧性不足

遗产地韧性是指世界文化遗产地作为一个旅游目的地系统，当其暴露在危险中时，拥有抵抗、吸收、适应外来冲击，并从中恢复的能力。遗产地韧性系统有两方面含义：一是要有调整自己并具备抵御外来打击的能力，二是要拥有将机遇转化为优势的能力。根据之前的分析阐述，我国世界文化遗产旅游的韧性尚显不足，主要表现在经济韧性和文化环境韧性两个方面。

一是经济韧性不足。我国大多数世界文化遗产旅游仍为“门票经济”时代，抗压能力较差，在没有外部冲击下尚能维持生计，但在疫情时期，游客数量有限，门票经济极易导致入不敷出。此外，疫情期间不少遗产地因为游客量骤减，无法接待更多的游客，导致部分店铺歇业停业，员工转业，遗产地在抵御紧急风险方面的韧性可见一斑，急需旅游新模式的创新与多维新产品的开发。

二是文化环境韧性不足。文化的彰显一般要经过“资源—产品—产业”三阶段，而目前我国大多数世界文化遗产旅游仍处于单一的资源观光利用阶段，没有实现资源到产品的转换，即使有少数遗产地（如故宫）开发出了相应的文创产品，但其产品的文化内涵有待进一步挖掘与提升，向成熟化产业推进。产品到产业的“惊险一跃”更是遗产地推动旅游提质升级以及牢固文化韧性系统的必经之路。此外，除了部分热点遗产地品牌效应较强，旅游市场较广阔，其他遗产地的文化辐射带动力偏低，仅仅依靠“世界遗产”的名头吸引游客前来观光，并没有深入开发并利用其独具的文化价值，难以对游客产生持续影响，造成重游率较低的结果。更重要的是，大多数遗产地注重单体发展，热衷于个体推广，执着于个案经验，这导致我国世界文化遗产跨省市、跨区域、跨文化的联动效益较低。

（二）统计系统缺乏完整性与科学性

对2021年我国世界文化遗产旅游发展现状进行量化统计，是一项庞大的工程。说庞大，不是因为它涉及处理42项世界文化遗产和双遗产（包含上百处遗产地）的旅游信息，而在于需要对残缺的、零散的、未统一口径的、各个层面搜集而来的公开信息进行辨别与整合。作为我国文化旅游，乃至大众旅游的排头兵和风向标，世界文化遗产旅游的现状其实反映了我国大众旅游市场管理从粗放化向智慧化、精准化和大数据化迈进的窘境。可以说，当前遗产地的旅游统计尚没有做到口径统一与科学性的结合，存在“纵向不可加，横向不可比”的典型问题。正是由于这种问题的存在，造成目前文化遗产旅游概念的模糊，大多数时候我们不得不将“对文化遗产本体的观赏游览”与“到文化遗产所在城市的旅游”混为一谈，而这显然是不够严谨的，但又束手无策。目前我国世界文化遗产旅游缺乏定时、定点、定向的数据追踪与对比，没有统一的统计标准，这将成为我国世界文化遗产旅游深化发展道路上的障碍。

第三节　世界文化遗产旅游发展趋势

（一）文化价值的再认识与升级

新冠疫情冲击之下，我国世界文化遗产旅游也遇到了前所未有的挑战，但这无疑也给了景区、主管部门以及社会各界思考的时间，能够去回顾和反思这20多年间文化遗产旅游井喷式发展所带来的问题，以及在危机之中如何进行转型升级。不少遗产地在此次挑战中越挫越勇，利用新技术、新科技（如网络电商、VR技术、云直播）等助力旅游产业留住顾客，在文化 IP 的塑造上也取得了不小的成绩，文化遗产旅游的经济价值和社会效益得到彰显。在疫情常态化的新背景下，在文旅融合的新时代要求下，我国世界文化遗产旅游发展需要重新审视与深入发掘文化遗产的独特价值，从文化认同与传播角度寻求更大的突破与进步。

杭州西湖近年来加强对文化遗产的管理，维修、整治与改善景区及周围环境，扩大遗产地的社会影响力，其突出强调"保护性、公益性、传世性"，面向社会公众免费开放，在文化生态塑造和旅游发展中找寻到了一个平衡点。

（二）域内联动，彰显优势

我国的世界文化遗产种类丰富，地域分布较分散。同时，由于资源禀赋各异以及大众的文化消费偏好不同，我国的世界文化遗产旅游整体发展不均衡，不同的遗产地展现出截然不同的旅游发展景象，有超热点、热点和非热点遗产地之别。

近些年，不少遗产地已经开始尝试进行多地联动，整合弘扬遗产文化优势，推动域内文化共同体的发展。比如杭州积极打造世界文化遗产群落，围绕大运河、良渚文化遗址、西湖文化景观进行文化遗产的保护、研究、传承与利用，联动合作、串联成线；再比如 2020 年"去哪儿"网联合中国世界遗产旅游推广联盟以"遗产与旅游"为主题，整合归类中国各省市的世界文化遗产资源，探索、设计、开发出了 20 条中国世界遗产旅游线路。该系列涉及 32 处世界遗产，有北京皇城历史文化游、丝路文化游、古秦历史文化游等类型（见表 8-2），是遗产地联合营销、合作共赢的一次尝试。

表 8-2　中国世界遗产旅游推荐路线

主题路线	涉及遗产
北京皇城历史文化之旅	北京故宫、北京天坛、北京长城、北京颐和园
清新福建康养休闲之旅	福建泰宁、福建武当山
神农武当自然文化之旅	湖北神农架、湖北武当山古建筑群
美丽云南行摄之旅	云南丽江古城
"全福游"世界遗产之旅	福建土楼、福建鼓浪屿
梵天净土祈福之旅	贵州梵净山、贵州小七孔

续表

主题路线	涉及遗产
四川九寨沟童话世界之旅	四川九寨沟、四川黄龙、四川青城山
重走丝路文化之旅	陕西秦始皇陵及兵马俑坑
雪域高原纯净之旅	西藏布达拉宫建筑群
古秦历史文化之旅	陕西秦始皇陵及兵马俑坑
诗画浙江美丽水乡之旅	浙江杭州西湖文化景观、浙江良渚古城遗址
苏州天堂园林之旅	江苏苏州古典园林
湖南湘西桃花源之旅	湖南武陵源风景名胜区、湖南永顺老司城遗址
山西千年古文明之旅	山西五台山、山西平遥古城
云南地质奇观之旅	云南石林
庐山自然人文精华之旅	江西庐山
中国岩画景观之旅	广西左江花山岩画文化景观
中原历史文化之旅	河南登封“天地之中”历史文化建筑群、河南龙门石窟
五岳独尊泰山之旅	山东泰山、山东曲阜三孔
皖南痴绝徽州之旅	安徽西递宏村、安徽黄山

（三）“云旅游”与线下旅游结合，自驾游成为主流

疫情防控常态化背景下，足不出户就能进行“云旅游”，凸显了高科技的应用与形式的创新，全方位展现了文化遗产的独特魅力，但这种纯虚拟体验的形式始终不能代替传统的实地旅游模式。“云旅游”更多的是作为一种线上预销售模式，吸引游客，拓展销售链条，维持文化遗产游的关注热度，以期在开放时间迎来更多的游客。那么，“云旅游”销售模式与线下实地旅游的有机结合无疑是未来文化遗产旅游发展的一条全新模式。

疫情之下，省内自驾游成了越来越多家庭的选择，原先由旅行社打包设计的、缺乏个性的、缺乏灵活性的团队旅游方案已不能够满足新时代大众文化旅游的需求，更多个性化的、突出贴心服务属性的系列旅游产品将成为后疫情时代大众出行的首选。比如，停车场、充电桩等辅助基础设施的完备将成为影响自驾游游客前

往游览的关键因素。对于旅游接待企业来说，可以更多地利用大数据分析自驾游群体的消费习惯，进而匹配相应的旅游产品，精耕细作，实现真正的高质量“私人定制”，提高服务附加值。

（四）彰显“中国特色”，发挥“世界窗口”作用

文化遗产作为文化传承与传播的物质载体，一直备受关注，尤其是其中最典型与最优质的代表——世界文化遗产。我国的世界文化遗产是中华文化外在遗存的精华，是我们树立文化自信的基础，也是我们进行优秀文化传播与弘扬的重要阵地。近年来，国家强调文旅融合发展，积极推进国家文化公园建设，而现有的诸多文化遗产点就是我们国家文化公园建设中的基础核心，比如大运河国家文化公园和长城国家文化公园建设。这足以表明世界文化遗产项目在中国文化标识体系建设、坚定文化自信建设中的重要地位。

2020 年，文化遗产地在彰显“中国特色”方面做了很多尝试，如中国文物学会就与浙江卫视共同打造了中国首档世界文化遗产探寻体验节目《万里走单骑——遗产里的中国》，以遗产地的人文风景故事为线索，挖掘世界遗产地最具特色的风土名物，传承与弘扬中华优秀传统文化，倡导协力保护世界遗产；再如腾讯联合阅文集团发起的“世界文化遗产新文创计划”，以世界文化遗产为原型，号召我国网络文学作家，挖掘文化遗产的内涵和故事创作文学作品，并以新文创模式，邀请导演、编剧和短视频制作者以多种数字内容形式立体化地展现我国世界文化遗产的独特魅力。

自新冠肺炎疫情肆虐全球开始，国际旅行受到了极大限制，我国的出入境旅游几近停摆。但数字旅游、云旅游等线上或虚拟旅游方式既是突破物质限制的有效方式，更是我们集中向外传播中华文化的主要途径，保持国际游客对中国旅游的基本热度。2020 年 5 月，俄罗斯、德国、越南等国的中国文化中心通过社交平台推出了“世界遗产在中国”图片展，让海外华人华侨和各国友人在疫情期间，可以足不出户“云游”中国文化遗产，领会其独特的文化魅力。这无疑为我国世界文化遗产走出国门开拓了新的路径，发挥着“世界窗口”的作用。

第四节　世界文化遗产旅游典型案例

本节选取线型文化遗产①的典型代表，国家文化公园建设项目，世界上开凿较早、规模最大、线路最长、延续时间最久的人工运河——中国大运河作为案例地，根据大运河的遗产资源特质，分段对遗产保护现状以及旅游发展成效进行分析，以期为我国其他世界文化遗产文化价值的彰显与旅游可持续发展提供案例参考。

（一）京杭大运河

京杭大运河长约1797公里，是世界上开凿长度最长的一条人工河道，贯通海河、黄河、淮河、长江、钱塘江五大水系。其南起杭州，北到北京，流经沧州、聊城、扬州等18个市区，全程可分为通惠河、北运河、南运河、鲁运河、中运河、里运河、江南运河7段。

京杭大运河凭借着丰厚的历史遗存、便捷的内运航道以及多元的文化符号，每年吸引着大量游客前往游览，也成为周边居民每日休闲的理想去处。京杭大运河近年来在遗产保护与旅游发展中取得的成功经验可以总结为以下几点：

一是注重发掘文化遗产的独特价值，将漕运文化视为大运河文化的核心。作为我国内陆地区沟通南北航运的"黄金水道"，京杭大运河至今仍继承与发扬着漕运精神，只是目前的通航里程约为1100公里，在"北煤南运"和地区物流、文化交流中仍发挥着重要作用。其中，江苏邳县以南660公里航道可实现500吨位的船舶畅通无阻；济南到杭州段货运业繁忙，每年大约有来往运输船舶4.5万艘；2019年，京杭大运河通州城市段北关闸至甘棠闸段11.4公里正式旅游通航，满足游客乘船游览大运河的需求。

二是京杭大运河文化品牌形象塑造充分考虑线型遗产的特质，品牌建设渗透沿

① 线型文化遗产主要指拥有特殊文化资源集合的线型或者带状区域内的物质和非物质的文化遗产族群。因线型文化遗产空间跨度较大、资源体量庞大、遗产内容丰富、国际影响深厚，故其在旅游发展与遗产保护方面具有突出的代表性。在我国的世界文化遗产名录中，长城、中国大运河、丝绸之路这三项大型遗产均为典型的线型文化遗产。

线各省市地方形象推广。大运河各省市从文化线路的思路出发，加强合作，运用线型遗产发展与保护的框架，创造性地设计与串联起运河各类文化遗产点。京杭大运河山东段倾力打造“鲁风运河”品牌，通过台儿庄古城等文旅融合项目以及微山湖湿地古镇等运河文化特色小镇写好“千年运河”的齐鲁篇章；浙江段依托大运河文化带打造文化诗路，将运河建设融入“诗画浙江”形象宣传，全面展现“湾碧水枕千家”的诗路印象与“革命声传画舫中”的红船启航地形象，凸显出大运河活态遗产独特的历史价值与时代价值；嘉兴与杭州市文化广电旅游局、湖州市文化广电旅游局、杭州运河文旅集团共同签订战略合作协议，以京杭大运河和古镇集群为纽带，串联水上古镇节点游线，培育大运河“走运之旅”，共同打响杭嘉湖一体化大运河文旅品牌。

三是沿线各省市倡导区域联盟，一体化保护与利用遗产，充分发挥出线型文化遗产串珠成链的优势。京杭大运河沿线城市群携手建立运河“朋友圈”，这使得大运河文化与旅游迎来了深度的互动、共振与协作，散落于各地的“运河记忆”被有机粘合起来，一道纵贯我国南北的运河文化风景线逐渐被建立起来。2014年，北京、天津、扬州、杭州等18座城市的旅游局官员携手成立了京杭大运河城市旅游推广联盟，共同探讨大运河城市旅游新的合作方式和途径，推动区域旅游经济发展。2020年，河北省香河县和北京市通州区为加快实现文旅产业资源共建共享、建立文化和旅游常态化联动合作机制、推动两地文化和旅游信息互通，签署了《香河县与通州区文化和旅游协同发展战略合作框架协议》，两地将加强精品文旅项目深度合作，联合设计开发大运河文化旅游和潮白河生态旅游精品线路；共同研发大运河文化创意精品，推动两地文创产品互动销售；共同研发、互相推介文化和旅游研学产品。

四是以节事会展为平台，利用多种展现形式，促进运河文化与旅游深度融合。近年来，沿线城市积极参与运河文化与旅游文化展会，以运河文化为主题开发的一系列旅游项目火爆市场，集食、住、行、游、购、娱为一体的旅游活动构建出新型旅游经济关系，极大地促进了运河旅游经济的发展。在无锡的第二届运河城市文化与旅游博览会上，大运河沿线各省市精彩亮相积极推介展示文旅资源、销售线路产品，共举办了163场文艺表演，59场文旅推介，近200家参展企业带来了3000余件旅游文创产品、非遗文创产品、文博文创产品。同时，运博会以挖掘展示文化和旅游资源为重点，打出了艺术创作、文旅精品、非遗文创、舞台演艺、美食文化、夜游经济的“组合拳”。夜游古运河、音舞诗画《运河四季》主题演出、交响合唱

《大运河》、舞剧《千年运河》等演艺项目点亮运河夜色。尤其是开幕式演出《运河四季》尽显运河景色之美、人文之美、风物之美，当晚吸引了逾 1700 万人次在线观看。

（二）隋唐大运河

隋唐大运河为现代对隋至宋时期以洛阳为中心连通南北的运河系统的通称，包括永济渠、广通渠、通济渠、邗沟和江南运河五大段，是中国古代南北交通大动脉，也是我国古代劳动人民创造的一项伟大的水利建筑工程，还是中国大运河三大部分中遗产种类最齐全的一段运河。

南宋时期，由于缺乏及时的维护与疏浚，隋唐大运河沿线及其商运因淤塞而逐渐衰落，至今广通渠、通济渠、永济渠仍不能通航，仅存运河遗迹。本节介绍的隋唐大运河，聚焦于以洛阳为中心的隋唐大运河遗址：一类是存于地面上的遗址，如沿岸的古城、古佛；另一类是埋于地下的遗迹，即考古挖掘出来的古桥、古码头、古仓窖和古瓷器。已废弃的古运河如何在遗址保护与旅游发展中展现新的活力，隋唐大运河在这方面进行了诸多创新性的探索。

1. 强化顶层设计，梳理运河遗址文脉

河南省牢牢抓住“一河揽千年文明”这一核心，明确隋唐大运河河南段“路线图”，构建“两轴三极七片区”空间布局：依托隋唐大运河南北两段运河，打造沿通济渠古都发展轴、沿永济渠古城发展轴；发挥洛阳、开封、郑州三大古都历史资源富集优势和辐射带动作用，打造运河示范城市；发挥大运河河南段沿线文化地理特征突出的优势，打造通济渠洛阳片区、通济渠郑州片区、通济渠开封片区、通济渠商丘片区、永济渠焦新片区、永济渠安鹤片区与大运河濮阳片区，构筑大运河实体与地域文化伴生共荣的集中展示空间。2019 年，安徽省公布《大运河安徽段文化保护传承利用实施规划》，进而编制《大运河安徽段国家文化公园建设保护规划》《大运河安徽段文化遗产保护传承专项规划》《大运河安徽段文化旅游融合发展专项规划》3 个专项规划，按照“运河为线、城镇为珠、串珠成链、以链带面、扩面促联”的思路，构建“一轴、双核、多点”空间格局。

2. 深入挖掘运河文化资源，遗产价值的再认识

河南充分发挥大运河沿线名城古镇、历史街区的文化旅游价值，在运河遗址的基础上，厚植于地域文化，打造了一批运河特色小镇和运河非遗小镇，如滑县道口古镇、浚县古城、开封朱仙镇等，提升了隋唐大运河的文化形象和旅游品位。安徽省发挥境内大运河段 9 项音乐类国家级非遗项目的资源优势，将泗州戏、渔鼓道情、花鼓戏、梆子戏、唢呐等表演与流动的运河相融合，让观众有了美妙的沉浸式视听享受。此外，宿州泗县建成隋唐大运河博物馆，发扬再现运河漕运文化，展馆内共设置“隋唐气象”“人工开河”“水路繁花”“南北余韵”“又见运河” 5 个固定展厅，多角度还原人工开凿运河缩微场景，展示粮船、人物、工具、隋唐大运河水系图、古运河漕运等场景，再现历史上运河繁忙的水运状况。

3. 新科技的融入，在保护和恢复中发展旅游

隋唐大运河遗址大多数埋藏于地下，需要考古挖掘或者科技复原。同时，数字化技术激活隋唐大运河一池春水，增添了运河文化的生动性与表达性，“边挖掘边保护边展示，科技与历史的融合”成了隋唐大运河遗址旅游发展常态，为大运河文化的活化插上了“数字翅膀”。隋唐洛阳城“两坊一街”保护工程运用新科技，结合目前的考古成果，通过坊墙、坊门、坊内十字街等遗址要素动态展示坊内格局，让遗址“活起来”，140 米宽的天街再现隋唐气势。天街布置少量以隋唐洛阳城出土文物为主题的小体量雕塑，如胡俑、瓦当、唐三彩、丝路驼队等，以坊墙为投影载体，运用全息投影的高科技展示方式再现天街往昔恢宏的格局气势，为运河文旅发展科技赋能。

（三）浙东运河

浙东运河又名杭甬运河，是一条连接钱塘江与姚江的东西向人工运河。其西起杭州市滨江区西兴街道，跨曹娥江，经过绍兴市，东至宁波市甬江入海口，全长 239 公里，包括杭州萧山—绍兴段、上虞—余姚段、宁波段三大段。浙东运河保留了大量相关文化遗迹，是中国大运河三大部分中遗址密度最大的一段运河，沿线古镇众多（如西兴古镇、慈城古县城等），包含全国重点文物保护单位 3 处，省级文

物保护单位约 20 处。

浙东运河全线均位于江南水乡，自古以来经济发达，发展动力强劲，现代旅游产业体系较为完善。截至疫情爆发前，浙江段大运河共拥有 4A 级以上旅游景区 58 家，其中乌镇、南浔古镇为 5A 级旅游景区；省级全域旅游示范县 5 个，省级以上旅游度假区 16 家，省级旅游风情小镇 8 家，沿线宁波、绍兴、杭州、嘉兴、湖州五市全年累计接待游客超 2 亿人次。回顾浙东运河遗产地旅游的发展历程，有以下几点值得借鉴：

一是重视遗产地码头整治建设，旅游客运价值再彰显。近年来，浙东运河水运开发注重对历史文化遗迹的保护和传承，着重保护和开发与航运文化相关的博物馆、码头遗迹等。大力推动现代化码头建设，500 吨级以上码头泊位占总数比例达到 28%，运河航运成为地区经济发展的有力支撑。客运方面，杭州开通全国第一条水上巴士线路，对拱宸桥、武林门等老码头进行改造提升，保障码头运营安全，提升文化景观要素，实现码头客运与文化传承相融合。2019 年，杭州水路客运量就达到 610.1 万人次，其中旅游客运量占比高达 83.8%。2020 年，尽管受新冠肺炎疫情冲击，杭州水路客运仍呈现良好的韧性，1—8 月杭州水路客运量达到 166.2 万人次，客运消费逐渐恢复。

二是狠抓遗产保护，践行“两山”理论。一直以来，浙东运河积极响应大运河世界遗产保护工作，沿线城市签署了《大运河保护联合规定》，贯彻落实运河第一部省级规划《浙江省大运河文化保护传承利用实施规划》，融入“诗画浙江”，依托运河古镇名人文化，倾力打造浙东唐诗诗路。浙东运河紧抓运河综保工作，注重遗产监测与保护，目前，宁波为进一步加强对运河遗产的保护和管理，搭建了大运河专题陈列、大运河遗产标识系统以及遗产界桩；建立了大运河遗产监测预警平台；制定了遗产要素监测管理标准。同时，其运用新型科技手段对运河遗产进行实时监测，并建立运河水质检验预警机制，守牢属于运河的“绿水青山”。

三是新媒体融合传播运河文化，博物馆联盟展现运河魅力。大型手游《江南百景图》融入运河元素，打造古镇模拟经营模式，新增了“商栈”玩法，玩家可在浙东运河沿岸体验建造不同类型的商栈、交易货物获取收益，以此了解古代运河的漕运文化；同时许多非物质文化遗产以“过去的姿态”在游戏中复现，玩家可亲身参与建造剪刀工坊、米市巷绣球、面塑摊、泥塑园，走近运河非遗文化、感受传承的魅力。2019 年，杭州博物馆、宁波博物馆、嘉兴博物馆、湖州博物馆、绍兴博物馆和中国京杭大运河博物馆等30家博物馆建立大运河（浙江）城市博物馆联盟，从而搭建起大运河博物馆事业发展的新平台，联盟开展以大运河文化陈列展示、文物宣传、科普教育为重要内容的跨地区宣传教育交流活动，多层次、多角度、多形式地传播大运河文化，向公众讲好大运河历史故事，展现运河文化魅力。

（作者简介：王欢，中国旅游研究院文化旅游研究基地研究员；杨雨晴，中国旅游研究院文化旅游研究基地研究助理）

市场篇

第九章　康养旅游发展分析与展望

刘海汀

康养旅游作为一种新兴的旅游类型，不仅承接了国家对于满足人民日益增长的美好生活需求的愿望，以及“健康中国”战略远景的实现，同时也是提升我国国民健康指数和幸福感的有效途径。由丁香园旗下丁香医生数据研究院发布的《2021国民健康洞察报告》显示，受疫情冲击，“活着”成为大家对2020年最大的感悟，93%的人认为人生中最重要的是“身体健康”，由此可见，人们对于健康的重视程度日益加强。而作为以健康为主题的康养旅游，对于刚刚经历过疫情并迸发出极强旅游热情的人们来说，其吸引力和市场前景不言而喻。

第一节　康养旅游发展现状

（一）市场需求增长，人们健康意识不断增强

虽然新冠疫情使得全球旅游行业经历了前所未有的“寒冬时期”，并一度遏制了康养旅游迅猛发展的态势，据全球健康研究所（GWI）统计数据显示，2017—2019年，全球康养旅游业保持了8.1%的年增长率，比旅游业5.2%的年平均增长率高出近3个百分点，2019年全球康养旅游支出达到7204亿美元，康养旅行者进行了9.36亿次国际和国内健康旅行，比2017年多出1.45亿次[①]。但随着疫情影响的扩展，尤其是旅行禁令和强制居家令的发布，全球旅游业基本陷入了停滞，2020年全球康养旅游支出降至4357亿美元，旅游人次降至6.01亿次。

但另一方面，新冠疫情同时也唤醒了人们对健康问题的关注，提高了人们自我

① 全球健康研究所（GWI）对于康养旅游的定义不包括医疗旅游。

保健的意识，并加速了健康作为全球主要消费价值的地位。据国家中医药管理局发布的调查结果显示，“十三五”期间，中国公民中医药健康文化素养水平逐年提高，其中，2020 年增幅最大，达到 20.69%，较“十三五”初期增长近 8 个百分点。特别是新冠疫情发生以来，勤洗手、戴口罩、多通风、一米线等良好生活习惯耳熟能详，高频次、广覆盖的健康科普让群众对中医药有了更多认识、建立了更深的信任。同时，据国家卫健委调研发现，2020 年我国居民健康素养水平达到 23.15%，也就是 100 个人中有 23 个人掌握了基本健康知识和技能，比 2019 年提升 3.98 个百分点，增长幅度为历年最大，其中全国居民六类健康问题素养水平由高到低依次为：安全与急救素养 55.23%、科学健康观素养 50.48%、健康信息素养 35.93%、传染病防治素养 26.77%、慢性病防治素养 26.73% 和基本医疗素养 23.44%。

在大多数人居家避疫，无法随心所欲进行旅游的这段时期内，慢性疾病预防、自我保健、心理健康以及环境和社会意识在消费者心中都得到了提升，从而建立了对健康体验的压抑性需求。随着疫情影响的减弱以及旅游活动的强劲复苏，预计会有更多的消费者具有健康意识，并将健康作为旅游的优先事项，他们愿意花费更多的金钱和时间，去尝试康养旅游这种新的旅行模式，并逐步增加康养旅行在所有旅游中所占的比例。全球健康研究所（GWI）预计未来五年，全球健康经济将以每年 9.9% 的强劲速度增长，增长率会明显高于全球经济增长预期（国际货币基金组织预测为 7.3%），其中康养旅游 2020 年支出降幅（-39.5%）就略小于旅游业整体支出的降幅（-43.0%），预计 2020—2025 年康养旅游年均增长率会达到 20.9%，2025 年全球康养旅游支出为 11276 亿美元。

（二）政策红利不断，“康养 +”带动业态的多元化

自“健康中国”战略实施以来，国家不断颁布相关政策支持和推动康养旅游产业的发展壮大。2020 年恰逢我国“十四五”规划的起始年，为了应对新冠疫情给康养旅游发展带来的困境，无论是国家层面还是各省、市、县等，都纷纷出台各类政策，试图从业态融合、项目建设、产品设计、技术支持以及人才培养等多方面促进康养旅游的发展。

国家层面结合乡村振兴、生态环保、冬奥会、建党 100 周年、国家公园建设等大政方针和工作热点，全方位、多角度地倡导和支持康养旅游的发展。例如

《“十四五”支持革命老区巩固拓展脱贫攻坚成果衔接推进乡村振兴实施方案》，指出要因地制宜发展乡村旅游、生态旅游、康养旅游、休闲农业等新产业新业态，推进红色旅游与旅游多业态融合发展，创建红色旅游融合发展示范区。《滑雪旅游度假地等级划分》（LB/T 083—2021）将滑雪旅游度假地定义为具有良好的滑雪场地资源，满足滑雪场所开发条件，能够满足游客以滑雪运动为主，兼具山地运动、户外运动、康养度假、休闲娱乐等旅游需求的度假设施和服务功能集聚区。国家颁布的康养旅游相关政策文件如表 9-1 所示。

表 9-1　国家颁布的康养旅游相关政策

发布机构	文件名称	发布时间	涉及康养旅游的主要内容
国家发改委 民政部 国家卫健委	《关于建立积极应对人口老龄化重点联系城市机制的通知》	2月	促进养老产业与教育培训、健康、体育、文化、旅游、家政等幸福产业融合发展，支持有条件的地区打造旅居养老目的地。
国务院	《关于加强草原保护修复的若干意见》	3月	充分发挥草原生态和文化功能，打造一批草原旅游景区、度假地和精品旅游线路，推动草原旅游和生态康养产业发展。
中共中央办公厅 国务院	《关于建立健全生态产品价值实现机制的意见》	4月	依托优美自然风光、历史文化遗存，引进专业设计、运营团队，在最大限度减少人为扰动前提下，打造旅游与康养休闲融合发展的生态旅游开发模式。
国家乡村振兴局	《社会资本投资农业农村指引（2021 年）》	5月	鼓励社会资本发展休闲农业、乡村旅游、餐饮民宿、创意农业、农耕体验、康养基地等产业，充分发掘农业农村生态、文化等各类资源优势，打造一批设施完备、功能多样、服务规范的乡村休闲旅游目的地。
国务院	《国务院办公厅关于科学绿化的指导意见》	6月	采取有偿方式合理利用国有森林、草原及景观资源开展生态旅游、森林康养等，提高林草资源综合效益。
国家发改委	《“十四五”循环经济发展规划》	7月	推进种植、养殖、农产品加工、生物质能、旅游康养等循环链接，鼓励一二三产融合发展。
国家林草局 国家发改委	《“十四五”林业草原保护发展规划纲要》	8月	发展林下经济，培育森林康养、自然教育等新业态新产品。打造林草生态旅游目的地，引导各地推出特色生态旅游精品路线。

续表

发布机构	文件名称	发布时间	涉及康养旅游的主要内容
国家文化公园建设工作领导小组	《长城国家文化公园建设保护规划》	8月	借势发展长城体育运动旅游，大力推进长城山地草原避暑康养旅游。
文旅部 国家体育总局	《滑雪旅游度假地等级划分》	10月	具有良好的滑雪场地资源，满足滑雪场所开发条件，能够满足游客以滑雪运动为主，兼具山地运动、户外运动、康养度假、休闲娱乐等旅游需求的度假设施和服务功能集聚区。
国家体育总局	《"十四五"体育发展规划》	10月	推动体育与旅游、健康、养老等产业融合发展，带动村民就业创收。
中共中央办公厅 国务院	《关于进一步加强生物多样性保护的意见》	10月	鼓励原住居民参与特许经营活动，在适当区域开展自然教育、生态旅游和康养等活动。
中共中央 国务院	《成渝地区双城经济圈建设规划纲要》	10月	推动涪陵、合川、乐山、雅安、南充等发展人文休闲、度假康养，打造成渝"后花园"。
中共中央办公厅、国务院	《关于推动现代职业教育高质量发展的意见》	10月	加快建设学前、护理、康养、家政等一批人才紧缺的专业。
国家发改委	《关于加强长江经济带重要湖泊保护和治理的指导意见》	11月	推动滇池、洱海等发展湖泊旅游，创建全域旅游示范区，做强做优生态农业、生态旅游、度假康养等特色优势产业，助力推进湖区产业转型发展。
国务院	《关于鼓励和支持社会资本参与生态保护修复的意见》	11月	鼓励和支持投入循环农（林）业、生态旅游、休闲康养、自然教育、清洁能源及水资源利用、海洋生态牧场等。
国家发改委等15部门	《"十四五"支持革命老区巩固拓展脱贫攻坚成果衔接推进乡村振兴实施方案》	11月	因地制宜发展乡村旅游、生态旅游、康养旅游、休闲农业等新产业新业态。
国家乡村振兴局 中华全国工商业	《"万企兴万村"行动倾斜支持国家乡村振兴重点帮扶县专项工作方案》	12月	积极参与高效农业、优质种业、特色种植养殖、休闲康养、民俗旅游发展和园区建设。

省份方面，除华南地区的海南、广西、广东以及西南地区的四川、贵州、云南等传统康养强省以外，华北、东北、华中等地区也相继开始借国家战略东风，并依托本地的自然条件和产业优势制定了康养旅游相关的政策文件，内容涉及森林康

养、医疗康养、气候康养、体育康养、温泉康养、中医药康养、文化康养、旅居养老等多种康养旅游业态。

例如，西藏从本地户外运动天堂优势出发，大力推进康养＋体育牌，打造“一中心两基地＋林芝户外”运动基地。青海省则主打康养＋生态牌，计划打造高原湖泊、盐湖风光、草原花海、雅丹地貌、冰川雪山等一批国家级生态旅游目的地，并建设高原森林康养基地以及青藏高原中藏药康养中心。山西省则充分挖掘本省丰富的文化资源，主推康养＋文化牌，重点打造（五台山—忻州）国际文化康养旅游目的地、（大同—云冈石窟）国际文化康养旅目的地、（平遥古城—乔家大院）晋中国际文化旅游目的地。

甘肃省目前全省标准化中药材种植面积达到200万亩以上，标准化种植率超过43%，中药材静态仓储能力达到100万吨，并建立了5个中医药产业园区，5个中药材交易市场和10个产地市场。借助丰富的中药材资源条件，甘肃省打出来“中医药＋康养”牌，计划打造国家级中医药康养旅游创新示范区，将陇南山地、庆阳周祖陵、平凉崆峒山等重点景区开发成为具有传统中医药文化、观赏中医药景观、参与中医药活动、开展中医药调理疗养服务等功能的健康产业体系，并借助中国（甘肃）中医药产业博览会、李氏故里中医药文化旅游节以及渭水文化康养节等节事活动大力推动甘肃中医药产业的发展，推广甘肃中医药康养形象的传播。

福建省作为我国著名革命老区，积淀形成了众多革命文物资源，借中国共产党成立一百周年之际，福建省重点推进老区苏区旅游景区和康养产业项目，打出了“康养＋红色”牌。例如，拥有17家A级红色旅游景区和14家全国红色旅游经典名录景点的龙岩市，持续打响“红色圣地·养生龙岩”品牌，全市2021年一季度文旅康养产值287.05亿元，同比去年增长99.46%。而承载了我国革命时期无数红色记忆的山东省也发布了以“红耀齐鲁·颐养身心”为主题的“红色＋康养”健身线路13条。

相对落后的“绿水青山”地区往往拥有较丰富的农业资源、文化资源、康养资源、绿色资源等，若想实现乡村振兴，首要的就是产业兴旺，让农民通过产业增值获得经济收益，而推动农业与乡村旅游、康养等产业融合发展，“康养＋农业”模式正是促进脱贫地区乡村产业多元化发展的明智之举。例如四川广元市朝天区曾家山在广元市建设“康养之都”战略规划下，大力发展生态康养旅游，累计培育民宿237家，床位6400余个，共提供就业岗位4000余个，岗位月收入在2500元以上。

此外，还拉动了土特产品消费，每年该区直接消费和销售土特产达 1.6 亿元，带动全区 4900 余农户增收。湖南省安化县通过发挥自身黑茶资源优势，聚焦黑茶产业，融入黑茶文化，以黑茶为轴心，积极倡导以“美茶颜、品茶点、走茶道、游茶园、食茶宴、赏茶戏、宿茶庄、忆茶事”为内容的全天候健康茶生活方式，形成了“茶为基础，旅为融合，文为内涵，康为延伸”的“茶旅文康”融合发展模式，截至 2020 年，安化黑茶综合产值达到 230 亿元，助力 10 万人脱贫。

（三）气候康养火爆，避暑、暖冬备受青睐

气候康养是指利用由海拔、气温、湿度、日照、空气质量等因素作用下，形成的使人体感觉舒适或者刺激的气候条件，以帮助人们消除疲劳、矫治疾病、增强体质、调节心理，这也是我国开展较早的康养旅游模式。而疫情期间的长时间居家使得许多人发现，大自然对人们的身心健康具有无可比拟的疗愈和滋养作用，当出行限制放宽之后，人们便迫不及待地走出家门，走进大自然，并产生了一种“久在樊笼里，复得返自然”的舒爽和自在，各地纷纷依托当地的气候优势和自然资源禀赋开发一系列的气候康养旅游产品，享暖阳、泡温泉、醉森林、深呼吸，暖冬和避暑一度成为 2021 年康养游的爆点。

例如：海南的“健康游欢乐购・冬日暖阳享康养”，推出海南康养旅游五大主题精品线路，包括“轻奢医养—中医药轻医疗康养之旅”“律动时光—运动康养之旅”“漫调滨海—滨海度假康养之旅”“海岛‘森’呼吸—雨林康养之旅”“暖冬泉涌—温泉康养之旅”。贵州为提高冬季旅游吸引力，策划推出了“2021 年贵州温泉度假旅游季”“贵南”冬季阳光休闲旅游带、黔西南州“温暖阳光伴你游”“养心怡情游”等旅游产品。四川省围绕本省冰雪温泉、阳光康养等资源优势，推出西岭雪山、四姑娘山攀冰运动场等 10 个冰雪运动场，古尔沟温泉旅游度假区等 10 个温泉度假区，西昌邛海国际度假区等 5 个阳光康养度假区，以及大九寨冰雪观光精品旅游线等 10 条冬游精品线路，并继续推动攀枝花市成为成渝地区阳光康养度假旅游“后花园”、国际阳光康养旅游目的地建设，营销“冬日暖阳”。

山西提出了“康养山西，夏养山西”的宣传口号，特别是作为太行山最绿的城市晋城市，气候温和，年平均气温为 12℃，旅游舒适期长达 7 个月，且全市森林覆盖率超过 42%，城市绿化覆盖率 45.8%，城市绿地率 43.2%，负氧离子浓郁，非常

适合开展森林康养旅游以避开酷暑，目前，晋城康养客源目标市场除了本省外，主要市场是来自中原城市群。安徽则公布了首批“安徽避暑旅游休闲目的地”，包括黄山风景区、岳西县石关乡、黄山市黄山区翡翠谷景区、霍山县太阳乡、石台县牯牛降景区、休宁县齐云山风景区、广德市笄山竹海景区、滁州市琅琊山风景区、芜湖市繁昌区马仁奇峰景区、含山县褒禅山景区等。

吉林积极培育低温养生文化，利用吉林独有的“温润清爽，舒适度高”的气候资源和靠近俄、朝、日、韩等东北亚国家的区位优势，以一山带三江，全力打造长白山世界级山地避暑基营式旅游目的地，松花江、图们江和鸭绿江“三江避暑休闲带”，以及“东北亚异域风情避暑旅游带”，构建山水清奇、森林清谧、田园清馨、文化清醇、生活清逸、舌尖清香的“六清”产品体系，打响“清爽吉林·22℃的夏天”的国家避暑中心品牌。

（四）助力北京冬奥会，运动康养成为热点

体育运动是人们最古老、最原始的自主性康养活动，现代体育运动类型多样，包括户外徒步、骑行、垂钓、登山、滑翔伞、皮划艇、高尔夫、滑雪、马拉松、瑜伽、冥想等，经常参加体育锻炼不仅可以增强人们的体质，减少患病机会，还可以缓解压力，陶冶情操，保持积极健康的心态，使人积极向上。全球健康研究所追踪的 11 个健康经济行业中，体育活动是最大的行业之一，在规模上排名第三（仅次于个人护理和健康饮食），全球近 92% 的体育活动支出发生在亚太、北美和欧洲，而美国和中国是世界上最大的体育运动市场，两国合计占体育运动总支出的 45%。

据《中国冰雪旅游发展报告 2021》显示，虽然受疫情影响，2019—2020 年雪季我国冰雪旅游人数仅有 0.94 亿人次，同比上一雪季减少约 1.3 亿人次，冰雪旅游收入同比损失约 2400 亿元，但 2021 冬奥会的举办以及《“十四五”体育发展规划》《冰雪旅游发展行动计划（2021—2023 年）》等一系列国家政策的支持，又一次激发了人们参加冰雪运动，进行体育康养的热情。报告显示有 55% 的消费调查者有意愿进行长距离的冰雪旅游，有 82% 的游客有意愿进行短途冰雪休闲旅游，火爆的冰雪旅游点燃了寒冬，“冷资源”变成“热经济”。

依据国家建立 3~5 个“带动三亿人参与冰雪运动”的省级和地市级示范区的发展规划，河北省和北京市以冰雪运动和冬奥场馆赛后利用为重要依托，联合打

造“京张全季体育旅游嘉年华”，推出了“四季八线嗨玩京张”体育旅游主题线路，8 条线路以北京 2022 年冬奥会和冬残奥会“延庆赛区”“张家口赛区”为核心，串联起京张两地 49 个体育旅游目的地，涵盖森林拓展、山地运动、极限运动、低空运动、自驾露营、冰雪运动等适合四季体验的体育旅游项目。同时对冬奥遗产进行合理的使用，改造张家口奥运村，打造高端旅居社区、休闲娱乐综合服务中心和康养基地，并借助冬奥会建筑场馆举办跨全年、多项目、分站式、积分制的体育赛事和体育健身休闲活动，使之成为集专业训练、赛事承办、体育休闲、论坛展会、文化体验、康养旅居等功能为一体的产业项目。吉林省致力于打造滑雪运动、温泉养生、冬捕渔猎、地域特色文化等独具“吉林符号”的特色旅游产品，将吉林省建设成为冰雪产业大省、冰雪旅游强省、世界级冰雪旅游目的地。辽宁省大力推动温泉康养与冰雪产业融合发展，建设高品质冰雪休闲度假小镇、冰雪温泉度假区和冰雪运动文旅产业带。

除北方各省外，南方地区也积极地加入到冰雪运动康养发展建设中来。四川发布“迎冬奥 · 游四川”冬季旅游系列活动及惠民措施，围绕四川历史人文、滑雪攀冰、温泉康养、阳光康养、节庆活动、冬季美景美食等文旅优势资源，共发布大九寨冰雪观光，大峨眉世界遗产温泉暖冬，大香格里拉冰雪观光，大贡嘎雪山温泉度假，大竹海温泉文化养生，大蜀道年俗温泉文化，茶马古道冬游 317、318 文化体验、攀西阳光康养度假，阳光花城 · 康养圣地，金川河谷大东女国阳光度假 10 条冬游精品线路。贵州省推出“南方滑雪季”活动，围绕冰雪旅游和温泉旅游，推出一系列体旅、康旅结合的旅游产品，策划了冬季旅游滑雪季宣传营销系列活动，持续宣传推广“南国冰雪城”旅游品牌。

（五）康养旅游区域合作初现端倪

随着我国康养旅游产业的不断发展，为了应对康养旅游市场的竞争激烈化，一些省市开始借助地理相近的区位条件，在政府的主导下开始进行区域旅游协作，突出各地优势，打造差异化、互补化、特色化的康养旅游产品，以期实现康养旅游资源的整合、政策的互惠、信息的互通、市场的共建、客源的互送以及利益的共赢。例如，2020 年以来，重庆、四川就开始联手打造“巴山蜀水”生态康养旅游产业集群，2021 年 10 月中共中央、国务院印发《成渝地区双城经济圈建设规划纲要》，提出推动涪陵、合川、乐山、雅安、南充等发展人文休闲、度假康养，打造成渝“后花园”，重庆和四川省文化和旅游部门以“川渝一家亲，巴蜀千古情”为主题，进一步推动“成渝地·巴蜀情”品牌培育工程，推出壮美长江·诗画三峡、山水·魔幻之都、世界遗产之旅、川渝美食之旅、温泉康养、国宝熊猫等主题旅游线路和产品。海南与山西、黑龙江等省份达成养老服务和旅居养老、医养康养产业战略合作意向，探索建立与外省的养老服务人才培养、交流、合作机制和养老护理员省际输出机制。广西壮族自治区则在粤桂合作战略框架下，不断吸引更多广东地区的大健康领军企业、文化和旅游知名企业和战略投资者到广西投资兴业，广西已成为投资开发大健康及文化和旅游业的热土与粤港澳大湾区游客康养福地。2021 年 6 月在宁夏举办的“大西北文旅高峰会”也倡议西北五省区结合高铁、飞机、自驾“多轮驱动”模式，深化产品线路连通，构建旅游大环线，共同致力主题游、精品游、深度游以及旅居、康养、探秘、研学、文创等系列产品的开发，实现大西北旅游产品线路的整体性提升。

第二节　康养旅游发展存在的问题

（一）康养质量参差不齐，重养身而轻养心

正如前文所述，养生从低级到高级依次为生理养生、心理养生和哲理养生，而当前我国流行的康养旅游活动，无论是气候康养、生态康养、运动康养、温泉康养、医疗康养、美容康养、膳食康养、雨林康养、森林康养等，多数还集中于养身层次，即借助目的地优异的环境资源、先进的技术条件以及丰富多彩的活动项目组合来改善当前人们普遍存在的亚健康状况，一些所谓的康养旅游在某种程度上可以说是过去观光旅游的异化，甚至存在许多“挂着羊头卖狗肉”的情况，遍地开花却又设计粗放，并没有实现真正意义上的康养旅游体系，在相关产品的规划设计以及目标市场细分方面仍具有较大的提升空间。

实际上除了亚健康问题之外，不健康的精神状态已成为当今世界非常严重的公共健康危机。《柳叶刀》中多篇研究指出，精神疾病的严重性被低估了，精神疾病其实是全球总体发病率及残疾问题增长的主要原因，根据因残疾、疾病和早亡导致

的寿命损失年来计算，精神疾病与心血管和循环系统疾病严重性相当。2020 年的《全球幸福报告》称，在过去十年里，许多国家的幸福感在下降，而悲伤、担忧和愤怒感却持续上升。而在我国，据中国科学院心理研究所科研团队编制的《中国国民心理健康发展报告（2019~2020）》显示，2020 年我国国民心理健康状况的地区差异仍然显著，东部地区显著优于其他地区，城市户籍人口显著优于农村户籍人口，低收入、低学历、无业与失业人群的心理问题更为突出。与 2008 年全国心理健康状况调查比较，发现依据中国心理健康量表，除认知效能以外的情绪体验、自我认知、人际交往、适应能力的四个维度均有所下降。而 2020 年调查样本的生活满意度除物质生活质量外的工作、家庭生活、身体健康、精神生活、生活压力均有所下降。因此，当前我们更需要的是心灵层面的慰藉乃至思想层面的升华。

全球有许多专注于精神康养的旅游产品，如位于澳大利亚拜伦湾的瑜伽疗养所（Byron Bay Yoga Retreats），会向游客提供为期 5 天的产品，包含瑜伽，普拉提，冥想、冲浪、选择性自然疗法，灵气治疗，心灵对话和启迪等。意大利翁布里亚的埃雷米托酒店，位于面积约 7000 英亩的自然保护区内，原本是一所 14 世纪的修道院，倡导的是安静、冥想和发现自我，这里只有 14 个单间，没有手机信号和 Wi-Fi，完全的隐修生活，游客可以参加冥想、瑜伽、徒步、阅读等活动。而作为拥有着丰富且深厚的养生哲学理念的中国，理应在康养活动中注入文化灵魂，帮助游客在拥有强健的体魄之外，树立积极乐观的人生态度，培育健康成熟的心灵状态。

（二）业态多元化发展凸显管理体制的不足

近几年，中国的康养旅游产业的快速发展，虽然取得了巨大的成绩，但也暴露出了许多短板，特别是康养旅游强大的延伸性使得其与多种经济和旅游业态相互交织，面对康养旅游持续多元化发展的态势，例如气候康养、生态康养、森林康养、温泉康养、运动康养、医疗康养、旅居康养等，更加凸显了其在管理方面的复杂性和困难性。行业管理方面既没有权责分明、高效统一的机构管理，也缺乏规范化的且影响力大的行业协会助力，这些都造成了我国康养旅游市场投资的盲目性、开发的不合理性以及资源的浪费性，相关产品质量良莠不齐，从业人员服务意识和专业化水准不高，夸大宣传甚至欺诈顾客现象频有发生，康养旅游游客的合法利益无法得到及时、公平和有效的保障。

如何完善和确立不同康养产业的法律地位，对种类繁多的康养产业进行清晰的界定，从而明确和保障康养旅游从业者和消费者的主体责任以及合法权益？如何健全不同康养产业的政策支持体系，完善与其发展相配套的用地政策、税费扶持政策、投资金融政策、基础设施建设政策、技术创新和激励政策、线上线下营销政策等？如何进行不同康养产业的标准化建设，建立政府主导制定与市场自主制定、协同发展与协调配套的标准体系？如何协调不同政府部门以及行业协会对相关康养产业进行科学和有效的管理？如何规范不同康养产业的规划和建设、服务与运营维护以及特色评价体系建设？如何证实和评价不同康养活动效果的科学性和有效性，从而有针对性地进行目标市场的细分和营销？如何平衡资源利用与生态保护之间的矛盾，特别是空间利用问题？如何进行康养复合型人才和专业性人才的职业技能培训、资格认证、待遇保障等？这些都是值得康养产业研究者和参与者深度思考的问题，它们的解决必然会对推进健康中国建设、促进国内经济大循环、缓解国内医疗保健和养老压力、提升国民身体素质和生活幸福感有着巨大的促进作用。

（三）康养旅游全产业链条尚未完善

当计划旅行时，我们期待的是从日常生活中得到休息和放松，并拥有一些全新的体验。但对于许多人来说，实际情况是从我们离开家门的那一刻起，就意味着陷入了一个新的压力怪圈：长时间的机场安检线、航班延误和交通麻烦，时差和睡眠质量的降低，不健康的餐馆食物和酗酒，以及过度拥挤的景点等，常常使我们在旅行归来时，通常觉得需要再休一次假才能恢复精力。许多研究发现，频繁和大规模的旅行与许多身体和行为健康风险因素有关，包括肥胖、高血压、缺乏体育锻炼、吸烟、酗酒、睡眠困难、焦虑和抑郁。因此我们需要康养旅游，但又不应该仅仅限制在康养旅游目的地，而是在你出发之时，就已经开始进入康养旅游庞大的全产业链条。

旅游业是一个复合型的产业，与保险、传媒、旅行社、交通、餐饮、住宿、娱乐、环保等产业密切相关，它们之间相互制约和影响，纵横交错形成了一个庞大的旅游产业网络，康养旅游也是如此，需要相关产业的支持和推动。国外康养旅游的合作发展体现在两个方面：一是纵向延伸，即为康养游客提供全旅途的健康服务，包括出发前的社区健康咨询和网络产品推介，旅途中机场和车站的康养服务，目的地的健康主题酒店、丰富的康养产品组合以及回家后依然可以遵循的健康生活小贴士和顾客信息反馈等；二是横向合作，即通过不同产业和区域间的合作形成集聚效应，进而建立综合型的康养旅游品牌。但目前我国康养旅游发展更多的是“各扫自家门前雪”，对于其他环节的健康要素配置和联系考虑相对欠缺，康养旅游的发展呈现“弱、小和分散”的特点。

（四）康养市场持续升温，但专业人才较为匮乏

人才匮乏一直是制约我国康养旅游可持续发展的重要原因。康养旅游自身多元化、个性化、复合化以及技术化的特点决定了康养旅游人才的复合性和多样性，康养旅游的发展既需要能够精准把握业界发展动态和热点，有着较高水平的康养理论知识，并善于进行资源整合、景点规划和管理，以及产品设计和营销的高层次人才，更需要掌握专业的康养知识和技能，服务意识强的一线员工。但目前我国康养旅游行业的管理者多来自房地产、旅游业、医疗业等行业，一线员工更是多来自下岗职工和农村务工人员，并没有经过任何专业性的技能培训，呈现出年龄大、文化低、工资低以及社会地位低的行业现状。

虽然学界和业界已经开始注意到人才匮乏问题的严峻性，并出台一系列的政策文件加大对康养产业人才的支持力度，比如人社部等五部门联合发布《关于实施康养职业技能培训计划的通知》，指出健康照护、养老护理、家政服务、婴幼儿照护等康养服务从业人员职业素质和工作质量，直接关系人民群众日常生活和切身利益，计划在全国建成 10 个以上国家级（康养）高技能人才培训基地。2021 年 12 月确立了江苏省常州技师学院、杭州第一技师学院、河南医药健康技师学院、云南技师学院和商洛市康养技能人才公共培训中心（商洛市技工学校）5 家单位为国家级（康养）高技能人才培训基地。北京、广西、四川、浙江、云南、江苏等省份也纷纷响应，提出了本省份康养职业人才培训计划。但关于康养职业人才的培训毕竟才刚刚起步，且相关政策多集中于养老康复、家政服务和婴幼儿护理，根本无法满足康养旅游业发展的人才需要。

第三节　康养旅游发展展望

（一）倡导健康生活理念，推动康养旅游常规化

在过去50年里，非传染性疾病（包括心脏病、中风、癌症、糖尿病、慢性肺病等）已取代传染病成为全球主要死亡原因，非传染性疾病是未来全球卫生面临的最大挑战之一。国家卫健委组织中国疾控中心、国家癌症中心、国家心血管病中心在2015—2019年开展了中国居民慢性病与营养监测，覆盖31个省份近6亿人口，现场调查超60万人，根据监测结果编写形成的《中国居民营养与慢性病状况报告（2020年）》显示，居民高脂肪、多盐、多糖等生活方式仍然普遍存在，超重肥胖问题不断凸显，慢性病患病和发病仍呈上升趋势等，而因慢性病死亡的比例将会持续增加。2019年，我国因慢性病导致的死亡占总死亡88.5%，其中心脑血管病、癌症、慢性呼吸系统疾病死亡比例为80.7%。上述至少80%的心脏病、中风和2型糖尿病，以及40%的癌症，是可以通过解决关键的风险因素来预防的。

康养旅游的蓬勃发展与其国民普遍具有较高的健康意识密切相关，离不开政府的倡导和推动。以美国为例，自美国医学历史学家西格里斯特于1945年提出健康促进的概念以来，加强和提升国民健康教育和意识就成为美国政府的重要施政方针。1948年联邦安全局发表了《国民健康》，1971年设立了健康教育总统委员会，1974年美国国会通过的《国家健康教育规划和资源法案》明确规定健康教育是国家优先项目之一，以及1979年的全国性健康计划“健康人民”，都极大地提升了美国国民的健康意识和康养旅游意愿。因此，我国发展康养旅游应加快推进健康教育体系规范化和制度化建设，让健康教育进校园、入社区，尤其要加强对青少年和老年人的养生文化教育和普及，逐步增强国民的养生保健和疾病预防意识；同时，要有针对性地推广我国优秀的养生保健知识和方法，完善和落实带薪休假政策，倡导健康文明生活，促使康养旅游成为人们健康生活方式的重要组成部分，进而拉动我国康养旅游和服务的市场内需。

（二）提升康养旅游产品文化特色，倡导全旅程康养

近年来，康养游客对产品文化性和真实性的兴趣持续上升。真实性是指根植于当地文化、传统、历史或自然环境中的东西，目的地真实的健康生活场景和富有本土文化气息的康养产品会让游客们着迷。比如，许多游客来到具有“瑜伽之都”美誉的印度迈索尔，希望直接从其创造者的家庭接受指导，就是因为印度是瑜伽的起源地，游客们认为在那里体验到的瑜伽比在西方练习得更加真实。而目前我国的康养产业还停留在利用优异的环境资源（美丽的自然风光、宜人的气候、清洁的空气和水等）给游客带来短暂性健康效益的初级阶段，并没有触及康养旅游的核心，即通过嵌入本土特色的、真实的文化来增加康养产品的附加值和独特性，从而提高康养游客的体验兴趣和质量。因此，我国发展康养旅游不仅要注重气候、森林、生物、海洋、山岳等自然资源，更要将当地的民俗、宗教、医药、饮食、体育等本土文化资源巧妙地融入产品中，因地制宜，明确资源特色和文化主题，养身、养心和养神并举，提高康养旅游产品的知识性、趣味性和真实性。同时，注重与医疗机构、中医院校、保险公司、OTA 企业、交通、酒店、景区、旅行社等一切有助于养生旅游发展的组织和产业进行合作，完善康养旅游产业链，将健康主题扩展到康养旅游行程中的每一个环节，使游客享受全旅程式的高质量的健康服务，并鼓励和帮助游客将旅游期间的健康知识、良好作息、个人感悟等带入日常生活中，以促进实现个人持续性的成长及幸福感的不断提升。

（三）加强康养旅游市场规范化管理和服务质量

国际康养旅游发展一般采取政府主导、市场引导和行业自律的管理模式。比如，澳大利亚康养旅游的发展由资源、能源和旅游部与卫生和老年保健部等政府部门以及澳洲旅游出口委员会、澳洲水疗协会等行业组织共同管理，质量标准方面多遵循行业领导协会制定的服务标准。但是，康养旅游产品种类繁多，有些产品仅在个别地区和国家得到承认，无法制定国际统一的质量标准。鉴于此，许多国家制定了符合本国产品特色的认定标准，如印度政府对于韦达养生服务的医师资格、治疗水平、治疗过程、药品标签、治疗环境等有清晰且严格的标准，并授予达到标准的韦达养生中心橄榄叶图形标志；而对那些具有特殊价值的（如独特的建筑景观、舒适的休

憩空间、精美的草药花园）韦达养生中心，会授予更高等级的绿叶图形标志。

我国可从 5 个方面加强康养旅游的规范化管理和服务提升。第一，尽快成立国家级的康养旅游管理机构，统筹协调，科学规划，加快推动健康服务业与旅游业融合发展，积极发挥康养旅游的健康服务功能，使之成为我国传统医疗社保外的第二大健康服务市场。第二，对繁杂的康养产品进行科学的分类，综合考虑国际康养品牌的质量标准和我国康养产品的特点，制定切实可行的行业标准，从环境质量、场地规范、设施配置、产品内容和功效、费用标准、市场营销等方面进行保障。第三，加强康养服务从业人员的资格审查和业务培训，进一步细化康养旅游服务人员的工种，如公共营养师、康复治疗师、心理咨询师、养老护理师以及其他小众化的康养资质认证，提升其职业技能和服务质量。第四，鼓励组建相应的康养旅游行业协会，充分发挥其咨询、沟通、监督和协调的纽带作用，多方协同，形成合力，共同促进康养旅游业可持续发展。第五，依法妥善处理康养旅游的相关纠纷，营造法治化、国际化和便利化的康养旅游发展环境。

（四）依托国家健康战略，体现公共性原则

康养旅游的发展不仅服务于康养游客的多样化需求，致力于让所有国民都享受康养旅游带来的健康和快乐，更与当地环境和文脉完美融合，提升目的地居民的生活品质和幸福感，实现社会、经济、文化可持续发展。康养旅游不仅限于酒店、度假村等狭隘的养生场所，一个充满微笑和欢乐、人民安居乐业的社会环境，或许更有助于游客幸福感的提升。因此，我国应借助健康中国战略规划的契机，将康养旅游发展与目的地环境卫生整治、医保体系完善、公共健康设施建设以及传统养生技艺传承等相结合，努力实现“共建共享、全民健康”的战略主题。要特别关注青少年、妇女、老年人、残疾人和低收入群体的健康状况，充分考虑他们对康养旅游产品和服务的个性化需求。例如，针对青少年的康养旅游产品要以健康教育和运动为主，旨在通过康养旅游帮助他们树立积极的价值观念、学习正确的养生方法、养成健康的生活习惯；针对老年人的康养旅游产品要考虑行程的宽松和安全的保障，旨在通过康养旅游帮助他们缓解身体的病痛，排解心灵的孤寂。要积极发展经济型、惠民型养生旅游产品，实现康养服务进社区，依托医疗机构建立建设统一权威、互联互通的全民健康信息平台，实现健康数据的有效归集与管理，并为居民提供实时

的生理和心理健康测评、专业的康养活动指导和便捷的康养旅游资讯等，让更多人参与康养旅游。

（五）加深区域合作，提升康养品牌影响力

康养旅游的发展壮大需要进行合作，一方面，在产业内部进行联合和集团化，许多中小型康养服务企业出于降低经营成本、拓宽销售渠道、提升企业价值和形象、获取规模经济效益等考虑，相互之间签订合作协议，组成了具有竞争力的战略联盟或虚拟组织。如创办于 1991 年的世界水疗协会，其成员遍布全球 70 多个国家，是世界上最为知名和权威的 SPA（水疗）联盟。另一方面，通过外部合作打造康养旅游品牌，一些国家尤其是欧洲国家利用地理和文化上的相近性，建立区域康养旅游品牌。如奥地利、瑞士、意大利和德国自 2003 年开始联合打造的世匹克高山疗养度假酒店（Alpine Wellness），已成为集高山疗养、休闲观光、运动娱乐和文化体验于一体的国际知名综合性康养旅游目的地。

我国发展康养旅游一方面要鼓励各省、市进行资源共享和整合，实现优势互补，打造康养旅游共同体。有条件的地方可依托自身地理优势和资源优势，如丝绸之路经济带、中国—东盟自由贸易区以及佛教八宗祖庭、道教洞天福地等，积极开展跨区域、跨国家的康养旅游合作。另一方面要充分考虑到文化的差异性，尤其是中西方文化的差异性，因为我国许多康养旅游产品，如针灸、拔火罐、太极拳、八段锦等有别于西方医学的常规性治疗，这些非常规性疗法在保持和促进健康尤其是心理健康方面卓有成效，这种神秘感和神奇性吸引了众多游客，但也有许多消费者对这些非传统治疗的合理性和安全性提出质疑，不利于我国国际康养旅游目的地的品牌传播。今后，一是要加强这些传统康养方式的数据积累和临床试验，为其发挥养生功效提供坚实的科学依据；二是要综合利用广播、电视、报纸、移动互联网、微博、微信等媒体进行立体式的精准营销，增强名人效应和口碑效益；并定期举办相关产品的会展、巡演、节庆活动和研讨会，以扩大其市场认知度和影响力；三是要规范康养产品标签解说，提高从业人员的英语表达能力，并借助旅行社和中介商进行产品推介，为国内外游客提供及时、准确、有吸引力的康养旅游信息。

（作者简介：刘海汀，中国旅游研究院文化旅游研究基地研究员）

第十章　研学旅行发展分析与展望

杨淑雅

研学旅行作为旅游业的特殊细分领域，延续和发展了传统“读万卷书，行万里路”的教育理念和人文精神，具有社会、经济等多重综合效应，在增强学生实践能力、提升素质教育水平、激发旅游市场活力等方面均具有重要作用。在保护好旅游地景观和历史氛围的前提下，研学旅行有助于深入挖掘区域旅游资源，实现旅游资源的合理利用和旅游产品的快速转型升级，是新形势下推动教育事业和文旅产业高质量发展的重要抓手之一。

第一节　研学旅行发展现状

（一）亲子游与研学旅行势头迅猛

在疫情常态化防控下，出于安全考虑和政策限制，以学校为主体的研学旅行活动停摆，而周末、假期以家长、机构为主体开展的亲子旅游和研学旅行蔚然成风，市场总体规模超千亿元，有望成为未来旅游市场的“主力军”。

《2021 暑期旅游大数据报告》显示，休闲亲子游、研学旅行已然成为暑期定制游的主力，研学类产品订单占亲子游订单高达 68%。《中国城市旅游欢乐指数百强榜》第三季度报告显示亲子出游成主流。亲子游热度由西部、西北部城市向东部、东南部城市逐渐递增，出行半径总体扩大，与人口密度、交通通达度、服务水平呈高度正相关。“双减”政策实施之后的首个国庆假期，能够带来个性化、特色化、品质化的交互式、沉浸式的亲子旅游、研学旅行需求集中释放。以亲子、家庭为主题的特色农庄、民宿、美术馆、博物馆等备受市场青睐。专项调查数据显示，43.3% 的游客选择和家人出行，亲近自然和亲子研学的比例分别为 37.2%、19.8%，分别较去年提高 4.7%、1.7%。

（二）“双减”政策助推行业新发展

随着《关于进一步减轻义务教育阶段学生作业负担和校外培训负担的意见》及其配套政策逐步落地实施，义务教育阶段学生有更多自由时间可以安排课后生活，家长对提升孩子综合素质能力的需求进一步提升，越来越多的家长更加注重孩子的旅行体验，也催生出更多具有特定主题的亲子、研学旅行产品。

学科培训用户逐渐溢出，研学市场规模进一步扩容，研学旅行与劳动教育逐渐成为素质教育领域的重要赛道之一。大量有资本、有师资、有专业课程体系的校外培训机构开始尝试转型，不断涌入泛素质教育赛道。新元素被引入研学旅行行业，加剧行业内竞争，倒逼研学旅行行业转型、提升，诞生出新的商业形态、加速多领域跨界融合。研学旅行产业链将得到进一步延伸，分工更加精细，服务更加优质。研学旅行行业或将迎来长足的发展，迈入新的发展阶段。

（三）政府企业多主体加速布局

据中国旅游研究院发布的《2021 研学旅行热门城市 &2021 研学旅行企业案例》显示，中国十大研学旅行热门城市为（排名不分前后）：北京、上海、西安、黄山、杭州、曲阜、苏州、成都、绍兴、广州。上海推出“建筑可阅读”专线巴士，打造“观光车 + 微旅游”的全新体验方式，为亲子游家庭提供漫步上海、阅读城市的研学旅行新体验。西安市作为研学旅行试点城市，已形成以红色革命遗迹、历史名胜、丝绸之路研究、秦岭文化研究、自然和野外活动体验、非物质文化考察、食品和传统小吃体验等为主题的多条研学旅行线路。黄山市将研学旅行作为深化全域旅游、推动旅游业转型升级的重要抓手，创建徽文化研学旅行实践教育基地、黄山国际陶行知研学中心，推出师生游、亲子游、体验游等研学旅行主题产品。曲阜市紧抓市场需求，深度整合三孔景区丰富的文物、文化资源，打造祭孔朝圣、修身研学、“六艺”体验、《论语》背诵、考古寻源、古建技艺等研学旅行项目，形成完备的儒家优秀传统文化研学体系，打造曲阜孔子研学旅行品牌。绍兴市依托众多名人及文化 IP，推出“走进课堂”鲁迅研学之旅、“文脉千年”唐诗之路研学之旅、“翰墨飘香”书法研学之旅、“绍酿沉醉”黄酒研学之旅等十大研学旅行经典线路，以“旅行＋教育”模式领跑全国。

北京人生远足国际教育文化发展有限公司联合北京市陈经纶中学开发实施“人生远足”校本课程，形成“教育＋文化＋旅游”的“校企共创”模式。该模式充分融合优秀文化、城市文明、科学技术、跨学科学习、劳动教育、思想品德教育等元素，着力打造研学旅行系列产品，为研学旅行课程化开发提供鲜活样本。驴妈妈旅游网主推青少年军事训练营、冰雪技能学习冬令营、西双版纳动植物主题研学、甘孜海螺沟森林公园冰川科考营研学旅行、贵州中国天眼科研基地研学等研学产品；未来计划上线更多冰雪运动、地域文化、非遗研学或冬令营、城市博物馆、海洋馆主题研学等产品。途牛亲子游产品研发工作室专注开发亲子及研学旅行产品，创建相关公众号、客户社群，针对亲子游细分领域进行客户画像分析，持续优化、设计有针对性的研学旅行产品。

（四）新业态新模式引入研学旅行

疫情期间，“云游”模式已成为人们关注旅行和体验世界的新途径，研学旅行行业也将新技术引入行业内，为研学旅行活动参与者提供无接触式服务，保障防疫安全。

四川省面向研学旅行基地和学校上线四川省研学旅行系统“智游天府”平台，下设研学预约、学生打卡、基地展示、统计分析等功能，为研学旅行基地的评定评价、服务提升、产品研发等提供专业支持；未来该系统还将用于数据分析、数据共享，发布报告，为四川研学旅行高质量发展提供有力支撑。红星智能机器人普遍运用于河北、江西、河南、广西等多个省份的纪念场馆，借助智能化交互方式组织知识擂台赛、发放电子毕业证或纪念章、微信分享成绩，为纪念场馆展开智慧研学提供智能化体验。马蜂窝旅游联合新加坡旅游局精选最受亲子游游客关注的四新加坡大标志性景点，将有趣的自然知识融入“云游学”生动有趣的景观中，共同打造新加坡线上亲子游学营，让孩子们足不出户也能玩转新加坡。学知苑国际教育科技有限公司线上线下协同作战，率先开发“空中漫研”云实践数字平台，以沉浸式情境带入，涵盖传统文化、艺术鉴赏、科学探索、法律法规、劳动教育、生涯教育、红色经典等主题内容，帮助学生实现“停课不停学，居家不停行”。

（五）红色研学旅行持续升温

红色研学、党建研学能够有效助力党史学习教育向青少年延伸，充分发挥红色教育资源的育人功能，传承红色基因、弘扬时代精神，厚植爱党、爱国、爱社会主义的情感。2021 年，教育部、国家文物局联合印发《关于充分运用革命文物资源加强新时代高校思想政治工作的意见》明确支持高校师生、社团走进革命场馆开展研学旅行，支持高校结合革命文物资源组织举办红色研学旅行活动。2021 年，国务院办公厅印发《“十四五”文物保护和科技创新规划》提出要依托革命文物资源开辟公共文化空间，发展红色旅游及红色研学旅行，打造红色经典景区和精品线路，助力乡村振兴和革命老区振兴发展。

在中国共产党成立 100 周年之际，多种形式的研学旅行活动陆续展开，培育青少年群体的家国情怀，唱响爱党爱国爱社会主义的时代主旋律。四川省开展中小学“行红色长征、悟苦难辉煌”红色研学实践活动，并推出“蒲江铜鼓村（成都战役纪念馆）—大邑建川博物馆—郫都战旗村”等 9 条研学线路。湖南省以“青春不负，强国有我”为主题开展青少年红色研学韶山行活动，以红色传承为主线串联各红色旅游景点和研学基地，呈现伟人事迹和英烈故事，打造情景交融、常学常新、寓教于行的红色研学产品。江苏省文化和旅游厅结合开展党史学习教育，统筹革命文物保护利用和红色旅游发展，挖掘红色文化资源“富矿”，造红色旅游精品，遴选发布以省内短程游为主的 20 个红色研学旅行项目。太原局集团公司聚焦红色旅游市场，主动对接地方政府、学校和相关企业，定制红色旅游线路，承接和打造红色主题教育高铁专列、“红色太行”学生号研学专列等系列产品，满足红色旅游出行需求，带动沿线革命老区经济发展。

第二节　研学旅行发展存在的问题

近年来，研学旅行市场发展速度不容小觑。但行业发展仍处于“从自发走向自觉，从小众走向大众”的初级发展阶段，行业标准、产品设计、人才培养、保障机制等方面的问题已日渐显现，“只旅不学”或“只学不旅”现象较为普遍。

（一）研学旅行行业标准不完善

国家相关部门重磅文件接连出台大力推进研学旅行，如《关于推进中小学生研学旅行的意见》《中小学德育工作指南》《中小学综合实践活动课程指导纲要》《新时代爱国主义教育实施纲要》等，宏观政策引领研学旅行行业进入快速化发展阶段，地方产业扶植政策、规范标准等文件也相继跟进。但在实践过程中，研学旅行行业标准尚不完善，如研学旅行产品设计、基（营）地管理、经费来源、资源保障体系、研学旅行评价体系等目前尚无统一标准，制约研学旅行行业发展。

（二）研学旅行产品质量良莠不齐

课程化是研学旅行产品区别于其他旅游产品的关键所在。但实际开展过程与预期目标存在较大差距，主要表现在：准入机制缺失，很多单纯以营利为目的的机构乘虚而入，扰乱研学旅行市场正常秩序；产品标准不明确，市面上的研学旅行产品在内容、形式、层次等方面参差不齐，规范化不足，出现“只旅不学”或“只学不旅”现象；因认知原因，许多经营机构误把旅游当“研学”，把普通旅游活动与“研学旅行活动”等同，研学旅行产品缺乏系统性的教育意蕴，教育价值难以体现，对中小学生相关素质的提升也不足。

（三）研学旅行专业人才队伍缺乏

研学旅行专业人才制约行业发展。学历教育方面，2019 年教育部增补设置“研学旅行管理与服务”高职专业，2020 年部分高职高专开设“研学旅行管理与服务”专业并开始招生；首都师范大学初等教育学院率先开设小学教育综合实践活动方向。但研学旅行管理与服务专业开设不过短短几年，院校虽从 2020 年的 33 所增加至 2021 年的 81 所，首届学生尚未毕业；首都师范大学小学教育综合实践活动方向招生名额较少，无法满足研学旅行市场对专业研学导师的庞大需求。

“院校 + 企业”方面，产教融合模式有序推进，“1+X”研学旅行策划与管理职业技能等级培训、企业大学已成为部分企业正在尝试的业务。此外，中国旅行协会、高校毕业生就业协会、文化和旅游部人才中心也多次举办研学旅行指导师的相关培训业务，在一定程度上丰富了研学旅行专业人才的培养渠道。但实践中，不仅研学指导师缺口巨大，研学旅行全过程多环节的专业人才也相当匮乏。而研学旅行从业者具备何种能力、从业必备证书等诸多问题也亟待厘清和研判。

（四）研学旅行保障机制有待完善

研学旅行行业保障机制有待完善，存在风险防控意识较差、行前安全教育缺失、监督与问责机制不明确、活动协调机制不具体、安全保障机制未形成系统等问题。此外，中小学生研学旅行安全问题制约研学旅行市场需求的充分释放。同时，新冠疫情常态化防控形势下，跨省研学旅行停摆，省内研学旅行活动的有序开展对研学旅行保障机制提出了新的要求，需要政府、企业、学校、家长多方共同解决。

第三节　研学旅行发展趋势

（一）宏观政策引领化

“双减”政策及其配套政策的落地实施有助于推动研学旅行行业的新发展。但纵观行业发展历程，我国研学旅行仍处于起步阶段，需要相关部门给予足够的重视，在坚持国之大者战略导向的基础上，坚持有中国特色的新时代研学旅行指导思想，从发展理论、指导思想、人才培养、产品设计、基（营）地管理、经费来源、财政支持、监督保障、风险防范等角度，进一步规范研学旅行行业发展。

（二）行业发展智慧化

研学旅行作为后疫情时代下推动教育事业和文旅产业高质量发展的重要抓手，智慧化研学正逐渐成为研学旅行的常态化形式，也是未来研学旅行发展的必然趋势。未来行业发展必将加速教育、文化、科技、旅游等领域融合，借助大数据、云计算、区块链、人工智能、元宇宙等前沿科技手段将时尚体验与研学元素融合，助推研学旅行从数字化向智能化、智慧化发展。

（三）研学场景开放化

正如叶圣陶先生所言："善读未写书，不守图书馆。天地阅览室，万物皆书卷。"从城市到乡村、从工厂到学校，都可以成为研学旅行的时空场景。只有跳脱属地小区域思维，在保护好景观的前提下，充分利用当代文化、科技和教育资源，将资源和区位优势转化为研学旅行产品和市场优势，将研学旅行参与者融入本地品质生活，才能延伸研学旅行消费产业链，提高受众黏性。杭州书房、四季美术馆等已然成为主客共享的网红阅读打卡地，同样也是研学旅行的重要内容。

（四）产品设计科学化

研学旅行产品的高质量发展离不开产品设计的科学化。研学旅行产品并不仅仅是简单的旅游资源堆砌，更侧重教育属性和课程属性。课程化贯穿于研学旅行完整链条中，是研学旅行产品区别于其他旅游产品的关键所在，也是研学旅行企业间的竞争门槛所在。研学旅行产品设计要立足于学生的全面发展，秉持教育性原则，坚持因人施策理念，注重研学情境的真实性、研学内容的综合性和思维培养的整体性，考虑地域优势、人文特点、资源基础与学校、学生、课程的适配性，开发出更具内涵、更高层次、更广维度的研学旅行产品，形成布局合理、互联互通的研学旅行网络，让学生研有所值、学有所思、旅有所乐、行有所获，达到促进学生全面发展的目的。

（五）人才培养系统化

人才战略是研学旅行行业发展的核心工程，贯穿于研学旅行产品开发设计到运营实操全过程中。未来行业发展需要多方合作，由主要行政部门制定出台研学旅行从业人员职业标准、构建研学旅行从业人员资格认证制度及人才动态评估体系；鼓励各高校开设研学旅行专业或研究方向，编制科学合理的人才培养方案，加强学生专业理论和实践能力培养；引导企业采用定期测评和日常评价相结合方式强化在职员工考核，建立健全研学导师等级晋升制度和退出机制；积极探索专业研学指导师批量培训、输出业务，跨行业人才共享模式以应对旺季研学旅行行业人力资源不足的问题，助推研学旅行人才培养的系统化。

（六）管理服务规范化

加强统筹协调工作，依托教育、旅游、公安、交通、卫生等责任主体，形成“政府、企业、学校、家长、学生”五位一体的安全保障意识和规范，构建互联互通、多维联动的研学旅行管理服务，确保研学旅行活动效果上乘、服务品质高端、组织管理规范、安全责任完整落实、文化氛围健康向上，为研学连续性开展开通绿色通道，保证研学旅行活动人身安全、财产安全、食品安全。

第四节　研学旅行典型案例

（一）城市研学:“建筑可阅读”专线巴士

以“建筑可阅读，城市微旅行”为主题的第 32 届上海旅游节，围绕经典海派城市建筑，推出一批展现海派经典、体现上海城市软实力的精品海派城市微旅游线路并开通“建筑可阅读”专线巴士，打造“观光车 + 微旅游”的全新体验方式，挖掘城市旅游新玩法、新空间、新体验，引导大家通过此种形式发现另一种层面的“诗与远方”，获得细致、深度、多元的城市旅游体验。

围绕“建筑可阅读”主题，旅游节推出“建筑可阅读”官方微信小程序和“建筑可阅读”专线巴士两大特色服务产品。官方微信小程序整合上海市经典建筑，集建筑信息、建筑导览、建筑打卡、推荐路线、周边打卡点等功能于一体，突出实用性、操作性、便捷性，打造可打破地域限制、时间限制，随时随地“阅读”建筑的云上空间。“建筑可阅读”专线巴士途经黄浦区、浦东新区、虹口区，共设五卅运动纪念碑站、外白渡桥站、城隍庙站、金陵东路码头站、东方明珠站五个站点，覆盖优秀建筑约 30 余处，为市民、游客、亲子游家庭提供漫游上海、感受上海、发现上海、阅读上海的研学旅行新体验。

（二）非遗研学：成都蜀锦织绣博物馆

为进一步焕发蜀锦、蜀绣的非物质文化遗产活力，展示优秀传统文化魅力，成都蜀锦织绣博物馆借助国家大力推动研学旅行发展的大背景，整合杜甫草堂、百花潭公园、青羊宫风景名胜区等周边资源，依托自身独特藏品体系，投资400余万元提升博物馆部分展陈系统，借助传统织造创作及展示展演场所倾力打造以近20项手工互动体验项目为主的“锦绣成都”青少年非遗研学旅行活动，包括“耳听”“眼看”“手学”三个活动板块，推动景观游与博物馆文化游无缝衔接。

“锦绣成都”青少年非遗研学旅行活动通过“旅游+文化+体验”形式，组织开展公益性展览、社教活动、学术交流等活动，吸引大量中小学生前来参观体验，进一步丰富旅游业态、加深旅游内涵、增强文化感染力，唤起非遗传承意识；在传承发展蜀锦织绣非遗文化的同时，带动文化旅游、休闲娱乐以及旅游纪念品开发、会展等相关产业发展。

（三）红色研学：南昌八一起义纪念馆

江西省南昌八一起义纪念馆利用丰富的红色教育资源，针对研学旅行的特殊性，按照“依托馆藏、教育为本、注重特色”的思路，充分挖掘文物故事，以及文物自身所承载的历史价值、文化内涵，运用陈列内容的红色文化资源打造实景课堂，设计“传唱红色音符争做红色先锋”“走进军史第一馆争当阵地小记者”“铁心跟党走总指挥贺龙”“永远的总司令红土地上的朱德”等20余门线上互动与线下教学相结合的研学旅行课程，做到有址可寻、有物可看、有史可讲、有事可说，使八一起义纪念馆成为爱国教育、国防教育、践行社会主义核心价值观的重要载体。

此外，该馆全力打造新媒体红色研学平台，依托人民军队“战疫”故事倾心录制《最美战疫声》音频节目，推出《云游八一》系列线上研学活动，极大拓宽红色研学的教育边界。同时，推出云研学代言人“小军军”，每期线上活动都会设计代言人专属动画形象，以新媒体语境讲述红色故事，赋予“云研学”独具一格的红色标签。

（作者简介：杨淑雅，中国旅游研究院文化旅游研究基地助理研究员，郑州商学院工商管理学院教师）

第十一章　节庆活动发展分析与展望

王景盼　闫莹莹

开展节庆活动不仅有利于举办地树立自身形象，提高知名度，而且是弘扬本土文化、促进当地旅游事业发展的有效手段。近年来，全国各地大量涌现各种节庆活动，但是真正能够维持长久活力并多年持续举办的为数不多。如何让节庆活动可持续、高质量地发展，并获得最大的社会效益和经济效益，是当前面临的重要问题。

第一节　节庆活动发展现状

（一）政策支持加大

2021 年，文化和旅游部、国家发展改革委等部门相继出台了一系列有利于推进节庆活动高质量发展的政策。

文化和旅游部《“十四五”文化和旅游发展规划》鼓励各地举办消费季、消费月，支持青年主播和博主开展对外文化推广，推动特色节庆展会等提质升级。文化和旅游部、国家发展改革委、财政部联合印发《关于推动公共文化服务高质量发展的意见》，明确提出要通过开展“村晚”等富有文化特色的农村节庆活动，形成具有区域影响力的乡村名片，打造节庆新民俗。文化和旅游部、国家发展改革委、国家体育总局联合印发的《冰雪旅游发展行动计划（2021—2023 年）》中指出要利用中国传统节庆文化资源，丰富节假日冰雪活动，建立以“全国大众冰雪季”等品牌活动为主线，以冰雪旅游节、冰雪文化节、冰雪嘉年华、欢乐冰雪季、冰雪马拉松等冬季旅游节庆活动为支撑的冰雪文化旅游季。文化和旅游部办公厅《关于组织开展 2021 年全国文化和旅游消费季活动的通知》中指出，国家文化和旅游消费示范城市、国家文化和旅游消费试点城市，以及其他有意愿参与的城市可以通过演出、展览、节庆展会等多种方式组织活动，活动延续时间原则上不少于 1 个月。文化和旅游部办公厅《关于开展“云游合家欢　就地过大年”——全国旅游宣传推广活动的通知》鼓励疫情低风险地区，通过当地有关部门批准举办的民俗节庆、文化活动等开展旅游宣传推广活动；支持各地文化和旅游部门、旅游机构、旅游达人、其他用户等，通过图文、短视频等多种形式参与并展现本地、本单位、个人“就地春节活动”；支持有一定粉丝基础、直播经验较为丰富的旅游账号开展直播活动；支持各平台开设活动专题页面；支持符合当地疫情防控要求的线上和线下旅游、文化活动，并给予优惠补贴等。

（二）区域集聚显著

据初步统计，全国范围内自创办至今仍持续举办（因疫情影响，只暂停举办的节庆活动仍在统计之列）的节庆活动共 862 场，如图 11-1 所示。其中，华东地区节庆活动数量最多，占总数比例为 31%；华中地区、东北地区和西南地区次之，占总数比例分别为 15%、14%、14%；西北地区、华北地区和华南地区节庆活动数量较少，占总数比例分别为 10%、8%、8%。整体来看，节庆活动数量南部多于北部，东部多于西部。河南为节庆活动最多的省份，山东次之，四川位列第三。集中现象不仅体现在分区及省域范围内，在省内也同样存在。节庆活动数量排名前 6 的城市分别是上海、宁波、深圳、成都、重庆和杭州，其中宁波、深圳、成都、杭州举办节庆活动的数量在其所属省份范围内占较高比重，分别为 31%、61%、26%、21%。省内其他城市的节庆活动数量相对较少，个别城市甚至没有，呈现出明显的空间分布不均衡现象。

2021 年各地举办节庆活动的热情高涨，新增节庆活动 178 场，如图 11-2 所示，在空间上呈“π”状分布。不难发现，节庆活动新增数量多的省份本身数量就较多，呈现“马太效应”，同时也意味着区域内的竞争日趋激烈，优胜劣汰的竞争局面不可避免，未来会有相当一部分节庆活动由于种种原因不能保留下来。

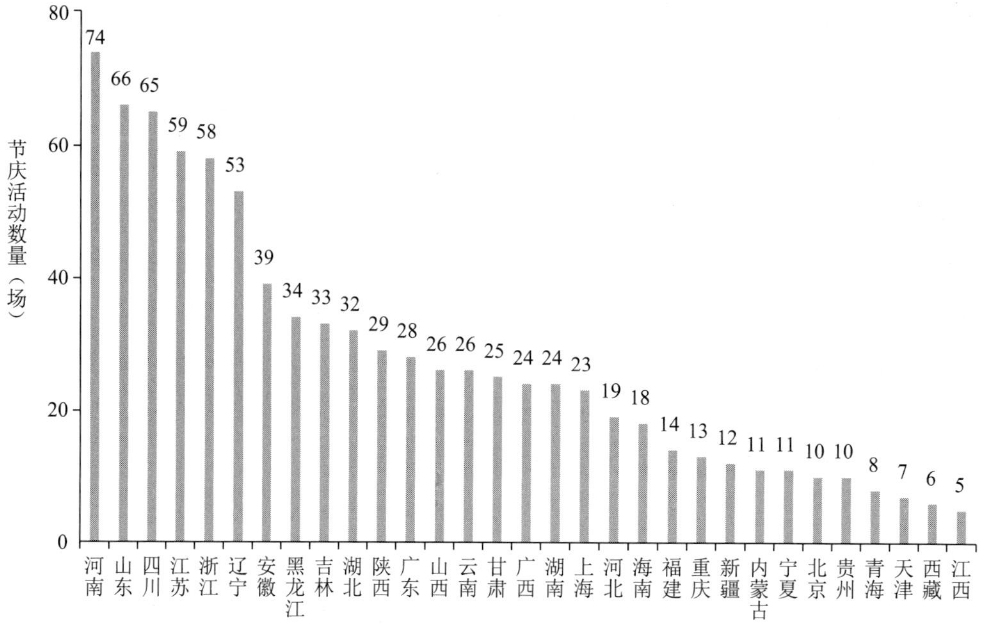

图 11-1　截至 2021 年我国节庆活动空间分布统计

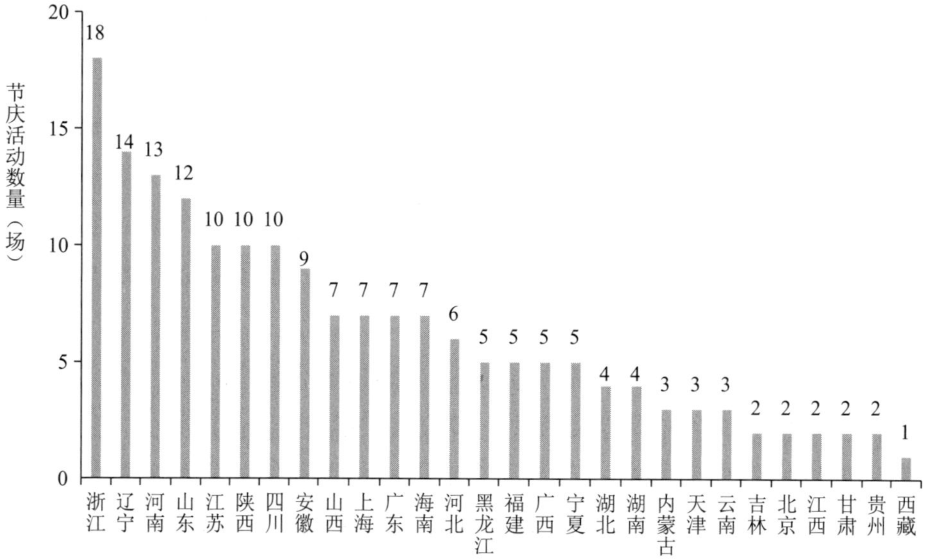

图 11-2　2021 年新增节庆活动地区分布统计

（三）举办时间集中

通过对节庆活动的举办时间进行初步统计（若举办时间跨度为两个月甚至几个月，涉及的月份均在统计之列），结果显示举办时间主要集中在10月、9月、4月和5月，如图11-3所示，即秋天和春天，是“硕果累累”和“草长莺飞”的季节。活动主题以庆祝丰收、土特产采摘及观赏花卉、树木的居多，占比分别为18.9%、16.2%。究其原因是这四个月的气候适宜，适合外出，同时有清明节、劳动节、中秋节和国庆节等假期加持，多个省市迎合市场需求和节气特征举办节庆活动。这四个月中较有影响力和代表性的节庆活动有潍坊国际风筝会、自贡国际恐龙灯会、中国·开封菊花文化节、中国宜兴国际陶瓷文化艺术节、呼和浩特昭君文化节、中国（开封）清明文化节等。此外，7月举办节庆活动的数量也较多，主要以“啤酒节”“美食节”“音乐节”“消夏避暑节”“戏水节”为主，占总数比例为24.3%，其中以青岛国际啤酒节等为代表。1月、2月、11月和12月举办的节庆活动数量相对较少，以冰雪、冬季为主题的居多，比较有代表性的有“中国·哈尔滨国际冰雪节”等。不难发现，节庆活动举办月份的时间分布特征与传统的旅游淡旺季基本吻合。

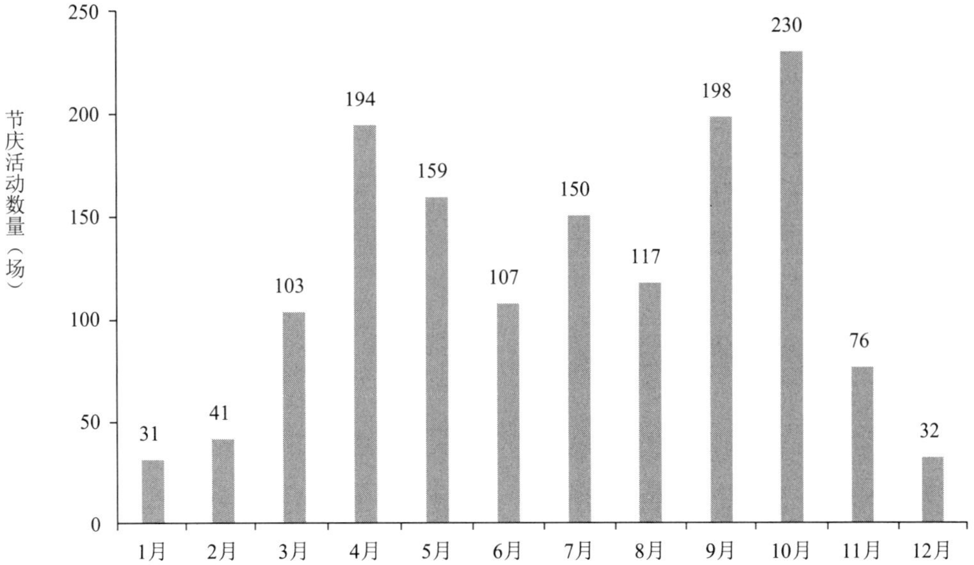

图11-3　我国节庆活动举办时间分布统计

（四）数量呈增长趋势

对目前保留下来的节庆活动创办年份进行初步统计，结果显示从 2001 年开始到目前为止，保留下来的节庆活动虽存在个别年份数量下降的情况，但整体呈增长趋势，如图 11-4 所示。其原因一方面是城乡基础设施不断完善，举办地举办节庆活动条件越来越成熟，经验越来越丰富；另一方面游客参加节庆活动的意愿越来越强烈，举办地迎合游客需求。

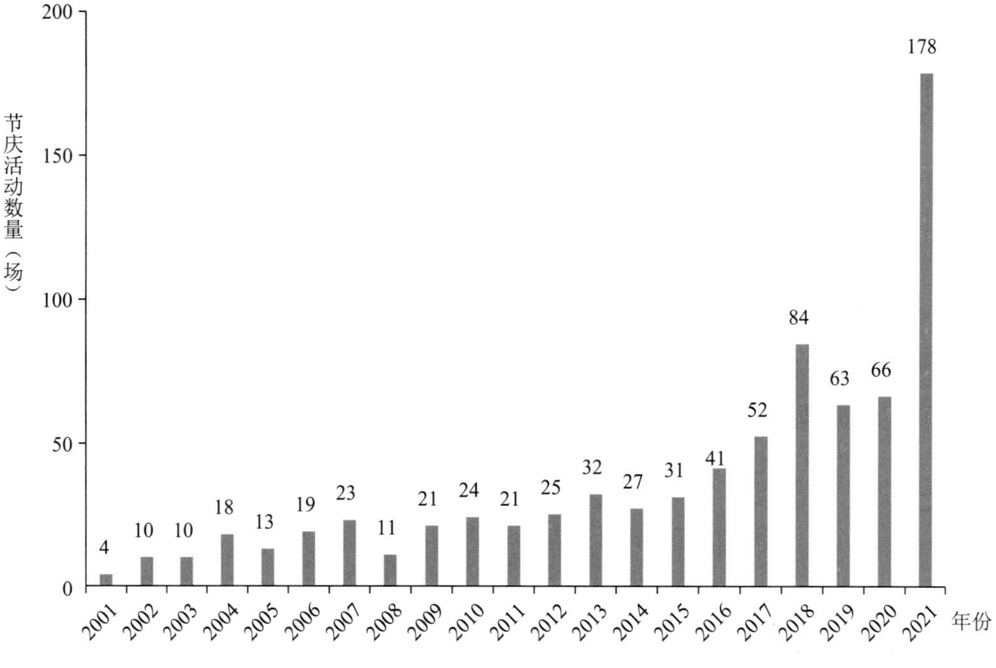

图 11-4　保留下的节庆活动创办时间统计

（五）活动内容丰富而有特色

就国内目前节庆活动举办情况来看，大部分活动内容比较丰富，游客参与度较高，营造了欢乐祥和的节日氛围。例如吉林省白山市举办的“赏醉美金秋，游大美白山”秋季文旅系列活动。活动以“赏枫、度假、惠民”为主题，时间从 2021 年 9 月 17 日持续至 10 月 16 日，围绕“白山有颜”文旅项目、“白山有戏”文艺演出、

“白山有声”音乐歌会、“白山有味”美食探店、“白山有趣”文体活动五大板块，组织文化展览、广场演出、群众体育、乡村采摘、民俗体验、文旅优惠等百余项系列活动。天津市举办的第二届天津夜生活节内容也非常丰富，节庆活动以“津夜有你”为主题，活动包括“夜购津货”“夜品津味”“夜游海河”“夜赏津曲”“夜嗨津城”“夜读津城”六大板块，涵盖艺术品鉴、新品发布、优惠折扣、灯光秀、音乐会、脱口秀等200多项活动。

2021年正值中国共产党成立100周年，许多节庆活动安排相关内容，与游客一起庆祝党的百年华诞。东莞·大岭山第四届红色文化节以“永远跟党走”为主题，组织18项60多场紧扣建党100周年主题、别具本土特色的创新活动。怀柔区第16届满族文化旅游节暨庆祝中国共产党成立100周年游园会，组织庆祝建党百年专题书画摄影展及“永远跟党走”红色经典歌曲比赛等活动。嘉定旅游节安排“红色印记游”板块，举办红色印记——陆俨少红色题材艺术文献特展，“一颗红心向着党”沉浸式专题展览，“建党故事”系列木板水印学习体验，罗一农艺术作品汇报展，“红色记忆　绿色未来”徐行镇红色研学之旅等多项活动。

习近平总书记强调要深入挖掘黄河文化蕴含的时代价值，讲好“黄河故事”，延续历史文脉，坚定文化自信，为实现中华民族伟大复兴的中国梦凝聚精神力量。2021年，各地围绕黄河文化保护传承弘扬，举办了一系列以黄河文化为主题的节庆活动。第5届中国·银川黄河文化旅游节以“天下黄河·魅力银川·云享文旅”为主题，组织黄河文化旅游节开幕式演出、黄河文化旅游云上盛宴、黄河文化旅游线上高峰论坛、黄河自驾游、黄河高端定制游、黄河线上摄影展、黄河音乐云现场等10个板块的活动。内蒙古黄河几字弯生态文化旅游季以“畅游几字弯，感悟黄河魂”为主题，组织内蒙古自治区沿黄7个盟市举办丰富多彩的活动，推出黄河几字弯生态文化旅游季系列活动，并推出更多的生态文化旅游产品和服务。

随着近几年中国元素的风行，很多节会活动中涉及汉服、国潮等内容，受到游客喜爱。第三届中国云台山汉服花朝节精心策划竹林七贤十二花神巡游、汉服有礼秀、礼乐展演、中国风市集、国学课程、汉服相亲大会、魏晋风度汉服秀、集章换礼等百场特色汉服文化体验活动，成为汉服同袍的新向往。中国（徐州）汉文化旅游节以“国潮汉风·快哉徐州”为主题，安排“国潮汉风、快哉徐州、缤纷文旅共享生活”三大主题活动。中国（石门坊）红叶旅游观光月准备了“以国为潮，国风盛典”主题活动，安排包括国潮迎宾互动，国潮狮鼓、舞蹈，国风杂技等互动环节，皆产生良好的示范效应，成为举办地旅游经济的新增长点。

第二节　节庆活动发展存在的问题

（一）空间分布极化严重

我国节庆活动主要集中分布在华东、华中、西南、东北地区，相比之下，西北、华北、华南地区节庆活动较少。从 2021 年新增节庆活动数量来看，原本节庆活动数量较多的省份，新增数量排名依然靠前，虽陕西、海南、河北和宁夏有数量上的增长，但是仍不敌本身数量较多的省份不断发展的进程，区域间的分布极化较严重。

（二）同质化现象明显

节庆活动主题及内容具有特色是对于游客产生吸引力的根本所在，而相当一部分节庆活动存在主题、内容雷同，特色不鲜明的情况。例如以“音乐节”为名的节庆活动就有 41 个，其中大部分音乐节的主要举办形式是邀请有影响力或者热门的艺人进行 2~3 天的演出，如南京咪豆音乐节、青岛麦田音乐节等。同质化情况还出现在相邻地域内，目前以梨花为主题的节庆活动有 15 个，4 个在辽宁省举办。其中，大营子乡第十届梨花节主要活动内容是赏花和农产品销售；抚顺县第 5 届梨花赏花推广季活动主要内容是赏花、旅游线路推介及营销活动等。两个节庆活动主题类似，内容相似，举办时间也基本相同。这不仅会造成区域之间的恶性竞争，还会使游客产生审美疲劳和消费疲软。

（三）文化挖掘不深入

节庆活动具有经济和文化双重功能，即既有明显的经济牵动效应，又能实现文化传承和文化营造。虽然目前节庆活动呈现遍地开花的趋势，且越来越热闹，但是其中一些不能保留下来常年举办，根本原因就是节庆活动落入“节庆搭台，经贸唱戏”的俗套，只注重吸引了多少游客，产生了多少经济效益，过度追求短时间内的经济功能，而忽视文化的深度挖掘。例如，有些节庆活动中出租大量摊位，吸引商家参与展销活动，但这些商家所销售的产品与活动主题毫无关系。这样看起来热闹，只能够在短期内产生经济效益，缺乏深厚的文化内涵，不能形成可持续发展的长效机制。另有一些节庆活动在举办过程中，安排的活动与主题相关性不大。合肥·庐江首届白湖梨花节组织快闪、茶体验、旗袍秀、太极武术、速登表演、汉服表演、农产品展示等多项活动与其“梨花”主题关系不大。

（四）旅游要素整合度不高

就目前情况看，部分节庆活动存在“重活动轻旅游”，“重形式轻内容”的问题，只是举行开幕式，展销会等单一的活动内容，缺乏对旅游要素的整合，对当地旅游经济的带动和促进作用未充分显现。例如，太原市首届崛围红叶节只组织了开幕式、书画会以及几个展览。河北石家庄鹿泉区首届响当当樱桃节除了开幕式，只安排了游客采摘等活动。

第三节　节庆活动发展趋势

（一）数字融合常态化

近年在疫情的影响下，全国范围内很多节庆活动受到影响。原定于 2021 年 11 月 13 日举办的第 5 届侗族大歌比赛延期举办。青岛国际啤酒节提前 6 天闭幕，并举行线上闭幕式。中国开封第 39 届菊花文化节原定于 10 月 18 日至 11 月 18 日举办，因受疫情影响，11 月 3 日起全市所有景区暂停营业，11 月 26 日起各景区才相继恢复开放。

在疫情防控常态化背景下，日益成熟的数字技术为节庆活动发展开拓新的机会、新的场景和新的空间，线上模式成为线下活动的重要补充，为其发展提供新的增长点。例如中国重庆大足石刻国际旅游文化节及宝顶香会受疫情影响线下活动暂停举办，但是举办了线上的大足智凤故里云上旅游文化节，人们在家中不仅可以云游大足石刻，还可参加丰富的直播互动。足不出户的日子，原本在线下举行的节庆活动在“云端”形成了一道亮丽的风景线，一些省市取得很好的效果。2020 年云南大理三月街民族节具体活动均在线上举行，并更名为“数字三月街民族节”，短短 7 天平台总浏览量 1070 万次，152 万人参与，订单量达 5.1 万。2021 年举办的“数字三月街民族节”在去年的基础上扩大提升，邀请商家 520 户参与线上商品展销活动、上线商品 3900 余种，总浏览量 3276 万人次，总交易额 744 万元，进一步提升了三月街的品牌度和知名度。2021 年开封大宋中国年采取线上线下相结合的方式，与人们共庆新春。线上举行戏曲春晚、小程序抢春联、云上直播民俗活动等；线下文化馆、各大景区等开展一系列民俗文化活动。

可以清晰地看到，未来节庆活动发展呈现数字化的趋势。有些概念虽然暂时离节庆活动很遥远，但是对于节庆活动日后的发展来说是一个新的方向。2021 年，元宇宙第一个游戏公司 Roblox 上市，标志着“元宇宙”元年的诞生。虽然元宇宙对技术要求颇高，短期内很难实现，而且节庆与其他需求相比，还处于边缘需求，但也不能因其遥远而视而不见，元宇宙将是节庆活动未来发展的趋势。

（二）打造特色品牌

未来节庆活动的发展重点不再是追求数量，而是注重质量，办出特色，提升品质，形成品牌。品牌化的节庆活动一定是历史悠久的，这就要把眼光放得长远，不能只追求眼前经济利益。

体现本土文化特色和创意特色。总的来看，举办地不管是本身就拥有深厚历史文化底蕴，还是先天不具备文化积淀优势，都必须找到适合自身发展的辨识度高的、差异化的文化特色和创意特色。例如，宁海县举办的徐霞客开游节。徐霞客 400 多年前从宁海县出发开始长达 34 年遍布大半个中国的伟大游历，并撰写《徐霞客游记》，5 月 19 日是《徐霞客游记》的开篇日。从 2002 年开始，宁海县在每年的 5 月 19 日都会举办一场大型文化旅游节庆活动来纪念徐霞客。2011 年，经国务院批准，5 月 19 日正式确定为“中国旅游日”。这样独具特色的“中国节”就有很高的辨识度，不仅丰富游客的精神和文化生活，而且让游客增加文化自信，激发时代精神。随着节庆活动不断发展，取得喜人成绩的同时，也出现了竞相效仿、规模性简单复制的情况，如容易复制的音乐节在各个省市层出不穷。据统计，2021 年新增的以“音乐节”命名的节庆活动有12个。节庆活动如果只是简单复制商业模式是很难成功的，因为文化内核是复制不来的。举办地能够为游客提供蕴含丰富本土文化特色和创意特色的节庆活动，才可形成差异化优势。

节庆活动内容不断丰富。对于当前的游客来说，相较于以往的看开幕式、看展览、看各类文艺表演等节庆活动“看”体验，更愿意追求与文化相结合的体验方式。例如，琅岐第4届红蟳节以“蟳好味、蟳好礼、蟳好玩、蟳好爱”四大主题活动展开。“蟳好味”，即游客可以体验红蟳养殖捕捞过程，选购红蟳后可以拿到田园音乐餐吧和船坞海鲜排档加工，还可以品尝多种红蟳美食等。“蟳好礼”，联合平台鲜活推出线上直播带货，游客可以线上参加活动，同时推出各类红蟳礼盒，方便游客选购。“蟳好玩”，为游客推出一日游、半日游、夜游自驾线路，同时推出琅岐民俗文化演艺、红蟳集市、欢乐抽红蟳等活动。“蟳好爱”，举办爱情文化旅游节，游客可以参加相关的游览活动。

迎合市场需要。目前节庆活动数量较多，且每年新增数量可观，其生存空间正不断受到挤压和冲击，举办方只有在对游客的需求和行为不断的了解和认知上，才能实现自身的最佳发展。尤其是随着Y世代、Z世代的游客占比越来越大，他们追求参与体验、注重品质、乐于尝新，举办地要探索如何与他们的需求同频共振。

除此以外，加大举办地基础设施建设的投入，为发展节庆活动提供可靠保障；拓宽媒体传播渠道，加强节庆活动的宣传工作等也是打造节庆活动品牌不容忽视的内容。这样才能实现“一节一品”，即将节庆活动打造成独一无二的品牌节庆。

（三）实现产业化发展

节庆活动是举办地为发展当地旅游事业而举办的各类庆典；而节庆旅游则是以节庆活动为主要旅游吸引物，通过整合旅游要素而形成的产业。节庆活动本身要在与旅游要素的契合度很高的情况下，才能实现产业化发展。目前相当一部分节庆活动仅局限于餐饮、购物、游览等，缺乏对旅游要素的整合，特别是“住”的要素。“吃住行游购娱”等旅游要素可注入节庆活动中，将无形的特色文化转化为有形的游客体验。近年来，各领域融合现象愈发明显，2021年花筑民宿携手大董烤鸭在“花筑·北京仙居禅庭民宿”开启了一场以“寻味·北京的秋天”为主题的视频直播，进行优秀品牌间的跨界携手、多维联动发展的探索，受到业内关注。今后节庆活动可增加与主题相关的精品民宿、当地特色住宿、露营等内容。夜间经济是经济新的增长点，2019 年被业内称为“夜间经济元年”，目前夜间节庆活动供给相对不足，可加强相关业态培育，增加供给。

在整合“吃住行游购娱”传统旅游要素的基础上，向新业态迈进。目前打造文化 IP，已成为节庆活动的“新蓝海”。2021 年，取材自河南博物院文物的“唐宫小姐姐”火起来,《唐宫夜宴》《洛神水赋》等作品陆续“出圈”，河南以文化元素吸引了众多游客。第 12 届江苏乡村旅游节组织百件乡村特色文创产品展，在全省每个区市选择 8 件乡村旅游特色文创产品的基础上，最后选出 100 件乡村旅游特色文创产品，在乡村旅游高质量发展推进会主会场集中展示。嘉定旅游节上推出“印象嘉定”系列文创产品等。围绕节庆活动主题，融入多元素的设计理念，创作出符合现代审美的文创产品有望成为举办地发展旅游业的新的经济增长点。

第四节　节庆活动发展案例

（一）中国·哈尔滨国际冰雪节

哈尔滨国际冰雪节于 1985 年创办，与日本札幌雪节、加拿大魁北克冬季狂欢节和挪威奥斯陆滑雪节并称为“世界四大冰雪节”。2021 年，第 37 届中国·哈尔滨国际冰雪节于 1 月 5 日到 2 月 5 日举行。成功举办有以下几点经验可以借鉴：

一是做强产品全谱系。推进和打造一批度假类、研学类、体验类、文博类、民俗类、体育类、极限挑战类冰雪产品。推出冰雪交响音乐会、冰雪诗词、冰雪戏剧、冰雪时装、冰雪模特大赛等内容，补齐非观览类产品短板，增加冰雪产品厚度。

二是做火城市冰雪氛围。组织开展“全民冰雪日”“百万青少年上冰雪”等活动。在道里、道外松北辖区江面辟建免费公益冰场，在市区公园、广场、空地、内河、校园操场浇建冰场，满足市民上冰雪需求。打造音乐演出活动，丰富城市文化生活。开展家庭、职工、机关干部、学生等群众性冰雪体育比赛，发动市民在公园广场制作雪人、动漫雕塑等。

三是推出“惠民大礼包”。在携程旅行网和阿里飞猪旅行上推出“哈尔滨惠游全网通”文旅惠民活动，发放 4800 万元文旅消费补贴，游客在平台上预订住宿酒店、景区门票、旅游线路等，能享受史上最高的政府补贴。哈尔滨冰雪大世界推出门票 3.5 折让利，价格低至 100 元。太阳岛雪博会、哈尔滨极地馆、东北虎林园、伏尔加庄园、波塞冬旅游度假区等景区也推出冰雪季超值游活动。

（二）中国洛阳牡丹文化节

中国洛阳牡丹文化节前身为洛阳牡丹花会，于 1983 年创办，2008 年入选国家级非物质文化遗产名录，2010 年 11 月升格为国家级节会，更名为“中国洛阳牡丹文化节”，2021 年，第 39 届中国洛阳牡丹文化节于 4 月 1 日至 5 月 10 日举行。有以下几点经验值得借鉴学习：

一是惠民政策升级加码。2021 年在继续执行“三不一控一免费”，即旅游年票不受限、部分公园不收费、外地车辆不限行、餐饮住宿控涨幅、特殊群体免费游等惠民政策的基础上，新增“两增两有一不”的惠民措施，即年票景点增范围、公交车辆增班次、来洛赏花有专列、乘坐地铁有折扣、假期停车不收费等惠民政策。

二是开幕式有亮点。开幕式表演中的视频舞蹈《大河三彩》引人注目。舞蹈以洛阳唐三彩切入，演员“活化”展示了“黄河泥”变为“传世宝”的过程。舞蹈中的很多造型是按照洛阳博物馆中的文物百分之百还原的，耗时 1 年创作完成，在 2020 年获得中国舞蹈“荷花奖”。

三是开通市内地铁游线。洛阳地铁 1 号线在牡丹文化节开幕前正式开通运营，使洛阳成为我国中西部非省会城市中第一个开通地铁的城市，“乘着地铁去赏花”成为参加本届牡丹文化节的全新“打开方式”。牡丹文化节期间，地铁延长运营时间至 22∶30，以方便游客出行。

（三）中国·盱眙国际龙虾节

中国·盱眙国际龙虾节创办于 2001 年，初名为中国龙虾节。2008 年，其升格为中国·盱眙国际龙虾节。一座曾经默默无闻的小县城，一跃成了闻名遐迩的“龙虾之都”，成为中国节庆史上的一个“现象级”存在，并于 2021 年获得“中国十大节庆品牌”荣誉。2021 年，第 21 届中国·盱眙国际龙虾节于 5 月 18 日到 6 月 20

日举行。其成功举办有以下经验可以借鉴：

一方面是组织多城推介活动。在北京、上海、南京、深圳、淮安等多个城市组织丰富的推介活动。例如在北京邀请游客免费品尝盱眙小龙虾；在上海为现场游客发放“游盱眙龙虾金卡”，持卡可享受主要景点景区免费（随行人员门票 7 折优惠），还享受定点住宿 8 折、餐饮 88 折、购物 85 折等优惠。

另一方面是锻造品牌名片。盱眙对龙虾质量管控、品牌打造的重视由来已久。2003 年，盱眙活体龙虾被认证为“绿色食品”；2006 年盱眙龙虾养殖、加工、服务通过 ISO 9001 国际质量管理体系认证；2007 年制定了盱眙龙虾地方标准，并经江苏省质量技术监督局公布实施；2015 年顺利获批第二例盱眙龙虾（非活）地理标志驰名商标，盱眙也被授予全国唯一龙虾（活体）出口基地、中国龙虾之都和中国生态龙虾第一县、中国特色农产品优势区等荣誉称号。“盱眙龙虾”品牌价值持续提升，2021 年达 215.51 亿元，连续六年位居中国水产类区域品牌榜首。

（四）甘肃省丝绸之路（敦煌）国际文化博览会和敦煌行·丝绸之路国际旅游节

经过多年精心培育和成功举办，丝绸之路（敦煌）国际文化博览会和敦煌行·丝绸之路国际旅游节（以下简称“一会一节”）已经成为引领甘肃和中国文化走向世界的“中国品牌”，被文化和旅游部誉为文旅融合的典范。

敦煌文博会创办于 2016 年，前三届有来自 100 多个国家、地区和组织的 3300 多名嘉宾参会，加强了国际间交流，得到了国际社会的广泛赞誉和参会嘉宾的一致好评。荣获“十大政府主导型展览会”大奖，赢得“世界进入敦煌时间”“当代丝路上的万国博览会”、令人难忘的“敦煌印象”“跨越时空的文明对话”等美誉。敦煌行·丝绸之路国际旅游节创办于 2011 年，每届均选择一个城市作为开幕式举办地，全省各地举办为期一个月的系列文化旅游活动，积极传承弘扬丝路精神，搭建了多元互利的国际性合作平台，更加凸显服务“一带一路”建设和全省发展大局，有力推进了丝路沿线国家和地区文化旅游交流合作向纵深发展，为带动全省文化和旅游产业发展、提升丝绸之路旅游影响力、助推文化旅游强省建设作出了应有贡献。从 2019 年起“一会一节”联合举办。2021 年，第 5 届丝绸之路（敦煌）国际文化博览会和第 10 届敦煌行·丝绸之路国际旅游节于 9 月 24—26 日在甘肃敦煌举办，以“交响丝路、文博天下”为主题，采用线上线下相结合方式开展。“一会一节”在抓住政治机遇、建设文化高地、打造文旅融合样本方面，对各地办好重大文化旅游节庆活动具有借鉴意义。

一是积极组织各市州广泛参与。组织 14 个市州举办与“一会一节”主题内容相契合的各类文化旅游活动 25 场，扩大了“一会一节”知名度和影响力，提高了各地参与举办分项活动的深度与广度，同时让更多人民群众参与、感受、共享这一文化旅游盛会。

二是活动内容紧紧围绕甘肃文化。无论是举办的论坛（敦煌论坛、“一带一路”交流与合作文化论坛、“五凉”文化论坛等），还是组织的展会（到世界找敦煌——敦煌流散海外文物复制展、丝绸之路文旅商品展、“常沙娜”设计奖获奖作品展等）、演出的节目（《玄奘西行》、“三区三州”文艺展演等）、举行的特色美食节等都紧紧围绕甘肃文化。

三是促进文创产品开发。组织多场展览和文创比赛推进文化旅游商品企业、文创机构加强文化旅游商品的创意研发。例如在各市州的展馆中展示体现当地特色的文创精品；组织酒泉市文化旅游商品大赛，展示文化旅游商品研发成果，高质量的作品获得奖项，如飞天文化杯、双翘滑板、T 恤、遮阳帽、帆布包等。

（五）乌镇戏剧节

乌镇戏剧节创办于 2013 年，包含特邀剧目、青年竞演、古镇嘉年华、小镇对话、戏剧集市等单元。2021 年，第 8 届乌镇戏剧节于 10 月 15—24 日举行，共有 130 余个演出剧目，演出场次多达 2000 余场，达到历史之最。其为小镇节庆活动的举办及发展提供以下几点经验：

一是巧用名人效应，扩大影响力。乌镇戏剧节由陈向宏、黄磊、赖声川、孟京辉共同发起，文化乌镇股份有限公司主办。黄磊为国内知名演员，国民度颇高，赖声川、孟京辉是国内知名的戏剧人，有着大量的戏剧作品和粉丝群体，这三位的直接参与让乌镇戏剧节的出现保证专业性的同时兼具名人效应。除此之外，乌镇戏剧节每年邀请国外的知名戏剧人参与，将名人效应发挥得恰到好处。

二是多样化的演出场所。乌镇戏剧节的演出场所多样化且具专业性。除了乌镇大剧院，还有十余个大小功能各异的室内剧场和若干个户外剧场，如国乐剧院、沈家戏园、秀水廊剧园、蚌湾剧场，还有露天的日月剧场和水剧场等，在街道里弄、户外广场，也随处可见精彩表演。

三是对待艺术诚恳而纯粹的态度。戏剧节中一个大的单元叫作戏剧集市，只要在乌镇旅游 App 小程序上预约成功就可以免费参观游玩。戏剧节期间，为迎接爱好艺术的访客，房价都会不增反降 10%。此外，乌镇每年还积极投资、孵化很多有名的青年演员和戏剧。

（作者简介：王景盼，中国旅游研究院文化旅游研究基地助理研究员，中共开封市委党校讲师；闫莹莹，中国旅游研究院文化旅游研究基地研究助理）

第十二章　夜经济发展分析与展望

张英俊

联合国世界旅游组织最新发布的世界旅游晴雨表显示，2020年全球国际游客量较2019年下降74%，百年未有之新冠肺炎疫情对旅游业冲击之大可见一斑。疫情之下，刺激消费、拉动内需将成为我国经济发展的长期战略方针。夜间文化旅游能够延展消费的时间和空间，是目前文化旅游消费的重要增长点，也是疫情防控常态化背景下旅游业全面复苏的新亮点。

第一节　夜经济发展现状

（一）部门推动更加有力

面向市场需求，开展评定认定，加强示范引领，是文化旅游部门引领行业发展的重要手段。国家文化和旅游消费（试点）示范城市创建、国家级夜间文旅消费集聚区和国家旅游休闲街区评审认定等工作的开展，进一步规范引领了夜经济健康发展，激发了文旅市场主体活力。

1. 扩大文旅消费示范试点城市规模

2020年10月，文化和旅游部、发展改革委、财政部《关于开展文化和旅游消费试点示范工作的通知》提出，到2022年建设100个试点城市、30个示范城市，推动形成若干促进文化和旅游消费的经验模式及长效机制，培育壮大文化和旅游消费新业态、新模式，助力形成强大国内市场。同时，印发了《文化和旅游消费试点示范工作评价参考》作为创建指南。为全面提升文化和旅游消费质量和水平，12月，三部委联合公布了首批15个国家文旅消费示范城市、60个国家文旅消费试点城市名单。2021 年 10 月，又公布了第二批 55 个国家文旅消费试点城市。目前，共有 130 城入选文旅消费示范试点城。对于各试点城市来说，必须在有限的试点期内，对照 36 项创建指标，主动适应居民消费升级新趋势，强化文旅消费政策引导，精准锁定文旅消费主体，突出特色培育竞争新优势，探索改善夜间文化消费条件、扩大文化消费供给、实施消费补贴等新模式。

2. 推出夜间文旅消费集聚区

夜间文旅消费集聚区，是文旅消费新场景和活跃程度的“晴雨表”。开展夜间文旅消费集聚区评定，有助于指导各地创造多维消费场景，串联景城地标，形成特色游线，进一步充实全域旅游内涵。2021 年 11 月，文化和旅游部正式公布了首批 120 个国家级夜间文化和旅游消费集聚区名单，其中既有成名多年的城市地标，也有新晋的夜游“网红”。从数量上看，省级层面，数量最多的是北京、河北、山东、上海、江苏、浙江、四川、重庆、广西，各有 6 个入选；河南、福建、广东、江西、云南各有 5 个入选；最少的黑龙江、青海、山西、宁夏、海南、西藏、新疆生产建设兵团各有 1 个入选。从构成上看，景区、街区、度假区、文化产业园区、镇区、创意园区、历史文化名城、都市滨水带分别有 42 个、46 个、6 个、8 个、3 个、8 个、3 个、4 个，占比分别为 35%、38%、5%、6.7%、2.5%、6.7%、2.5%、3.3%。其中，街区和景区所占比重位列前两位，镇区（特色小镇）和度假区占比并列第三，前三位合计占比高达 80%，是国家夜间文旅消费集聚区的绝对主体。其中，5A 级景区 15 个，占入围国家级集聚区景区总量的 35.7%、全部 5A 景区的 4.9%[①]，反映出头部景区与国家级夜间消费集聚区的高耦合性和高等级景区发展夜经济的大趋势。此外，国家级夜间文旅消费集聚区在市级层面也呈现较高的集中度。以河南省为例，省内文旅第一梯队的“郑汴洛焦”4 个城市拥有 5 个集聚区，而省内其他 14 个地市为空白。

国家对夜间文旅消费集聚区作出部署后，各地纷纷跟进。截至 2021 年 12 月，河南、江苏、贵州分别认定两批 45 个、37 个、20 个省级夜间文旅消费集聚区，重庆、浙江、江西分别认定 7 个、13 个、14 个首批夜间文旅消费集聚区，山东省也对首批 29 个夜间文旅消费集聚区进行了公示。河南省在省级夜间文旅集聚区培育上领跑全

① 截至 2021 年年底，全国有 5A 级景区 306 个。

国。此外，2021 年 1 月，浙江省公布了全省首批 15 个示范级文化和旅游 IP 名单，其中与夜游相关的 IP 有 4 个（塘河夜画、宋城千古情、太湖龙之梦、横店影视城）。

3. 旅游休闲街区认定全面启动

国家“十四五”规划和 2035 年远景目标纲要中提出：“推动文化和旅游融合发展，建设一批富有文化底蕴的世界级旅游景区和度假区，打造一批文化特色鲜明的国家级旅游休闲城市和街区。”旅游休闲街区作为新时代背景下主客共享的重要空间，对完善旅游产品供给体系、促进旅游消费具有重要意义。

旅游休闲街区建设与夜经济发展密切相关。2021 年 4 月 1 日，《旅游休闲街区等级划分》（LB/T 082—2021）行业标准正式颁布实施，为旅游休闲街区怎么分级、怎么建、怎么管提供了科学翔实的行业指导。其中，专设夜经济指标，对相关内容作出推荐性规定。4 月 26 日，文化和旅游部、国家发展改革委联合发布通知，要求各地组织认定一批省级旅游休闲街区。11 月，文化和旅游部、国家发展改革委又联合启动了国家级旅游休闲街区认定。截至 12 月，全国共有 29 个（除海南省、西藏自治区和新疆生产建设兵团外）省级行政单位相继认定省级旅游休闲街区 315 家。从数量上看，云南省 30 家，贵州省 19 家，河南省、新疆维吾尔自治区各 18 家，分列前三位；最少的浙江省和上海市各认定了 4 家。此外，江苏省、福建省还分别公布了 16 家、12 家省级旅游休闲街区后备名录，作为重点培育对象。从各地省级旅游休闲街区构成看，其中相当大一部分都是当地夜间网红打卡地和夜经济地标。

（二）地方重视空前提高

2021 年以来，激活夜间文旅消费，做大夜游市场这块“新蛋糕”，各地已形成越来越多的共识。发展夜经济被越来越多地纳入地方经济社会发展“大盘子”。

1. 进入省级政府年度工作报告

目前，在已公开的 31 个省级行政单位的 2021 年度政府工作报告中，提及夜经济并有专门表述的达到 14 个，占比 45.2%。其中，河南明确，加快消费扩容提质，发展夜经济、假日经济和旅游经济；江西提出，促进夜间消费，实现高品质夜间消费街区市县两级全覆盖；湖北提出，推动夜间经济、假日经济、首店经济、免税经济发展；福建明确，做优做活商圈经济、夜间经济，建设一批省级步行街、省级示范商圈；四川提出，大力发展夜间经济、假日经济和“首店经济”，建设一刻钟社区便民生活圈；贵州提出，发展步行街经济、假日经济、夜间经济、首店经济；新疆提出，改善消费供给，发展夜间经济和“跳蚤市场”；西藏则明确，支持鼓励夜间经济、共享经济发展，保护消费者合法权益。

2. 列入典型城市政府年度工作报告

以中国旅游研究院发布的系列夜间经济标杆城市为例，2019 年中国“夜间经济十强城市”“夜间经济十佳城市”在 2021 年政府工作报告中对夜间经济有表述和工作部署的达 19 个（除天津市）。2020 年全国夜间经济城市 20 强中，在 2021 年政府工作报告中对夜间经济有表述和工作部署的达 18 个（除北京、成都）。另外，瞭望智库发布的2020 全国夜经济影响力十强城市榜单中[①]，将夜间经济纳入 2021 年政府工作报告进行部署的城市占比达 80%。此外，开封、洛阳、黄山等一批知名旅游城市也在政府工作报告中对夜经济进行了部署。我国典型城市对夜经济的重视程度由此可见一斑。

（三）法规支撑不断加强

夜经济被纳入地方立法是一个值得关注的新动态。据不完全统计，目前已有 13 部地方性法规中规定了支持夜经济发展的条款。其中，山东、新疆、甘肃等是省级立法，市级立法的有杭州、南京、扬州、西安、兰州、盐城、连云港、焦作、伊犁哈萨克自治州、昌吉回族自治州等，在地域上横跨东中西部。从法规出台时间看，山东省最早（2016 年），甘肃省最新。在内容上，基本上以 1 条为主，盐城有 2 条规定，扬州有 3 条 5 款 370 字的表述，为最多。

（四）政策扶持领域更加多元

“双循环”新格局下，夜经济是促进国内大循环的重要消费领域之一，也是打

---

① 其中，有 8 座城市与中国旅游研究院发布的“2020 全国夜间经济城市 20 强”一致。

造城市品牌、促进产业融合、推动消费升级的新引擎。不少省市将夜经济作为拉动地方经济的重要选项，多方面加大扶持力度。

2021年3月，湖南出台12条激发文化和旅游消费潜力的措施，其中第五条明确：打造“灯光节”“无人机表演秀”等城市夜间节会品牌；鼓励建设24小时书店、自助图书馆。4月，重庆推出四大板块28条促消费具体措施，其中专设对夜间经济集聚发展的扶持政策，如对纳入支持范围的夜间经济核心片区，按照不超过实际有效投资额40%的标准予以补助，最高补助200万元。湖北省明确，将列入全省文化和旅游夜游项目的作为下一年度省服务业预算内投资重点支持对象。5月，福建明确对荣获国家级夜间文化旅游消费集聚区的，给予每个100万元奖励。广东提出，对确定为全国示范步行街、省级示范特色步行街（商圈）的，省财政对所在县（市、区）政府给予一次性支持。河南出台扩大消费的意见，着力发展“夜经济”，打造郑州“夜商都”、洛阳“古都夜八点”、开封“大宋皇城·美食之都”等地方夜消费品牌升级版。8月，北京提出完善夜间交通线路，加强周边公交、出租车接送，引导网约车平台增加重点时段车辆调配。9月，黑龙江要求各市（地）政府（行署）根据实际情况谋划和组织文旅、餐饮、夜经济等对经济增长具有较大拉动作用的促消费活动，因地制宜地制定政府消费券发放政策，确定发放额度。广东出台了26条促进城市消费的政策措施，其中包括经公安、城市管理等部门评估后，放开夜间非高峰期占道停车，对商圈、商业街、餐饮集聚区试点夜间分时段步行；最大限度放开餐饮和零售业夜间、闲时外摆管制等5条支持夜经济发展的措施。11月，河南出台加快服务业灾后恢复发展的政策措施，允许市场经营主体在规范有序的前提下采取“店铺外摆”“露天市场”等方式进行销售，繁荣“小店经济”“夜经济”。海南提出，开设深夜营业专区，建设无人售货门店、24小时便利店和“深夜食堂”；对连接主要夜间经济集聚区和旅游景点的公交线路，适当延长公交运营时间。强化夜间停车、夜间公共交通、夜间节会活动的信息引导，完善夜间活动个性化推荐功能服务，增设夜间分时停车位、优化夜间停车收费标准，提升夜间旅游安全保障。市级层面，11月，成都提出对组织企业参加夜间经济活动的区（市）县政府，择优给予不超过50万元的奖励（见表12-1）。

表 12-1 2021 年部分省份支持夜经济的相关政策

序号	发布城市	文件名称	发布时间
1	湖南	《进一步激发文化和旅游消费潜力的若干措施》	2021 年 3 月
2	重庆	《加快发展新型消费释放消费潜力若干措施》	2021 年 4 月
3	河南	《关于进一步扩大消费的若干意见》	2021 年 5 月
4	福建	《关于促进旅游业高质量发展的意见》	2021 年 5 月
5	天津	《天津市“十四五”时期推进旅游业高质量发展行动方案》	2021 年 8 月
6	浙江	《关于印发推进文化和旅游高质量发展促进共同富裕示范区建设行动计划（2021—2025 年）的通知》	2021 年 8 月
7	广西	《广西实施旅游休闲城市和街区、乡村旅游廊道建设工程行动计划》	2021 年 9 月
8	湖南	《湖南省“十四五”时期推进旅游业高质量发展行动方案》	2021 年 9 月
9	湖北	《促进夜间文化和旅游消费若干措施》	2021 年 9 月
10	北京	《北京培育建设国际消费中心城市实施方案（2021—2025 年）》	2021 年 9 月
11	黑龙江	《关于进一步扩大消费若干措施的通知》	2021 年 9 月
12	福建	《关于支持福州实施强省会战略的若干意见》	2021 年 10 月
13	天津	《天津市培育建设国际消费中心城市实施方案（2021—2025 年）》	2021 年 10 月
14	广东	《关于促进城市消费若干政策措施》	2021 年 10 月
15	河南	《河南省加快服务业灾后恢复发展若干政策措施》	2021 年 11 月

数据来源：根据公开资料整理。

（五）行业交流依然活跃

在疫情冲击下，夜经济行业交流活动受到限制，规模、频次较以前均有所下滑。但借助云端会议、线上交流等新的手段，政府、企业、行业协会、学术机构等举办的各类论坛交流、联盟合作、榜单发布等活动热度不减。

1. 行业论坛贯穿全年

2021 年 4 月至 9 月，由中国照明网发起的“2021 夜游中国百城发展论坛”先后在佛山、广州、杭州、成都等地举行，以城市专题巡回讲坛的形式，为国内城市夜环境治理水平提升、助力全国夜游经济发展搭建学术创新交流的平台。8 月、11 月，夜游文创灯光研究院先后在广州、上海主办“2021 夜游经济与文创灯光论坛”，以“科技赋能文化，数字引领发展”为主题，探索以科技助力夜游产品形态升级和商业模式创新，推动文旅夜游与数字科技、光影技术、文化创意、城市 IP 等融合，助力夜游经济发展。第二届成都夜间经济发展交流大会围绕“夜经济与城市文化、视显创新应用、后街经济”等话题展开了全面探讨，发布了 10 个“2021 成都夜经济活力品牌”和十大“2021 成都夜经济活力场景”。2021CNEF 中国城市夜间经济发展峰会上，成立了湖南省首个夜间经济联盟——长株潭夜间经济联盟，发布了夜间消费夜莺奖和金猫奖榜单，启动了《城市夜间经济发展评价指南》团体标准制定。2021 中国照明产业生态发展高峰论坛则围绕元宇宙、行业发展趋势、健康照明、建筑与光、文旅夜游等热门话题进行交流，进一步促进了行业发展。

2. 榜单助力行业发展

《中国城市夜经济影响力报告（2020）》从夜经济传播力、创新力、产业规模、商圈流量 4 个维度对目标城市进行综合评价分析，发布了“2020 中国城市夜经济十大影响力城市”“2020 中国城市夜经济创新城市”“2020 中国城市夜经济创新案例”。青岛成为唯一收获大满贯的城市。

携程《2021 上半年旅游夜经济报告》显示，上半年，洛阳、上海、深圳、广州、西安、武汉、杭州、北京、三亚、成都入围国内夜游目的地 TOP10。洛阳依托独特的文化优势，推出夜游龙门、隋唐洛阳城国家遗址公园应天门 3D 灯光秀、《唐宫夜宴》、“元宵奇妙夜”和“端午奇妙游”，点亮“古都夜八点”，让千年古都夜游经济火爆出圈。洛阳、西安、开封在景区夜游及夜间实景演艺的带动下，跻身 2021 年上半年增幅最快的夜游目的地前三名。在夜游客源地排名中，上海、北京、江苏、广东、河南、陕西、浙江、湖北、四川、重庆位列前十。在夜游主题标签中，主题公园、实景演艺、古镇、夜市、城市观光等位列 TOP5。根据携程平台上夜市关键词的搜索量，星光夜市（西双版纳）、韩乐坊不夜城夜市（威海）、吴山夜市（杭州）、沙洲夜市（敦煌）、师大夜市（哈尔滨）入围上半年热门夜市 TOP5。6 月，中国旅游演艺联盟向全国游客推介六大文旅小镇爆款夜游产品，西安“大唐不夜城”、郑州“只有河南 · 戏剧幻城”、无锡“灵山小镇 · 拈花湾”、郑州“建业·华谊兄弟电影小镇”、南京“金陵小镇”、襄阳“盛世唐城”上榜。

在“2021 中国夜经济繁荣百佳县市”榜单中，共有 22 个省份的县域榜上有名。从省份份额来看，广东、江苏各 15 个，浙江 13 个，这 3 个省份成为中国夜经济繁荣百佳县（市）优佳省份；四川、福建、陕西等省份构成中国夜经济繁荣百佳县（市）第二梯队；贵州、河南、甘肃等省份构成中国夜经济繁荣百佳县（市）第三梯队。数据表明，中国夜经济繁荣地区与旅游业发达地区基本吻合。其中，南京市秦淮区、广州市荔湾区、厦门市湖里区、武汉市汉阳区、杭州市上城区、成都市武侯区、青岛市城阳区、深圳市罗湖区、温州市鹿城区、乌鲁木齐市达坂城区荣登 TOP10。

《2021 中国夜间经济最新发展报告》指出，虽然受制于气候等因素，中国夜间经济整体呈现“南强北弱”的特点，但线上经济的繁荣为高纬度城市发展夜间经济带来了机遇。未来对消费者最有吸引力的夜间活动是话剧、音乐剧等演出，以及艺术、时尚等主题展览，其次是深夜食堂和 24 小时书店等业态。

第二节　夜经济发展展望

（一）发展战略长期化

文化和旅游部《“十四五”文化和旅游发展规划》提出：“大力发展夜间经济，推进国家级夜间文化和旅游消费集聚区建设”“发展夜间旅游和假日经济，拓展旅游时空范围”“建设 200 个以上国家级夜间文化和旅游消费集聚区，扩大夜间消费规模”。在已公开的 31 个各类文化和旅游（文物、商务）等“十四五”发展规划中，明确建设夜间文化和旅游消费集聚区（试点示范街区、体验区）的有 30 个，占比为 96.8%，夜经济无疑成为各省份“十四五”时期共同的战略选择。

各地将围绕建设文化和旅游消费试点示范城市、培育夜间文旅消费集聚区、打造旅游休闲街区等任务，进一步加大夜经济项目培育、扶持政策的创新力度。同时，随着一批典型城市夜经济的逐步发展壮大，其在破解发展难题中的诉求会更加强烈，寻求立法手段势必成为各地产业促进“工具箱”中的优选工具。可以预见，未来会有更多的地区在文化、旅游、商务等领域的立法中，纳入夜经济扶持、规范相关内容。

（二）业态覆盖全域化

2021年3月，国家发展改革委等28部门联合印发《加快培育新型消费实施方案》，提出进一步培育新型消费，鼓励消费新模式新业态发展，促进线上线下消费融合发展。在国家文化和旅游消费试点城市、示范城市优先建设一批新型文化和旅游消费集聚地，加强文创商店、特色书店、小剧场、文化娱乐场所、艺术展览、沉浸式体验型项目等多种业态集合。同月，文化和旅游部、国家发展改革委、财政部联合印发《关于推动公共文化服务高质量发展的意见》，要求进一步加强博物馆、美术馆、图书馆等错时开放、延时开放，鼓励开展夜间服务，促进公共文化服务提质增效。12月，文化和旅游部出台《关于推动国家级文化产业园区高质量发展的意见》，提出“鼓励（国家级文化产业）园区结合自身发展定位，依托园区内商业空间打造具有特色的文化消费新场景，培育文化消费新业态”。夜经济作为新内容又被纳入国家文化产业园区创新发展。事实上，夜经济在国家全域旅游示范区建设中也占有重要地位。现行国家全域旅游示范区指标体系中，创建指标中的基本项目为1000分，供给体系在其中占240分。与夜经济直接相关的有三大项，包括旅游餐饮、旅游住宿、旅游娱乐，总分91分。在所在“供给体系”分项中占比达到37.9%，在整个基本项目评分体系中占比达到9.1%。在国家层面构建双循环的新发展格局和行业层面全域旅游的背景下，夜经济对行业的渗透、覆盖将进一步拓展。

未来，随着文旅融合走向深入，作为全时经济（24小时经济）重要“构件”的夜经济，在完成对景区、街区、镇区、度假区、全域旅游示范区等渗透的基础上，势必继续在行业内外拓展，成为全域旅游更加重要的组成部分，越来越多的城乡将被灯光点亮，形成夜间消费新场景，夜经济全域化覆盖趋势将更加明显。

（三）发展集聚化特征更加凸显

未来，随着国家层面陆续认定推出更多批次的文化旅游消费试点示范城市、夜经济集聚区、旅游休闲街区，各地夜经济集群化发展态势将更加凸显。从消费端来看，为更好地适应、满足游客一站式、综合性消费需求，会涌现出一批涵盖食、住、游、购、娱、体、展、演等多要素的文旅综合体、文商综合体、文体综合体。从供给侧方面看，夜间文旅消费集聚区与文化产业园区的边界将逐渐模糊，一批运营成功的集聚区会转化为文化产业园区，同时，文化产业园区（基地）也会加大对夜经济新业态的布局，吸引更多从事夜经济的企业集聚到园区中来。从政府管理角度看，随着地方（省、市、县）对夜经济评审认定工作的展开，势必会形成体现区域特点的基层创建体系。尤其是会出现更多、更加细化的评价标准，进一步补充、丰富政府标准化管理手段，为推动夜经济规划管理、高质量发展发挥更大引导作用。

（四）本土休闲化特征更加凸显

疫情对特定行业和文旅企业是把双刃剑，在经济上带来阵痛与压力的同时，正倒逼着文旅产业转型升级，加速文旅消费市场复苏振兴。疫情防控常态化背景下，本地游市场将获得空前发展机遇，夜经济也不例外。未来，作为本地休闲的重要板块，面向本地居民的夜间休闲产业将获得更大发展空间。例如，通过延长服务时间，或弹性设置服务时间，增加服务项目，公共文化场馆的服务效能将进一步提高，在文化惠民上有更大作为；通过推出适销对路的产品（如剧本杀等高黏性的引流产品），旅游景区、旅游企业同样可以吸引到特定目标客群，发现更多的市场机会和盈利空间。

第三节　夜经济发展案例

（一）首批国家级夜间文化和旅游消费集聚区：开封市宋都皇城旅游度假区

宋都皇城旅游度假区位于开封古城西北部，约 1.6 平方公里，是开封“千年中轴线文化带”的北起点、旅游景区集中地、宋文化展示“精品店”，由开封宋都皇城投资运营有限公司负责运营。区域内有文化娱乐项目 82 项，游览面积 59 万平方米。其中，夜间开放文化娱乐项目 43 项，夜间游览面积 28 万平方米。2020 年夜间旅游人次为2008万，夜间营业收入124亿元。其中，清明上河园夜间实景演出《大宋•东京梦华》先后荣获中国最佳旅游演艺项目奖、开封市明星夜游项目。2020年，演出场次超过130场，收入超过5000万元。

宋都皇城旅游度假区在发展壮大夜经济方面，有一些启示值得关注：

一是所在城市夜游基础好，政策支持力度大。近年来，开封市先后出台《关于促进文化事业、文化产业和旅游业高质量发展的若干意见》（文旅30条）《开封市关于进一步激发文化和旅游消费潜力的通知》《关于鼓励夜消费促进夜经济发展的实施意见》《开封市“明星夜游项目”评选奖励办法（试行）》等“硬核”政策，谋划了8大夜间文旅消费片区，评选了十大明星夜游项目（每个奖励10万元），培育了1个国家级、6个省级夜间文旅消费集聚区，形成了覆盖旅游演艺、美食夜市、民宿集群、大型商圈、特色夜游线路等多业态产品，打造了“大宋不夜城”夜游品牌。开封市高度重视夜经济发展，为宋都皇城度假区发展提供了有利外部条件。

二是自身条件优越。其一，产品线丰富。区域内消费载体数量多、消费场景集中、规模聚集效应强。拥有1家国家5A级旅游景区（清明上河园）、4家国家4A级旅游景区（龙亭景区、翰园碑林、天波杨府、万岁山大宋武侠城），有省级历史文化街区双龙巷，特色商业街区七盛角，珠玑巷、960文创园等“乐在宋潮”文商旅综合体，大宋御河船游精品文化带、铂尔曼超五星级酒店等。其二，区位优越。区域地下埋藏有北宋东京城皇宫遗址，是宋都皇家文化的核心区，联结千年中轴线文化带、古城墙文化带、古都水系文化带三条城市文化带，是天然的文化高地。区内有多种共享交通工具，区外通达性好。其三，定位精准。立足“文化传承、老城复兴、资源联动”三大价值，重点打造一园三区：文化体验园—宋式风雅生活体验园，宋韵休闲商业区—休闲商业聚集区，民俗度假区—度假酒店集群，综合服务区—入口服务形象展示区。

三是配套管理服务完善。在照明设施上，区内设置常规照明设施800余处，各类造型灯具50余种，对照明进行艺术设计，用“光语言”辅助场景化环境营造。在夜间治安管理上，与城市旅游警察建立联动机制，设置24小时值班岗亭，组成夜间巡逻队，不间断排查巡逻。在通信保障上，实现区内5G移动网络全覆盖，旅游旺季增设移动应急通讯车，满足游客即时分享需求。在市容环境维护上，与城市管理综合执法局建立联动机制，配置足够数量的生态厕所、垃圾桶、灭烟设施，垃圾日产日清，重点时段时产时清，定时对公共环境进行消杀。在品质提升上，加快推动智慧旅游监管平台建设，拥有五钻级、四钻级智慧景区各 1 家，实施精准定位，精细化管理。设立消费者投诉室，与市长专线、市场监管部门建立投诉处理联动机制，确保有速必应、快速处理、游客满意。在市场秩序维护上，与城市“1+3+N+1”①综合监管机制密切联动，持续加大生产安全、食品安全、环境安全等监督抽查，创造了区域内舒心放心的消费环境。

（二）2021 中国夜经济繁荣百佳县市：成都武侯区

武侯区常住人口超过 120 万，社会消费品零售总额超过千亿元，具有较好的夜经济消费基础。2020 年，夜间消费占成都市夜间线上消费总额的 25.5%，居全市第一。目前，辖区有成都大悦城、来福士广场等 19 处大型购物中心，晋阳、双楠等 10 个商业中心，音乐坊、九眼桥等 15 个夜间特色消费街区，锦里、天府芙蓉园等 14 个夜间经济示范点位，“全天不打烊”消费场所林立，在越来越多优质夜间消费场景和夜消费地标的支撑下，“武侯之夜”夜间经济新潜能不断被释放，提升了城市竞争力。纵观武侯区夜经济发展历程，以下实践值得学习借鉴：

一是注重政策设计。出台《夜间经济发展十条措施》，从创新夜间经济工作机制推进“夜间区长”“夜间街长”“夜间社长”制度、打造优质夜间消费场景、创新夜间经济营销、完善配套设施、打造夜间景观、加强夜间经营管理等 10 个方面，不断优化夜间经济布局，全面支持发展夜间经济。目前，武侯区已形成“政府主导 + 行业引导 + 配套服务 + 区域联动”的夜经济发展模式，为拉动城市消费、完善城市功能、提升城市品位、彰显城市独特气质发挥了引擎作用。

二是注重优化消费环境。先后出台《夜间集市备案管理办法（试行）》和《夜间集市管理规范》，在注册登记、备案管理、环境卫生、公共交通等方面创新管理制度，统一管理标准，打造环境友好、放心安全的夜间集市。设计制作了《武侯区消费场景示意图》《武侯区夜间经济消费地图》，统筹“魅力夜武侯”商业、文旅、体育、娱乐休闲、节会活动以及交通运营保障等信息，线上线下联动，便利夜间消费。

三是注重示范引领。在成都市连续三年举办的夜间经济示范点位评选中，均有

① “1”即成立开封市旅游市场综合监管工作领导小组，下设旅游市场综合监管调度指挥中心；“3”即城市综合执法局、旅游景区巡防大队、旅游巡回法庭；“N”即 17 个相关部门及各县区政府；“1”即履职监督机构。

新点位上榜，涵盖了文化、旅游、医美、购物、餐饮、街区、教育等多个领域，推动“夜武侯”加速迈入 3.0 时代。

四是注重策划主题活动。深度挖掘融合文创、文博、艺术、商业等新兴业态，推出“夜游武侯祠”“武侯九点半”“芙蓉灯彩节”“三国中秋游园会”等大型特色夜间活动，让三国文化传承与现代时尚潮流在夜色中相融共生。

五是注重治安防控。属地公安机关聚焦“商圈—街区经济”“节会—展会经济”“首店—小店”等夜经济“三种形态”，针对文旅“夜游”、社区“夜耍”、绿色“夜行”、健康“夜诊”等夜经济“四类场景”探索创新治安防控举措，护航夜经济发展。例如，依托警用三维地图，整合“天网”“人脸识别”、GPS、单兵图传、移动警务等市域现代化监控系统，实现巡控安保警力交互式扁平化指挥调度，着力规范与夜游景区、街区、园区适应的夜间治安交通管理和巡防警务模式；围绕桐梓林社区、老马路社区等国际友人集聚地和国际商务集聚区，在落实夜间严密巡防和规范执法的同时，开展友好文明的双语警务服务；规范整合区域民宿行业发展，引入公安旅店业管理系统，加强规范化管理，形成了一套具有市井温情、体现“玉林”特色的民宿发展管理模式。

六是注重联动发展。成立“武侯区夜间消费联盟”，按照全区一盘棋思想，统一策划活动，统一宣传营销等手段，共同推动武侯夜间经济发展。举办“2021 中国都市夜间经济与消费升级大会”，并联动长三角、粤港澳大湾区及海口、成渝等地 7 个城市（城区）共同发起成立都市夜间经济联盟，探索形成资源共享、信息互通、政策共商、宣传联动，共同推动都市夜经济的健康可持续发展。

（作者简介：张英俊，中国旅游研究院文化旅游研究基地特约研究员，开封市文化广电和旅游局副调研员）

第十三章　文化旅游新媒体营销分析与展望

郭　缨　王春燕

以电脑网络为代表的新媒体的崛起，推动人类社会进入了一个前所未有的崭新阶段，从3G到5G，从移动互联到智能互联，信息无处不在、无所不及、无人不用。新媒体已真正全面融入社会发展各个领域，新媒体被我们的生活所塑造，同时也改变着我们的生活。

随着新媒体的普及和显示出的日益强大的影响力，文旅领域也将营销主战场转向新媒体，文旅营销与新媒体相遇后，产生了丰富的化学反应，诞生了许多现象级产品。尤其在疫情防控常态化背景下，新媒体的加持，不仅助力文旅行业实现从流量到金钱的变现，更成为其扩大社会影响力、提供竞争力和塑造品牌的有效手段。

第一节　文化旅游新媒体营销发展现状

（一）新媒体带来营销变革

简单来说，新媒体营销是指利用新媒体平台进行营销的方式。具体来讲，则是指基于互联网平台进行的新形式的营销方式，以微博、微信、App、H5等新媒体为传播渠道，对企业相关产品的功能、价值等信息进行的品牌宣传、公共关系、产品促销的一系列营销活动。新媒体营销作为企业营销战略的一部分，是新时代企业全新的营销方式之一。

传统营销无论是通过报纸、电视电影、广播、杂志投放广告，还是饥饿营销、病毒营销，本质上都是从企业或者广告主的角度出发，与消费者的互动性不强。新媒体营销则从技术上的数字化、传播上的互动性出发进行营销，这种营销模式更注重内容多样性和传播过程的互动性。企业可以通过在新媒体平台上的消费者反馈，及时调整传播策略和营销策略，甚至针对不同的个体进行个性化的营销方式。

1. 新媒体营销的“新”变革

第一，新的市场目标。新媒体营销改变了以往以企业为中心的理念，真正让消费者成为营销主体和核心。通过新媒体，企业开展多平台的营销互动，以实现一部分消费者通过新媒体平台影响另一部分消费者。在这种新媒体营销策略的带动下，市场进入到一个用户为王、全民营销的时代。

第二，新的营销目标。新媒体的广泛应用使得销售渠道和营销方式都更加多元，对产品来说，营销不再是单纯的广告投放，还有内容营销、互联网话题造势等多种渠道。同时，销售不再仅仅依靠线下实体店，所有的新媒体渠道都可以成为变现的销售网络。新媒体营销可以将品牌传播与销售协同合一，真正提升商业效率。

第三，新的传播模式。新媒体相较于传统媒体，最突出的特征和优势便是改变了过去单向传播的模式，创造了传播者和接受者之间随时随地互动的双向传播模式。基于这种模式，新媒体比传统媒体的开放性更高、参与性更强，因此，越来越多的媒体、企业、商家重视受众、用户对项目或商品的参与性，并以此为依据制定营销策略。

第四，新的技术驱动。新媒体拓展了人工智能及智能问答系统的应用领域，通过数字营销及标签优化 + 算法赋能，打通商品、消费者、媒体多层商业要素的匹配逻辑，实现精准营销分发。

2. 新媒体营销的特征

新媒体营销的形式多样，个性化突出。新媒体渠道多样化，营销方式多元化。传播内容针对性强，营销方式个性化。尤其是在大数据、云计算等新技术的支持下，新媒体营销更加能够洞察消费者的心，提供“一对一”的有效服务，实现了更加精准的传播和营销。

新媒体营销面对的消费者范围广泛，互动性强大。新媒体受众范围十分广泛，所有加入互联网的用户，都可以成为企业进行新媒体营销的受众。强大的互动性是新媒体营销最明显的特征之一，新媒体扭转了传统营销的“单向”传播劣势，形成一种企业和消费者的“双向”互动。

新媒体内容传播快速高效，裂变式增长。新媒体的传播速度快，传播强度高，内容形式丰富多样，这一切都使得消费者能够更加高效地获取信息。相比之下，传统营销活动的传播节点简单，传播链条较短。

新媒体营销效果评测数据化，可靠性明显。传统媒体在评估营销效果时常缺乏有效的方法，更多的是采用粗放且主观的评估方法。相较之下，新媒体营销的效果则可以数据化地精准呈现，从而为企业下一步的营销策略提供可靠分析与判断。

（二）文化旅游新媒体营销发展概况

随着新媒体的普及和显示出的日益强大的影响力，文旅行业也逐渐将营销主战场向新媒体领域转移，无论是旅游目的地、旅游景区，还是文化旅游产品，都在新媒体营销方面发力，开拓新领域、助力新发展。文化旅游新媒体营销与传统营销相比，有着非常明显的变化和典型特征。

1. 营销主体从部分走向全员

从营销主体来讲，从部分走向全员。传统媒体时代，营销主体通常是政府或文化和旅游部门、文化企业、旅游目的地、景区等，通过投放广告、制作宣传片、开展促销活动等方式进行宣传，以达到扩大知名度和影响力、提高经济效益的目的。但在新媒体时代，营销主体突破了这一单一模式，每个用户都可以成为营销主体，他们通过自己手中的新媒体，在社交平台上分享自己的旅游体验，往往能够对另外一群人的决策和行为产生影响，从而达到营销效果。

2020 年 11 月，四川藏族小伙儿丁真因为一脸纯真朴素的笑容走红网络，成为“新晋顶流”。丁真的走红，让大家记住了这个“甜野男孩”，也让世界知道了理塘这个美丽的小镇。随后，他成为当地旅游大使，通过新媒体为自己家乡做宣传，理塘也顺势推出一系列旅游优惠政策，助力当地文旅发展。此后，女副县长雪地策马奔腾、县长直播带货、文旅局长带你“云游”等新媒体营销方式层出不穷，更是显示出了新媒体强大的动员能力，打开了新媒体营销主体的多元化之路。

在万物皆媒的新媒体环境中，除了个体、组织能够成为营销主体，一切事物都可以被赋予营销的功能进而拥有营销主体的身份，比如故宫的猫、成都的大熊猫、迪士尼的玲娜贝儿等。以故宫的猫为例，这些猫不仅生活在故宫里，还生活在微博、知乎、小红书和广大网友的社交平台里，以及故宫的文创产品中。毫无疑问，除了传统的标识，猫已然成为故宫的另一张名片、另一种代言。很多游客打卡故宫，除了想要一览文化遗产的雄伟壮观，还想在故宫内与“御猫”来一场偶遇；如果能“撸一把”御猫，那就更能在社交媒体平台上引发围观、创造“爆款”的绝佳机会了。

2. 营销平台从分散走向聚合

从营销平台来讲，从分散走向聚合。在新媒体不断发展的历史进程中，文化旅游营销渠道也在随之变化。从最开始的利用门户网站、搜索引擎，到后来的博客、微博、微信公众号，再到现在的 App、视频号等，营销平台越来越多，也逐渐从分散走向了聚合。在大量实践中，文旅企业建立了自己的新媒体营销矩阵，通过打组合拳的方法，力求营销效果最大化。

一般来讲，文旅企业会建立以微博、微信、知乎、豆瓣等新媒体为主的矩阵，这些新媒体平台各有侧重，共同实现为企业营销的最终目的。例如，官方微博一般为发声平台，主要负责产品信息发布，粉丝互动，短期重点引爆，长期品牌运营等工作。微信则负责粉丝运营，如粉丝互动，产品信息，活动发布，长期粉丝维护和引导购买渠道等工作。百度贴吧适合外围单点聚焦，引发深度讨论。头条新闻侧重领袖发声，权威解读，引导舆论。豆瓣等平台强化品牌形象，配合深耕阵地，形成口碑病毒传播。而知乎等平台则用来进行某个领域的深入探讨，软性推动口碑传播。其中最为成功的案例应当是故宫博物院在近年内陆续打造的“新媒体王国”。故宫博物院的全面数字化始于 2000 年，随着博物馆与互联网的接轨，迄今已经上线了 11 款 App，官方微博、微信公众号和各类短视频账号都拥有大量粉丝。新媒体营销矩阵的规模效应已经形成，“网络故宫”已经成为人们预约参观、文化消费和社交娱乐的必备工具。

3. 营销模式从单一走向多元

从营销模式来讲，从单一走向多元。文旅行业传统的营销方式，无论是直接营销、代理营销、活动营销还是公关营销等，显然已经不能满足人们对信息获取以及文旅体验的日益丰富的需求。在新媒体环境中，一系列符合新媒体传播规律、符合受众媒介消费习惯、符合文旅产业发展需求的营销模式应运而生。例如病毒营销、事件营销、口碑营销、饥饿营销、知识营销、互动营销、情感营销、会员营销、社群营销等，让文化旅游新媒体营销的方式从单一走向多元，营销效果也呈现出几何裂变的规模。

为了应对新冠疫情对文旅行业的影响，杭州市文化广电旅游局实施了为期一年的“数字驱动文旅新消费”整合营销项目，通过政企联手、区县联动、线上线下交互和融媒体传播等方式，以数字驱动激活新消费，以文旅融合促进内循环。其中，杭州市文化广电旅游局联手淘宝第一主播开启的“‘薇’笑时刻，最忆杭州”全国首场城市文旅产品直播活动，在短短 4 小时内就获得超过 2100 万的观看量，所有商品秒杀售罄，成交额突破 2500 万元。而相关微博阅读量达到 1665.3 万，阿里巴巴相关平台曝光量达到 3 亿次。在这场活动中，杭州市民上传了千余个杭州美好生活作品，点赞数达到 45 万，活动页面浏览量达到 180 万。“杭州数字经济旅游十景”活动吸引了百余家相关媒体争相报道，境内外宣传总曝光量超 2 亿次，登上新华社浙江热榜第一，杭州发布微信公众号推文阅读量达到 7.4 万 +，微博话题阅读量高达 280 万 +；新华网与 App 端阅读人数超 80 万人次。活动也得到美联社、雅虎财经频道、亚洲网（AsiaOne）等全球综合性媒体争相报道，谷歌、雅虎、必应（Bing）世界三大搜索引擎收录，在必应（Bing）输入“杭州数字经济旅游十景”关键词，跳出相关词条高达 1400 余万条，在谷歌搜索，可跳出 7600 余条相关信息。营销效果显著，影响力突出。

4. 营销效果从有限覆盖到无远弗届

从营销效果来讲，从有限覆盖到无远弗届。传统媒体营销，无论是报纸、广播还是电视，总会囿于一定的时间或空间限制，只能产生有限的营销效果。在移动技术支持下的新媒体，突破了时间和空间的限制，真正实现了传播全覆盖。这对于文化旅游行业来说，也使得营销范围从一定区域一定时间范围内走向了全时间、全世界的新阶段。生产网红、爆款、“10 万 +”的新媒体营销产品成为常态，极大强化了文化旅游的新媒体营销效果，成为提升知名度、提高社会效益和经济收益的有力推手。

还以上文提到的杭州市文化广电旅游局的“数字驱动文旅新消费”整合营销项目为例。据不完全统计，在为期一年的活动中，杭州共吸引到 400 余家文旅企业参与，线上线下拉动消费 9383 万元；国内外主流媒体宣传曝光超 10 亿，4 次冲上新浪热搜，入选中央媒体 14 篇，省级媒体 24 篇，学习强国 26 篇。活动有效提振了消费、打响了品牌、赢得了口碑，为疫后文化和旅游产业复苏挥出了漂亮组合拳，实现了文化旅游消费带动城市消费升级的良性循环。

第二节　文化旅游新媒体营销的模式

（一）云旅游模式

新冠肺炎疫情的反复使线下旅游发展严重受阻。而移动互联网、大数据、人工智能、虚拟现实和增强现实等新兴技术加速线上旅游业态的迭代，云旅游由此诞生。足不出户即可瞰尽天下美景的“云游”模式逐渐被接受，并呈现出跨年龄、跨圈层的趋势。截至 2021 年 12 月 31 日，新浪微博话题“# 在家云旅行”阅读量已超过 9.4 亿次，讨论量达 33.4 万次。随处拍、随时播、随手分享的海量信息使“身未动，心已远”的宅家云旅游成为现实。

四川、重庆等地的馆藏类景区率先布局线上云游，“0”距离、360° 鉴赏，将旅游资源以数字媒体形式呈现出来，使虚拟体验变为现实。“全景故宫”涵盖所有已开放区域，游客可通过网页、手机领略壮美的紫禁城，还可沉浸式体验走进大殿，甚至“坐”上龙椅。

传统导游入驻新兴的短视频自媒体直播间做“云导游”，通过直播带领成千上万人看风景、听故事，探索以优质的内容、出色的创意与新型的技术完美匹配的云旅游模式，不少忠实粉丝从线上转入线下跟团，实现旅游营销的远程观光。此外，微博等新媒体平台各大旅游博主也通过云旅游形式推介旅游目的地、带领游客了解景区，拉动景区口碑提升。

云旅游模式不仅是景区和旅游从业者的狂欢，更是潜在游客为满足需求的强劲推动结果。云旅游让人们足不出户就能领略美景，同时避开高温、堵塞、排队、病毒，在家轻松实现“诗和远方”的梦想。

2020 年文化和旅游部、国家发展改革委等十部门联合印发《关于深化“互联网 + 旅游”推动旅游业高质量发展的意见》指出旅游产业智慧化转型的发展导向。当前，“云游”推动旅游产业供给侧结构的深度调整，并呈现出以下鲜明特征：全时全域，从首都中轴线上的故宫到甘孜偏远一隅的理塘，只要有人、有设备、有信号的地方，均可传播世界之美并呈现各种新奇；全民全业，由专业导游、旅游博主、极限爱好者到全民主播的权能释放，使展现故土民风成为一种文化流行，生活一隅的细节之美被凸显；全景全息，线上“云游”已完成了由二维、单向传播到全息、多向传播的探索，并不断逼近“身临其境”的体验效果，游戏式、拟像式、触控式的产品设计创造了虚拟景观的别样魅力。

（二）直播营销模式

旅游直播的营销模式始于 OTA 平台的实践。飞猪凭借电商内容化先发优势，率先把直播开进旅游业。疫情期间旅游直播的兴起是国内旅游行业缓慢复苏的助推剂，已成为当下文旅营销的主流营销方式。“上点关注下点赞，直播间里转一转，今天我为家人们带来多款我们当地的特色文旅产品。”各地市市长、县长、文旅局局长、村长、景区景点工作人员等纷纷化身带货主播，热情销售手工粉条、红莲等地方名优土特产品和景区门票、酒店、餐饮、旅游线路。文旅直播活动在各大直播平台、电商平台联动，形成文旅品牌宣传合力，直播间的常用促销组合“文旅优惠套餐”和“大礼包”，发挥着延长文旅消费链条的作用，放大文旅消费效能，推动线上流量转化为线下客流。

目前，旅游直播已从单一的产品预售转变为内容化营销，且直播频率更加频繁。2021 年 3 月起无锡拈花湾景区旗舰店每日在飞猪直播 7 小时，主要介绍拈花湾景区的活动、体验、演艺、游玩内容等。同时，联合灵山大佛景区向观众呈现更完整和体系化的度假内容。拈花湾已着手规划“宠粉日”等更具互动感的直播间运营方案。海昌海洋公园则聚焦上海海昌海洋公园的南极企鹅馆，通过每天十多个小时的企鹅慢直播，吸引数以万计的人来到直播间，看企鹅主播们发呆、跳水、嬉戏、睡觉。这些新型直播形式更具趣味性、感官性，在拉近消费者共情的同时逐渐过渡到旅游产品的销售中。

（三）影视合作模式

随着爆火的电视剧和电影的推动，影视取景地也成为人们抢争的旅游打卡地。借助影视 IP 的宣传推动、话题讨论，赋能文旅项目，增强旅游吸引力，成为文旅营销的热门玩法。

贺岁档电影《送你一朵小红花》青岛取景地成为新晋网红打卡地，埠西海鲜市场、太平山索道、八大关小路等均勾起观众“故地重游”的兴趣。青岛自然、人文资源丰富，影视产业基础深厚，近年来吸引众多摄制组前来取景拍摄，掀起青岛影视旅游热。电视剧《巡回检察组》中频频出现的圣弥厄尔教堂、奥帆中心等青岛著名景区景点，就曾在网络上引起网友热议。

作为《你好，李焕英》的主要取景地，位于湖北襄阳的湖北卫东控股集团有限公司、六〇三文创园、湖北化纤厂等地也一炮而红。襄阳文旅局数据显示，2021 年 2 月 11—17 日，襄阳市共接待游客 83.76 万人次，实现旅游收入 15404 万元。而“#你好李焕英襄阳取景地吸引众多游客打卡”话题微博阅读量高达 470.1 万。12 月 3 日播出的《青春环游记 3》襄阳站重回《你好，李焕英》拍摄地，再度掀起襄阳热度。襄阳的走红将影视与文旅营销再次摆到观众与旅行者面前，也彰显了微博、抖音等社交新媒体对影视与取景地的双向传播与营销带动作用。

在《山河令》演唱会落地前，苏州这一旅游城市曾有爆款剧《都挺好》加持；河南因为元宵晚会《唐宫夜宴》一炮而红。不同的是，苏州在《山河令》IP 加持下再度出圈，而郑州、洛阳则凭借文化实力和“文博热”，成为新晋旅游景点。再加上出圈影视的带动，吸引更多的目光。例如，爱奇艺通过《风起洛阳》核心剧集，带火神都洛阳之外，还衍生开发线上综艺、漫画、剧本杀、主题酒店等项目，以影视带动模式加之社交媒体的讨论热度和海量流量，让更多名不见经传的小地方、小景区走进普罗大众眼中。

（四）素人代言模式

2020 年，文化和旅游部曾印发通知，提出要培养一批本地、本村网络直播带货能人、扩大乡村土特产品的直播销售。“要引导这些网红达人坚持正确导向，在发展旅游，特别是在脱贫攻坚中发挥重要作用。”

素人演变为网红，让家乡成为网红目的地，带动城市品牌的塑造和旅游目的地的火爆，已成为素人代言模式的发展路径。

新疆昭苏县女副县长贺娇龙雪地策马奔腾走红，让文旅代言的“素人”模式有了更切实的发展内涵。视频中，她身披红斗篷，飒爽策马，笑容灿烂，帅气的身形感染了无数网友。相关话题很快冲上热搜，旅游团排期火爆，取得了很好的文旅营销效果。贺县长走红彰显出文化旅游新媒体营销的魅力与魔力，更反映了下沉县域中文旅新媒体营销的积极探索和累积性效果。素人代言在旅游开发、脱贫攻坚和乡村振兴等方面起到的积极作用，验证了新媒体营销能有效拓展乡村旅游的客源渠道、助力贫困村增加收入的箴言。

（五）社交平台种草

新媒体社交平台利用短平快的内容种草模式，利用其庞大的视频量和精准的推荐机制，在文旅营销市场上崭露头角。快手、抖音、小红书带着内容种草神器“短视频和直播”，依托平台的社交互动矩阵资源优势和渠道头部文旅红人力量，通过渗透城市文旅触点，打造区域文旅爆款内容，以点带面的形式，实现文旅行业和区域经济的双赢发展，成为文旅行业从种草到消费的快速变现模式。新媒体平台不断延伸城市文旅品牌推广、文旅项目攻略种草、旅游达人孵化等，一系列模块化文旅营销推广方式在全国范围内开展应用。

无论是针对全国重点城市推出的文旅品牌推广计划，还是深入乡村，联合匠人的流量扶持，抖音、快手、小红书等新媒体平台连续推出不同发展举措，助力文旅城市、文旅乡村和文旅项目实现流量爆发增长（见表 13-1）。

表 13-1　社交媒体平台布局文旅营销活动举例

新媒体平台	平台特点	内容传播特征	主要营销形式	文旅营销活动
抖音	短视频平台，泛娱乐内容属性强，信息表达层次丰富，传播力度强，用户以日常休闲为主要需求。	平台拍摄感泛娱乐，容易在用户间形成传播和记忆点。	短视频推荐与测评。	网红目的地的孵化器，国民级文旅内容记录平台。2020 年，推出“Dou in 美好乡村”等系列活动，上线“抖 inCity 美好生活节”2.0 版本，快速覆盖一二线城市及下沉市场流量。
快手	短视频平台，内容以生活化与泛娱乐化为主，日常休闲需求用户多。	平台 KOL 与粉丝间信任感强，易引导用户喜好与行为。	短视频推荐与测评。	持续推出“快手非遗学院”、本土 IP 孵化的“城市记录官”活动、以及“快手光合文旅计划”等，重点对 5A 级景区、非遗传承人、金牌导游、文旅创作者进行流量支持。

续表

新媒体平台	平台特点	内容传播特征	主要营销形式	文旅营销活动
小红书	内容电商，商品内容分享属性强，寻求商品推荐指导需求用户多。	平台在具有花式种草内容分享属性的基础上，布局消费属性，使种草到拔草间的转化更为高效。	商品种草、拔草与消费引导。	2020 年推出“Red City 城市计划”，联合湖州、台州等城市，通过策划文旅活动、推介小红书网红打卡点、培养旅游达人、邀请小红书网友采风等形式，进行文旅城市品牌推广；此外，小红书在上海、广州、西安、成都等城市及周边也相继开展“种草周边游”直播活动。

数据来源：根据公开资料整理。

美好目的地已成为 Z 世代打卡的指向标，以抖音为代表的短视频平台通过激发用户自主创作热情，依靠用户上传、分享、种草、打卡美好目的地等形式，形成旅游新生态模式，在发掘美好目的地中的作用愈发显现。

为使陕西特色景区搭上美好目的地的顺风车，华山西峰大索道和白鹿原影视城与巨量引擎陕西独家代理合作伙伴西安微聚共同打造了 # 峰景西边更好 # 和 # 早晚趣游白鹿原 # 抖音话题，塑造了融聚陕西特色的旅游名片，助力两大文旅品牌从硬推广过渡到软传播，为景区增加新的增长动能，在达人矩阵、IP 话题运营、文创分享等方面形成营销闭环，达到超 2 亿强曝光效应，为陕西文旅圈提供“种草经济”示范。

华山西峰大索道以 # 峰景西边更好 # 挑战赛形成线上声量优势，线下不断加强游客社交体验感、自身参与感，通过双线组合拳让西峰索道成为居民和游客的热门打卡地。在这场强效的景区种草曝光中，华山西峰大索道打造了一次话题运营 + 百万级流量达人团 + 超强互动视频参与的三大亮点全链营销。# 峰景西边更好 # 话题集结了当地多位优质文旅达人，通过创意短视频从游玩攻略、故事叙述等不同方面展现了西峰大索道的特别。其中，@ 古装姑娘的古风叙事风格让巍峨险峻的华山变得引人入胜，激起用户想要出游体验的欲望。华山西峰大索道在达人矩阵的基础上，利用文旅红人 + 文旅内容实现了由点到面的人群高覆盖。

超强互动视频参与，形成二次种草效应。# 峰景西边更好 # 话题引起了众多用户一起记录华山西峰大索道的美景，在用户圈层中实现破壁传播。此外，大量的沉浸式出游体验激起爱好者制订自己的出游计划，进而自己也分享出游时光，在用户群体中形成二次种草效应。# 峰景西边更好 # 挑战赛以内容裂变创意，以优质旅游达人全民参与，让华山西峰大索道从游玩攻略、历史文化、故事背景等方面立体化，刷新新用户的参与感和新鲜感。最终，# 峰景西边更好 # 挑战赛参与数据超 1.2 亿，视频点赞均过万，最高点赞视频 11.9 万，@ 华山西峰大索道，账号粉丝增长达 2 万。

白鹿原影视城通过联合国民级短视频平台，利用自身 IP 与达人热度，发起 # 早晚趣游白鹿原 # 抖音话题，重塑白鹿原品牌形象，以多元化的体验丰富了白鹿原的文化内涵。通过互动话题、达人引领、UGC（用户原创内容）参与，深挖景区文旅 IP 爆点，让白鹿原不止一面，日游体验影视文化魅力，夜游品鉴非遗民俗，日游夜游都有趣。# 早晚趣游白鹿原 # 播放量超 1.5 亿，达人视频总播放超 2800 万次，全网参与视频 1.8 万支，有效地拉动体验式消费，让白鹿原影视城真正出圈，完成一场完美的线上反哺线下的营销活动。

第三节　文化旅游新媒体营销发展趋势

（一）科技赋能，引领文旅新体验

技术，是新媒体不断发展的动力，一切新媒体的进步和发展都离不开技术的支撑。数字技术、互联网技术、通信技术、人工智能技术等在营销领域中的应用，为文旅行业的发展打开了新的大门，如智慧景区、虚拟动画、3D 展馆、4D 电影等，早已充分应用到文旅行业发展之中。尤其是在近两年新冠肺炎疫情防控常态化背景下，各地文旅企业纷纷推出“云旅游”“云演出”“云展览”“云讲座”等仿真体验项目，让人们足不出户就能欣赏体验到各地美景，既满足了人们无法出行却又想“出去看看”的需求，又成功地营销了一把自己，赚足了流量和吸引力，而这其中技术是必不可少的支持手段。

未来，5G、8K、人工智能、无人机、VR、AR、数据区块链、纳米物联网等各种高科技、新技术的普及，以及元宇宙概念的落地，都将会再次为文旅营销保驾护航、锦上添花。这些新技术在文旅营销中的应用，也一定会生产出更加生动、多元、真实、丰富的新媒体产品，为用户提供更丰富的文化消费产品，更个性化的消费选择，更便捷高效的交通、商业、餐饮、住宿等基础服务以及更加完善的休闲消费体验产品及服务。

（二）全民参与，激发文旅新活力

随着技术和移动设备的日益普及，新媒体内容生产的门槛变得越来越低，逐渐从专业化走向全民参与。这一趋势在文旅新媒体营销中表现得也十分充分，从重庆的轻轨穿楼到西安的摔碗酒，从长沙的文和友到北京的环球影城，小到一个文旅产品大到一个旅游目的地，在广大新媒体用户的镜头中、文字里，借由新媒体平台的扩散和传播，一次次形成爆款、网红，收获了大家的好奇心和打卡愿望，进而在大家前往的旅游体验中再一次爆发，显示出“文旅 + 新媒体”的强大力量。未来，全民营销、达人营销等将继续在新媒体营销中扮演重要角色。

尽管由政府、官方、企业等主导的营销模式还会一直存在且保持主流地位，但在海量的个体用户面前，传播力和影响力已显得十分有限。在未来，只有充分挖掘广大用户的内容生产潜能，借由口碑营销、粉丝营销、社群营销等系列新媒体营销方式，才能在“全民狂欢”语境中，更好地激发文旅行业新活力。

（三）丰富手段，创造营销新效果

随着社会发展和消费环境的变化，Z 世代逐渐成为消费主力，营销领域也迎来了真正的消费主权时代。消费者的需求发生了本质变化，他们从原来的注重产品的单一使用功能，到现在更加希望拥有更多的情感价值。同时，在海量信息和多元化选择面前，消费者的决策路径也发生了两极分化的现象，有时会瞬间做出选择，有时又会反复比较、艰难决定。而从品牌角度来讲，未来将更加注重与消费者的“共创”，希望通过更加频繁和强烈的参与互动增加用户黏性。

新的消费需求和消费习惯势必带来营销手段的变化，单一营销手法已经远远不能满足文旅行业发展的需求，而是要采取丰富多元的营销组合。例如，通过人心洞察的营销手段，以微观观察与大数据相结合的方式，让营销效果更加精准；通过产品创新的营销手段，将最佳的创意与最优的组合送达给消费者，使营销更具营销力；通过讲述走心故事进行情感营销，可以提升品牌价值，实现口碑共创。

（四）责任担当，彰显文旅新面貌

营销不仅仅是为了带来可观的经济效益，在文旅发展新时代，文旅行业更加注重品牌形象和社会影响力。借助新媒体，文旅行业表现出了与祖国同呼吸共命运的情怀和担当，彰显了文旅行业新面貌。尤其是在新冠肺炎疫情期间，文旅产业遭遇重创，而在关闭停业期间，文旅领域的新媒体营销从未停止，并且不断向公众传递正能量。

2021 年 7 月，由于疫情紧迫，张家界采取了一系列防控措施，其中包含全市所有景区（景点）暂停对外开放。突如其来的疫情，让张家界再次进入紧张状态。但在这期间，一组闭园海报却在社交媒体上广为流传。海报的主要内容为张家界的各个景点，并配有“如画风景永远在，风雨过后等你来”“云开‘疫’散，重逢有时”“其实想说‘你别走’，只能暂话‘你别来’”等文案。一幅幅美丽的景色、一段段生动的文字触动着每一位网民的心，让广大网友瞬间“破防”，不少网友表示“这是一座城市的邀约”“欠张家界一次旅游”。疫情面前，闭园虽属无奈之举，却是文旅行业的社会责任和担当；尽管如此，张家界依然抱着最大的热情通过新媒体向广大人民表达了歉意和最诚挚的邀约。事实上，面对突发的整体性灾难，人与人之间的互相联结、共情尤为重要。这组闭园海报在传递出人文温度的同时，也展现了张家界对外界的一种态度：疫情之下，我们风雨同舟，正应了海报中的那句“携手战‘疫’，见图如面”。当然，正如网友们所说的那样，这也是一座城市对网友们发出的诚挚邀约——山水迢迢，希望能够再次相见。

张家界刷爆朋友圈并好评无数的闭园海报只是近两年文旅行业展现责任担当的众多案例之一。事实上，通过营销实现经济增长，已不再是文旅产业的唯一目的；相反，大家更加注重通过新媒体广泛的覆盖面和强大的影响力，传播品牌理念，塑造品牌形象，提升品牌价值。而这也是文旅行业想要走得更快、更远、更好的重要无形资产。

（五）系统运作，塑造文旅新品牌

从最开始的实践到现在，文旅新媒体营销大约走过了 20 个年头。从最开始的初试水，到现在的成立专业部门、打造专业团队、开展多领域合作等，文旅新媒体营销逐渐专业化、精细化、系统化。

以吉林省文化和旅游厅近年来在新媒体营销领域的创新性举措为例。为适应新形势下媒体传播格局的巨大变化，全力推动文旅政务新媒体建设，吉林省文旅厅打造了以“悠游吉林”为主题的新媒体矩阵，塑造了“小吉”拟人化政务媒体新形象，成为广大游客、网友贴心的文旅咨询师，助推整个吉林文旅产业的发展。

而早在 2013 年 6 月，吉林省旅游局（现吉林省文化和旅游厅）就瞄准互联网发展新趋势，注册“吉林省旅游局”官方微信号并正式运营。2018 年 4 月，吉林省旅游局紧跟时代发展，又建立了政务抖音账号“悠游吉林”，进入了全新短视频传播时代。目前，通过业务创新、技术创新、服务创新，“悠游吉林”新媒体矩阵已经成为深化政务公开、游客了解目的地资讯、游客咨询建议投诉的重要窗口。文旅融合大背景下，吉林省文化和旅游厅升级开发“悠游吉林”微信公众号下的“小吉 +”平台主体信息数据库，重新架构文化和旅游数据库逻辑，实现了文化场馆、旅游景区的信息展示、检索等功能；扩大服务面，利用地理信息技术多维度展示吉林省文旅信息；将旅游投诉、文化举报兼容到服务平台中，并充分发挥该系统接口功能，为其他可扩展菜单功能的新媒体用户平台提供服务。

2017 年 5 月，吉林省旅游新媒体联盟正式成立，联盟以原吉林省旅发委新媒体矩阵为引领，联盟单位基本实现了主流新媒体平台全覆盖，累计覆盖粉丝近 2000 万。在随后的几年中，吉林文旅新媒体联盟持续发挥作用。2020 年年初，吉林省文化和旅游厅重磅推出吉林文旅自媒体“双百”扶持提升计划，数据显示，通过双百计划，“悠游吉林”新媒体矩阵扶持和联动优秀政务账号、优秀机构类账号 299 个、特色自媒体账号 178 个、全平台账号近千个。通过举办活动、流量扶持、交流培训，这些优质账号日渐崛起，和“悠游吉林”新媒体矩阵共同成为展现精彩吉林、讲述吉林文旅故事的生力军。

2020 年年初，面对新冠肺炎疫情，吉林省文旅行业更是迎来前所未有的冲击和挑战。“悠游吉林”新媒体矩阵深知责任之重，及时发布文旅相关疫情信息，向全国网友通报抗疫动态。同时，在特殊时期通过短视频传播吉林文化艺术，给居家的百姓带来欢乐。疫情防控和复工复产阶段，“悠游吉林”抖音号制作短视频 148 条，累计播放量 3561.7 万次、网友点赞 87.3 万次。

为探索“传统艺术 + 新媒体传播”新模式，2020 年端午期间，“悠游吉林”抖音号开启戏曲、曲艺线上云直播。通过直播培训、预热视频、流量推送等多维度助力吉林省文旅融合、文化推广。吉林省曲艺团、吉林省戏曲剧院京剧团在“悠游吉林”抖音号上首开吉京、吉曲线上直播；吉林省曲艺团将传统相声、快板、京东大鼓注入时代元素和网络热点，直播 9 个节目；吉林省戏曲剧院京剧团联合吉林艺术学院精心打造的“云上京剧演唱会”专场，让广大网友足不出户直观感受国粹艺术魅力，获 5 万多次点赞。

深耕多年，“悠游吉林”新媒体矩阵一路成长，不忘初心，不断扩大矩阵的品牌影响力和传播力，全面提升内容品质和吉林文旅的品牌形象，让更多人成为吉林文旅形象的传播者。

除了吉林省文旅厅的成功经验之外，故宫博物院年轻的新媒体营销团队，河南卫视将传统文化与地域文化结合的“破圈”现象，四川的“文旅 +”“+ 文旅”跨界融合营销等，都让我们看到了专业团队、系统运作的强大力量。在大文旅时代，也只有通过打通各个领域、实现多平台合作，集合多方力量，才能够创造现象级的文旅新媒体产品，助力文旅产业更快更好发展。

第四节　文化旅游新媒体营销典型案例

（一）借势新媒体东风，推动武汉文旅重振

疫情常态化下文旅行业的危机需要更加主动地应对。新媒体渠道获千万级流量关注，武汉在疫情后利用新媒体重振文旅，开启形象重塑的路径值得借鉴。《武汉，我们等你》《阳台上的武汉》、32 张感恩海报、“谢谢你为武汉拼过命”令无数人动容；武汉以新媒体传播为媒，向世界宣传这座城市治愈、恢复、重新焕发活力的新形象。

疫情期间，武汉市文化和旅游局通过微信公众号、微博等新媒体持续发声，积极传播“武汉别来无恙”的主题及主要的旅游产品。2020 年 3 月 17 日，第一批援鄂医疗队员返程之时，武汉文化和旅游局发布 32 张感恩海报，以武汉长江大桥、武汉大学、黄鹤楼、热干面等武汉元素为背景，向疫情期间支援武汉的各地医疗队表示感谢，成为一组走心的旅游广告，网络上相关话题的阅读量和讨论量备受关注。

2020 年 4 月初，一则“两只小企鹅打卡黄鹤楼”的新闻被顶上微博热搜。这则

来自武汉海昌海洋极地公园官方微博的信息，意料之外地走红了。武汉政府官方微博“武汉发布”也借此向外界传递出正在疫情重创中走出来的信息，如持续通报武汉疫情最新情况，武汉景区、客运、航空市场的恢复情况等。

微博策划的 2020# 带着微博去旅行话题类活动 #，第一期话题（7 月 21 日—8 月 1 日）便是 # 爱上湖北的理由 #，随后武汉市文化和旅游局发起 # 打卡大武汉活动 #，充分调动微博内容矩阵，联动明星、名博、新浪全国 23 个地方站对“打卡大武汉文旅消费促进活动”进行推广，助力武汉旅行疫后复苏。

据统计，# 打卡大武汉 #、# 打卡大武汉开启新旅程 # 阅读量累计达到 1.9 亿次，带来全国人民对武汉樱花的向往、挑起人们对武汉热干面的食欲，并促成用户登上黄鹤楼，将一览英雄城市的愿景化为美照。武汉市文化和旅游局数据显示，2020 年十一国庆黄金周期间，武汉市共接待游客人次近 1900 万、实现旅游综合收入超 92 亿元；分别恢复至 2019 年同期的 83.21%、73.18%。

而这些旅游事件之所以能够在微博上实现破圈层传播、在全国范围内引起关注，是微博天然的社交属性、开放性和平台资源及传播能力共同作用的结果。微博上热搜的旅游话题层出不穷，成为文化旅游的新媒体阵地。

除了微博的广泛运用，武汉文旅疫情恢复还借用云旅游直播活动、旅游宣传短片、风景海报等有利契机，向外界展示英雄城市——武汉。

武汉市文旅局联合学习强国、人民日报、抖音、斗鱼等 26 余家直播平台，推出“云游 · 春光中的武汉”直播活动，第一期主题“在武汉，想念武汉”引发无数武汉人的情感共鸣。2020 年 3 月 13 日，直播首发便迎来 636 万网友观看，截至同年 4 月 1 日已累计 2.14 亿人次“春游武汉”，微博同步话题 # 春光中的武汉 # 阅读 5424.7 万次，讨论 1.7 万次。

此次直播中，尤以“武大樱花”圈粉无数。新华社联合武汉大学、中国移动共同推出全球首次 5G+VR“云赏樱”，2020 年 3 月 16 日至 27 日，每天 10 时至 16 时，12 个通道 24 余个授权平台账号同步开启云赏樱模式。据武汉大学官方微博数据显示，# 武大樱花云直播 # 首日超千万人次观看，话题阅读 1707.3 万次，讨论 1 万次。

2021 年樱花季，武汉成为最出圈的城市之一。2021 年 3 月初，湖北省人民政府官宣以“相约春天赏樱花”为主题的系列活动安排；武汉正式向全国人民发出赏樱邀请。武汉 40 余个赏樱景点、10 条赏花游线路、100 余个赏花团队、200 余场赏花文艺演出、30 天武汉东湖樱花节、100 万张武汉旅游惠民券于这个特别的樱花季缤纷呈现。

2020 年齐心战疫时，全国人民坚信“待到樱花烂漫时，光明必将取代黑暗”；一年过去后，武汉加速迎来新的城市面貌。2021 年 3 月，全国各地人民陆续来到湖北武汉，共赏樱花。以东湖风景区为例，仅 3 月 13 日游客量就高达 50 万人次，也是该景区单日游客量首次突破 50 万人次。可以说，2021 年的武汉樱花季是一个史无前例、盛况空前、顶级流量，且有着特殊含义的城市盛会。2021 年 3 月 10 日起至 31 日，武汉正式启动“烂漫樱花地，最美英雄城”主题长江灯光秀，以灯光的语言扮靓城市夜色，创意展现樱花季的浪漫场景和武汉城市欣欣向荣的崭新气象。

（二）河南卫视“出圈”，文旅新媒体营销的创新

“老家河南”的文旅营销在“年轻化”打造上做了很多尝试和布局。从与国民短视频平台快手打造创新“快手网红文旅大会”，再到联合字节跳动举办“全球文旅创作者大会”，河南开始出圈。从疫情期间的云赏花，到直播带货、助力脱贫攻坚；从数字龙门，到云台山智慧景区建设；从“老家河南”刷屏网络，到唐宫小姐姐破圈走红，技术驱动和内容创新成为河南文旅高质量发展的强劲引擎。

第三届全球文旅创作者大会的重要组成造氧音乐节，开拓典型的互联网 + 时代的文旅新玩法。主办方通过打通移动、联通、电信运营商的 5G 富媒信息，精准锁定目标客群画像，直达全国年轻兴趣群体千万人次；同时在微博、微信、头条、大麦等主流互联网渠道进行多次多样的跨平台宣传推广。最引人关注的是主办方联名保时捷、滴滴、哈啤、魔爪等超过 30 个头部品牌进行联合推广，众品牌方利用各自渠道优势集中火力精准覆盖，既合作共赢，也在市场上掀起了一股强势的造氧“冲击波”。

2020 年，一句“远赴人间惊鸿宴，老君山上吃泡面”将老君山景区带火。一年时间，景区里到处都是慕名前来的游客，到访人次增长 220%，周末时可达到最大承载量 1 万人。2021 年，《风起洛阳》热播，同名插曲中唱道：“老君山颔首，龙门慈悲生，黄河千里远，人间万般情。”老君山被提名，热度暴增。2021 年 12 月 23 日至 2022 年 1 月 23 日，老君山对全国人民免门票，诚邀大家前去赏雪。“冰雪雾凇”迅速登上微信搜索、百度搜索、抖音短视频热搜榜首。吸引众多游客“远赴人间惊

鸿宴，一睹人间盛世颜”。在新媒体营销上老君山紧盯短视频营销，出台短视频激励政策，邀请头部旅游达人到老君山采风，大网红带动小网红产生裂变，带动数以亿计的粉丝关注。在暴雨和疫情影响闭园期间，老君山常态化的官号借助云旅游，以直播“峰林仙境、十里画屏”让游客云赏美景。截至目前，老君山的抖音官方账号粉丝量为 90W+，兴趣点（POI）定位 62.2 亿 +，地址收藏量 425.5W+，长期占据洛阳市游玩人气榜、洛阳市景点人气榜榜首。

河南景区“营销之王”云台山不仅推出“汉服花朝节”、国风演艺，还在夏季举办电音节。

2020 年 12 月，有网友在社交媒体直播“考古盲盒”开盒全过程：“考古神器”洛阳铲一铲一铲下去，挖出了青铜虎符和兔首印章。随后，这款河南博物院出品的“考古盲盒”屡屡脱销。2021 年 6 月，2000 个“考古盲盒”正式出海前往加拿大，在当地的华人商超进行售卖。厚重的文化符号装进“盲盒”这一新消费形式和新媒体平台的社交裂变传播里，河南文旅的火花逐渐点燃。

2021 年，河南文旅彻底出圈。从春节以唐俑重现为巧思的《唐宫夜宴》，到借《清明上河图》中纸扇书生形象“打卡”中原文化地标的《清明时节奇妙游》，到洛神水下曼妙起舞、《兰陵王入阵曲》精彩重现的《端午奇妙游》，再到以“龙门石窟”灿烂的佛教文化为内核的《七夕奇妙游》，再到《中秋奇妙游》，独特的风格、精美的画风、文化的震撼，让观众们赞不绝口。

利用新媒体平台，开展文旅融合营销，河南成为典型代表。快手科技有限公司副总裁余敬中在接受媒体采访时表示，河南春晚在快手首播成功，在运营策略上采用“正片 + 主持人点评”“直播 + 短视频”两种模式，为节目的破圈传播打下了基础。凭借河南卫视《唐宫夜宴》和《洛神水赋》等大热出圈的创意节目，河南强势进入了大众更多视野。这份关注和认同，被嫁接到对河南城市和具体景点上。《唐宫夜宴》走红后，河南博物院在相关平台上的搜索数量达到了同期的五倍以上，打卡人数也较往年有明显增长。

河南拥有独特的文化底蕴，其创意节目的出圈看似意外，其实是惊艳的形式创新、精致的舞美制作、强烈的文化好感度、节假日高社交热度、新媒体平台裂变传播口碑推荐等各方面因素的集中。

（三）北京环球影城爆火，IP+ 新媒体联动营销

北京环球影城频繁成为微博热搜榜的“常驻嘉宾”。备受追捧的新晋网红打卡地北京环球影城国庆前三天门票预订量已经赶超中秋小长假。# 十一期间北京环球影城人均消费或超 3000 元 #、# 北京环球影城工作日排队超 1 小时 #、# 话痨威震天打造社交天花板 # 诸多话题，一次又一次地让环球影城攀上热搜高位。

威震天本身是漫威的著名 IP，在北京环球影城中和游客的互动没有固定的台本，面对不同游客千奇百怪的问题，灵机应对、幽默风趣，给游客带来惊喜的效果。北京环球影城威震天的出圈走红，展现了一次成功的互动式营销和传播。从我演你看，到我邀你一起参与；从我说你听，到现场互动；从走马观花，到沉浸式体验，环球影城抓住了威震天这个漫威影视经典 IP 的影响力，赋予其更有趣、更接地气的灵魂。威震天通过提供沉浸式新体验，成功营造了一个语言犀利幽默又有点呆萌的形象，它的出圈走红水到渠成。抖音、微博等新媒体平台频频刷屏。微博上，# 北京环球影城的威震天 # 阅读量已达 2 亿，不少微博大 V 纷纷转发扩散，更有博主在抖音平台专门为威震天注册账号，发布相关视频，一条短视频最高可达百万播放量。有网友评论道，“想去环球影城，就为了看威震天说单口相声”。

明星打卡，多渠道助力传播。试营业期间，微博大 V 加持，明星 vlog 打卡、素人话题助力，北京环球影城引起全网共鸣。身处环球影城的网友们就在社交平台上晒出了“花式偶遇明星”的照片，包括李冰冰、邓超、贾玲、张小斐、章子怡、佟丽娅、戚薇、白敬亭、魏大勋、陈伟霆、吴磊、王源、关晓彤、刘雯、王冰冰等。环球影城成了各界艺人明星打卡圣地，为环球影城品牌做着最大的营销。

品牌联动增加营销的传播力度。据不完全统计，工商银行和中国人寿率先同北京环球影城达成了战略合作关系，共同推动金融科技赋能文化旅游的新体验。工商银行在卡片设计方面，融合小黄人、功夫熊猫等经典 IP 形象，高度契合北京环球影城的特色元素。宝马、蒙牛、天猫等知名品牌联合发起了抽奖送门票活动。天猫大牌日惊喜预热，推出 88VIP 会员专享抽奖活动，中奖者即可获得北京环球影城试运行指定单日门票。

多平台助力提高品牌声量。在北京环球影城的强影响力之下，各大平台纷纷开辟了环球影城专区，间接为其品牌营销添了一把火。例如社交平台小红书上，值得一试的美食，住哪儿最方便，解锁省时秘籍，涵盖吃喝玩乐住行的所有相关问题一

应俱全。小红书作为生活分享平台，基于自身特色还另外添加了拍照攻略和穿搭指南等特殊板块。B 站则集结了众多网红博主的打卡攻略，用一份超详细的游玩指南让网友感受到身临其境般的沉浸式体验。

除了携程、去哪儿网等旅行购票平台，抖音和小红书等非旅行类 App 也开辟了购票通道，另外还有带货博主通过平台直播的方式售票，从图文视频种草到一键下单，以视听结合的方式扩充消费场景，缩短了消费链路。从提前预热到游玩攻略再到明星网红打卡，北京环球影城细细密密地插入了营销的每一个环节，利用新媒体平台，让消费者从认知到认同再到认购，快速提升了北京环球影城的品牌效应。

（作者简介：郭缨，中国旅游研究院文化旅游研究基地研究员；王春燕，中国旅游研究院文化旅游研究基地助理研究员，郑州商学院工商管理学院教师）

专题篇

第十四章　国家文化公园建设背景下黄河流域文化和旅游资源现状分析与展望

李　慧　程遂营　王　伟

建设黄河国家文化公园是深入贯彻落实习近平总书记关于发掘好、利用好丰富文物和文化资源等一系列重要指示精神的重要举措，也是切实增强责任感、使命感，使其成为传承中华文明的历史文化长廊、凝聚中国力量的共同精神家园、提升人民生活品质的文旅体验空间，真正打造成为中华文化重要标志的政治任务。本报告系统梳理黄河流域的国家级文物保护单位、历史文化名城、名镇、名村、传统村落、乡村旅游重点村、A 级旅游景区、星级酒店等资源分布现状，并尝试提出黄河流域文化和旅游资源开发的建议，以期为黄河国家文化公园的建设提供理论支撑。

第一节　黄河流域文化和旅游资源分布现状

黄河流域在漫长的演变过程中，积淀了丰富的文化旅游资源，彰显了黄河流域深厚的文化底蕴，充分挖掘其优秀文化资源，打造文化精品，对于熏陶社会大众、塑造民族性格、激发民族自信心和民族自豪感、引导人们更加全面准确地认识中华民族的历史传统和文化积淀，具有重大而深远的历史意义。

（一）国家级文物保护单位

文物保护单位是中国大陆对确定纳入保护对象的不可移动文物的统称，并对文物保护单位本体及周围一定范围实施重点保护的区域。黄河流域是中华民族五千年文明的摇篮，这里孕育了灿烂的历史文化，保留着丰富的不可移动文物资源。

从数量上看，黄河流域国家级文物保护单位数量众多，在全国占比较大。截至2021年，我国共批复5058项国家级文物保护单位，黄河流域共有2122项（如表14-1所示），占全国国家级文物保护单位总量的比例高达41.95%。其中，黄河流域拥有的古遗址有559项，占全国的比例46.82%；古墓葬有187项，占全国的比例接近45%；石窟及石刻的数量为162项，超过全国307项总数的一半。此外，古建筑及历史纪念建筑物在黄河流域的分布也较多，占全国比例的46.53%。由此可见，黄河流域国家级文物保护单位数量众多，各类型的文物保护单位在全国均占据优势地位。

表14-1　全国及黄河流域国家级文物保护单位项目数量及类型结构

文物保护单位类型	黄河流域		全国总计		黄河流域占全国比例（%）
	数量（个）	占比（%）	数量（个）	占比（%）	
古遗址	559	26.34	1194	23.61	46.82
古墓葬	187	8.81	418	8.26	44.74
石窟及石刻	162	7.63	307	6.07	52.77
革命遗址及革命纪念建筑物	10	0.47	84	1.66	11.90
古建筑及历史纪念建筑物	1005	47.36	2160	42.70	46.53
近代史重要史迹及代表性建筑	191	9.00	952	18.82	20.06
合计	2122	100.00	5058	100.00	41.95

从类型上看，黄河流域国家级文物保护单位类型丰富，类型结构与全国趋同。全国有古遗址、古墓葬、石窟及石刻、革命遗址及革命纪念建筑物、古建筑及历史纪念建筑物、近代史重要史迹及代表性建筑6种类型，以上类型在黄河流域均有分布，说明黄河流域国家级文物保护单位种类丰富。其中，以古遗址和古建筑及历史纪念建筑物为主（如图14-1所示），数量分别为559项和1005项，占黄河流域国家级文物保护单位的比例分别为26.34%和47.36%。古墓葬、石窟及石刻、革命遗

址及革命纪念建筑物在黄河流域也有少量分布，在全国占比均在 10% 以下。整体来看，国家级文物保护单位在全国以古遗址、古建筑及历史纪念建筑物为主，占全国国家级文物保护单位的比重较大，累计占比达 66.31%。由此可见，黄河流域与全国的国家级文物保护单位类型结构基本趋同，以古遗址和古建筑及历史纪念建筑物为主。

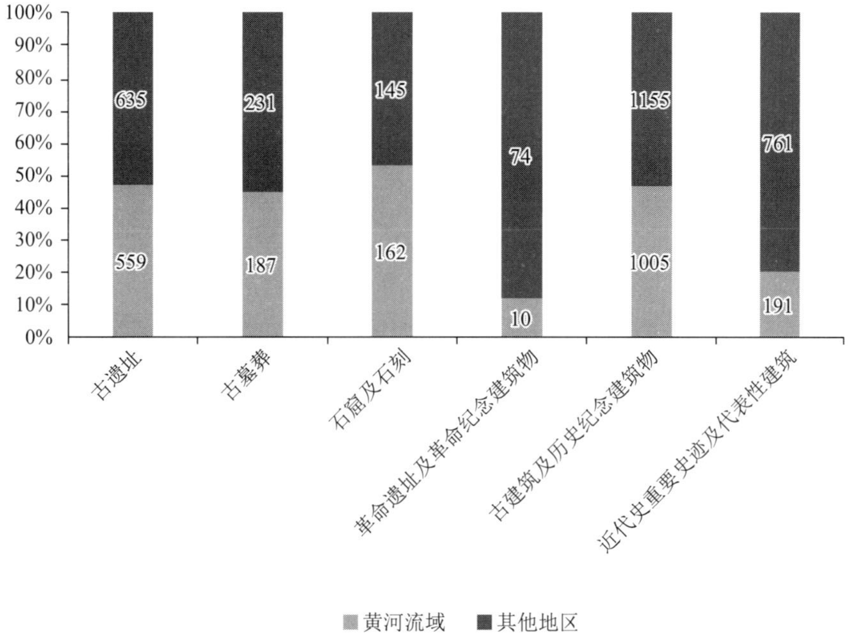

图 14-1　黄河流域 9 省区及其他地区各类国家级文物保护单位数量

从省域分布上看，黄河流域的国家级文物保护单位集中分布在中下游地区，其中以内蒙古、山西、陕西、河南、山东所占的份额较大。例如，古建筑及历史纪念建筑物集中分布在山西和河南，革命遗址及革命纪念建筑物集中分布在四川、山西、山东，其他省份则无分布；古遗址在山西分布数量最多，占据优势地位，河南次之。古墓葬在各省的分布较为均匀（见图 14-2）。

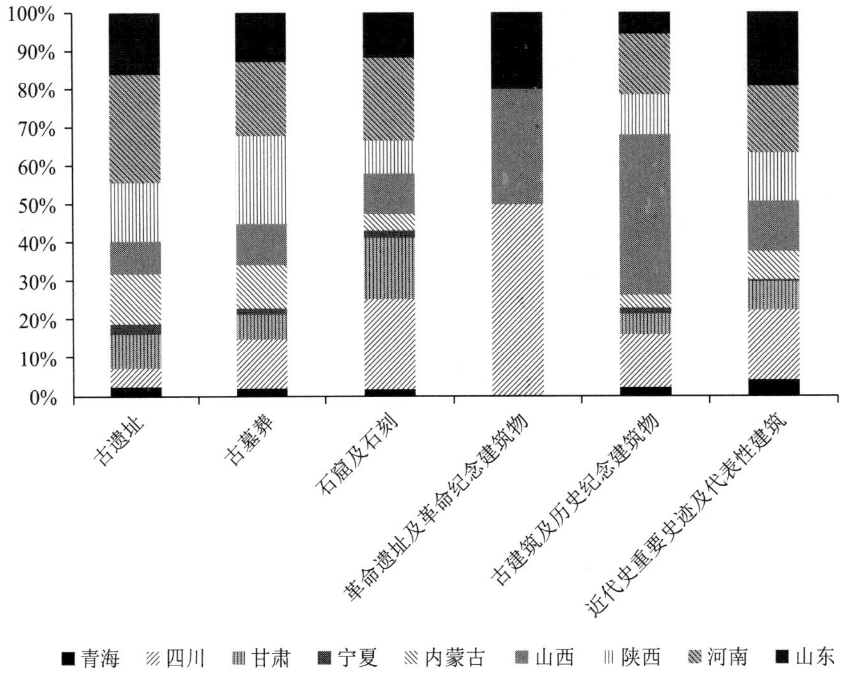

图 14-2　黄河流域各类国家级文物保护单位的省域分布

（二）历史文化名城、名镇、名村

历史文化名城、名镇、名村是珍贵的文化遗产，是实现城乡高质量发展、“留住乡愁”的重要载体，对提升文化自信、弘扬优秀传统文化以及构建富于内涵的城乡景观风貌，均具有战略性意义。截至 2021 年 8 月，国务院已公布 134 座国家历史文化名城，住房和城乡建设部与国家文物局共公布 312 个中国历史文化名镇、487 个中国历史文化名村。黄河流域分布着众多的历史文化名城、名镇、名村，有 45 个国家级历史文化名城，81 个国家级历史文化名镇，138 个国家级历史文化名村，占全国的比例分别为 33.58%、25.96%、28.33%。此外，在中国八大古都中，黄河流域分有 4 座，分别为开封、洛阳、安阳、西安。这些历史文化名城、名镇、名村是黄河文化的重要载体，也是黄河流域大保护、大开发的主要对象，对讲好黄河故事具有重要意义。

历史文化名城有着相同的特征，它们不仅拥有悠久的历史，迷人的自然风景和人文景观，同时在当代的历史长河中都曾扮演过重要的角色，具有鲜明的区域文化特色。由表 14-2 可知，黄河流域拥有的历史文化名城的数量为 45 个，其中上游 14 个，中游 13 个，下游 18 个，占比分别为 31.11%、28.89%、40.00%。由此可见，黄河流域下游各省历史文化名城数量较多；此外，黄河上游地区的四川省以及中游地区的陕西省和山西省的历史文化名城拥有量也相对较多，占比分别达到了 17.78%、13.33%、13.33%。

历史文化名镇是国家文物局从 2003 年开始评选出来的，保存文物特别丰富且具有重大历史价值或纪念意义的，能较完整地反映一些历史时期传统风貌和地方民族特色的镇。截至 2014 年，评选出共 6 批 252 个历史文化名镇。从整体上看，黄河流域国家历史文化名镇主要集中分布在上游区域，共计 40 座，占比高达 49.38%，中下游区域数量相对较少。具体来看，四川省优势显著，占比高达 38.27%；其次是山西省和河南省，历史文化名镇分别有 15 座和 10 座，在黄河流域对应的占比分别是 18.52% 和 12.35%。

国家历史文化名村同国家历史文化名镇一样，都具有重要的历史价值和纪念意义。从流域层面来看，集中分布在黄河中游区域，其中以山西省数量最多（如表 14-2 所示）。山西省拥有国家级历史文化名村数量为 96 个，占黄河流域总量的 69.57%。除此之外，黄河流域各省份均分布着数量不等的国家级历史文化名村，其中下游地区的河南和山东拥有国家级历史文化名村数量相对较多，占黄河流域总量的比例分比为 6.52% 和 7.97%。黄河流域其他各省份虽有国家级历史文化名村分布，但规模相对较小，占黄河流域总量的比重均在 5% 以下。

表 14-2 黄河流域的国家级历史文化名城、名镇、名村数量

区域	国家历史文化名城		国家历史文化名镇		国家历史文化名村	
	数量（个）	占比（%）	数量（个）	占比（%）	数量（个）	占比（%）
青海	1	2.22	1	1.23	5	3.62
四川	8	17.78	31	38.27	6	4.35
甘肃	4	8.89	8	9.88	5	3.62
宁夏	1	2.22	0	0.00	1	0.72
上游合计	14	31.11	40	49.38	17	12.32

续表

区域	国家历史文化名城		国家历史文化名镇		国家历史文化名村	
	数量（个）	占比（%）	数量（个）	占比（%）	数量（个）	占比（%）
内蒙古	1	2.22	5	6.17	2	1.45
山西	6	13.33	15	18.52	96	69.57
陕西	6	13.33	7	8.64	3	2.17
中游合计	13	28.89	27	33.33	101	73.19
河南	8	17.78	10	12.35	9	6.52
山东	10	22.22	4	4.94	11	7.97
下游合计	18	40.00	14	17.28	20	14.49
黄河流域	45	100.00	81	100.00	138	100.00

（三）传统村落

传统村落是指民国以前修建，至今仍为人们服务，具有独特的民风民俗且建筑风貌、环境以及村落选址没有较大变动的村落，还包括历史遗留的村庄。千百年来，黄河流域面积广大，生活的民族众多，留下了大量宝贵的传统村落，现如今在乡村振兴浪潮中，传统村落有借助自身传统文化成为乡村地域系统中增长极的潜在优势，并成为弘扬传统文化重要载体。

从数量层面来看，黄河流域传统村落数量众多，共计 1555 处，在全国共计 5 批传统村落（6810 处）中占比 22.83%；从流域层面来看，黄河流域传统村落集中分布在上游（516 个）和中游（709 个）区域，占比分别为 33.18% 和 45.60%；从省域层面来看，非均匀分布态势显著，其中山西省数量最多，高达 550 个，占黄河流域传统村落总量的 35.37%，而甘肃省、宁夏回族自治区、内蒙古自治区内传统村落的分布较少，数量分别为 54 个、6 个、46 个，在黄河流域的占比均在 5% 以下；由此可见，受历史和现实等因素的影响，黄河流域传统村落总量较多，但省际分布差异较大（见表 14-3）。

表 14–3 黄河流域的国家级传统村落

区域	数量（个）	流域占比（%）	全国占比（%）
青海	123	7.90	1.81
四川	333	21.41	4.89
甘肃	54	3.47	0.79
宁夏	6	0.39	0.09
上游总计	516	33.18	7.58
内蒙古	46	2.96	0.68
山西	550	35.37	8.08
陕西	113	7.27	1.66
中游总计	709	45.60	10.41
河南	205	13.18	3.01
山东	125	8.03	1.84
下游总计	330	21.22	4.85
共计	1555	100	22.83

（四）乡村旅游重点村

为助力全面推进乡村振兴战略，促进城乡融合发展，充分发挥乡镇对乡村旅游的服务带动功能，提升乡村旅游发展质量和综合效益，文化和旅游部发布了三批全国乡村旅游重点村名录。截至 2021 年 8 月，全国乡村旅游重点村累计 1199 个，其中黄河流域拥有 327 个，所占比重为 27.27%。这些重点村镇旅游资源富集、旅游产品特色鲜明、旅游配套服务完善、村容村貌美好宜居，在推动乡村旅游高质量发展，促进巩固拓展脱贫攻坚成果、全面推进乡村振兴，满足人民群众美好生活需要等方面具有重要意义。从流域层面来看，黄河流域乡村旅游重点村集中分布在上游区域，数量为 146 个，占黄河流域总量的 44.64%，中下游区域分布规模相对较小，在黄河流域所占比例分比为 31.20% 和 24.16%；从省域层面来看，各省份之间数量差异较小，在黄河流域的占比均在 10% 左右，由此可见，黄河流域各省份之间乡村旅游资源分布均衡，后续的资源开发利用是导致各省份之间乡村旅游发展不平衡的主要原因（见表 14-4）。

表 14-4　黄河流域乡村旅游重点村

区域	数量（个）	流域占比（%）
青海	33	10.09
四川	42	12.84
甘肃	38	11.62
宁夏	33	10.09
上游合计	146	44.64
内蒙古	30	9.17
山西	32	9.79
陕西	40	12.23
中游合计	102	31.20
河南	38	11.62
山东	41	12.54
下游合计	79	24.16
共计	327	100.00

（五）A 级旅游景区

从数量上来看，截至 2021 年 8 月，黄河流域 9 省区有 A 级旅游景区 4227 个，占全国 13332 个 A 级旅游景区的 31.71%，可见黄河流域旅游景区资源丰富，在全国占据优势；从流域层面来看，黄河流域 A 级旅游景区集中分布在下游区域，共有 1807 个 A 级旅游景区，占黄河流域总量的 42.75%，而上游和中游区域对应的占比分别为 32.43% 和 24.82%；从省域层面来看，黄河流域各省份 A 级旅游景区分布差异较大，山东省（1227 个）、四川省（768 个）、河南省（580 个），对应的占比分别为 29.03%、18.17%、13.72%，而山西省（236 个）、青海省（138 个）、宁夏回族自治区（107 个），在黄河流域 A 级旅游景区的占比均在 5% 以下。总体而言，黄河流域旅游景区规模较大，省域间分布差异显著。

表 14-5　黄河流域 A 级旅游景区数量及类型结构

区域	高级别		低级别		景区总数（个）	流域占比（%）	全国占比（%）
	数量（个）	占比（%）	数量（个）	占比（%）			
青海	37	2.76	101	3.50	138	3.26	1.04
四川	318	23.71	450	15.60	768	18.17	5.76
甘肃	113	8.43	245	8.49	358	8.47	2.69
宁夏	31	2.31	76	2.63	107	2.53	0.8
上游总计	499	37.21	872	30.21	1371	32.43	10.28
内蒙古	141	10.51	165	5.72	306	7.24	2.3
山西	116	8.65	120	4.16	236	5.58	1.77
陕西	147	10.96	360	12.47	507	11.99	3.8
中游总计	404	30.12	645	22.35	1049	24.82	7.87
河南	205	15.29	375	13.00	580	13.72	4.35
山东	233	17.38	994	34.44	1227	29.03	9.2
下游总计	438	32.67	1369	47.43	1807	42.75	13.55
总计	1341	100.00	2886	100.00	4227	100	31.71

从景区级别层面来看，将黄河流域的 A 级旅游景区按照 4A 及以上景区为高级别，1A-3A 为低级别的分类标准进行划分，由表 14-5 可知，从数量上看，黄河流域高级别景区（1341 个）和低级别景区（2886 个）总数差距较大；从流域层面来看，高级别景区在黄河流域分布较为均匀，在上中下游区域所占比重分别为 37.21%、30.12%、32.67%，低级别景区则集中分布在黄河下游区域，数量高达 1369 个，其中山东省低 A 级旅游景区数量最多，数量为 994 个，在黄河流域占比达 34.44%；从省域层面来看，各省份之间 A 级旅游景区在数量和级别上均有较大差异，四川省是黄河流域高级别景区拥有量最多的省份，数量为 318 个，所占比重是 23.71%，山东省和河南省次之，对应的高级别景区数量分别为 233 个和 205 个。另外，山西省是黄河流域沿线唯一一个省内高级别景区总数基本持平于低级别景区的省份（如图 14-3 所示），其余 8 省份均是低级别景区数量高于高级别景区数量。

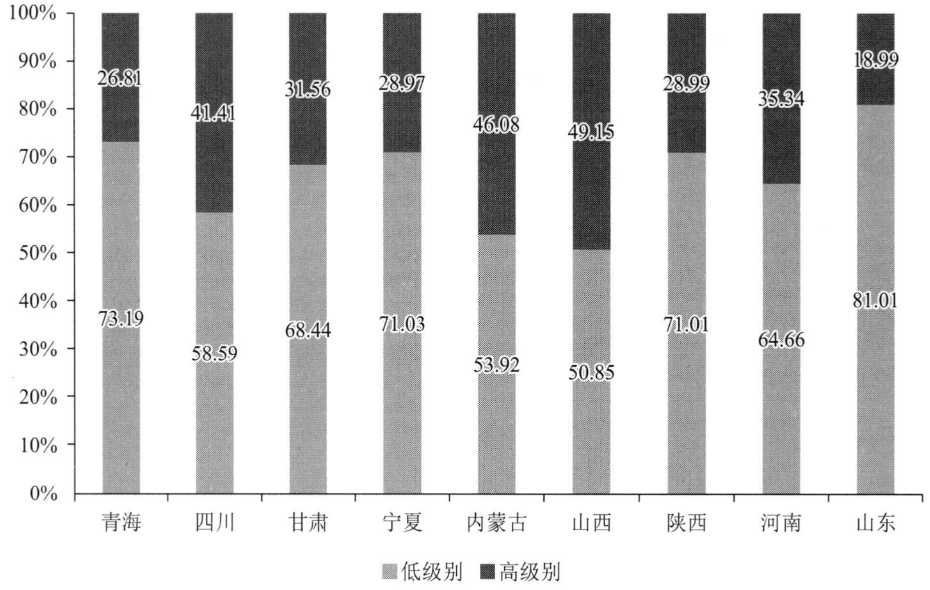

图 14–3　黄河流域 A 级旅游景区的省域级别分布

（六）星级酒店

从数量层面来看，截至 2022 年 8 月，黄河流域星级酒店数量众多，共计 253040 家；从流域层面来看，黄河流域星级酒店集中分布在下游区域，共计 102159 个星级酒店，所占比重为 40.37%，上游和中游地区酒店数量相对较少，对应的占比分别为 30.52% 和 29.10%；从省域层面来说，各省份之间酒店规模差异明显，其中山东省和四川省酒店总数最多，拥有的酒店数量在黄河流域所占比重分别为 22.52% 和 21.41%，而受制于当地经济发展、旅游产业开发、省份内政策等多种因素影响，青海（5857 个）和宁夏（4023 个）的星级酒店所占比重仅为 2.31% 和 1.59%（见表 14–6）。

表 14–6　黄河流域星级酒店数量及类型结构

区域	三星级及以上		其他类型		酒店总数（个）	流域占比（%）
	数量（个）	占比（%）	数量（个）	占比（%）		
青海	188	3.21	5669	96.79	5857	2.31
四川	1498	2.77	52675	97.23	54173	21.41

续表

区域	三星级及以上		其他类型		酒店总数（个）	流域占比（%）
	数量（个）	占比（%）	数量（个）	占比（%）		
甘肃	501	3.80	12677	96.20	13178	5.21
宁夏	199	4.95	3824	95.05	4023	1.59
上游合计	2386	3.09	74845	96.91	77231	30.52
内蒙古	541	2.60	20306	97.40	20847	8.24
山西	476	2.27	20496	97.73	20972	8.29
陕西	797	2.50	31034	97.50	31831	12.58
中游合计	1814	2.46	71836	97.54	73650	29.10
河南	959	2.12	44224	97.88	45183	17.86
山东	1377	2.42	55599	97.58	56976	22.52
下游合计	2336	2.29	99823	97.71	102159	40.37
共计	6536	2.58	246504	97.42	253040	100.00

从酒店级别层面来看，黄河流域的酒店分为三星级及以上和其他类型（宾馆酒店、经济连锁型酒店、旅馆酒店、青年旅社）。从数量层面来看，黄河流域整体上以其他类型酒店为主，三星级及以上酒店总数为6536个，其他类型酒店总数为246504个，二者之间对比悬殊；沿线9省区其他类型酒店在省份内所占比重均在95%以上。从流域层面来看，黄河流域三星级及以上酒店集中分布在上游（2386个）和下游（2336个）区域，其他类型的酒店较多分布于下游区域（99823个），上游（74845个）和中游（71836个）区域分布规模趋同。从省域层面来看，黄河流域酒店在级别上结构趋同，均表现为其他类型酒店在全省份广布，各自占比均在95%以上。由此可见，黄河流域星级酒店类型多样，以低级别为主。

第二节 总体分析与发展展望

从整体上看，黄河流域文化和旅游资源丰富，类型多样，体量庞大。其中，国家级文物保护单位共有2122项，占全国国家级文物保护单位总量的比例高达 41.95%。黄河流域分布着 45 个国家级历史文化名城、81 个国家级历史文化名镇、138 个国家级历史文化名村、1555 处传统村落，占全国的比例分别为 33.58%、25.96%、28.33%、22.83%。全国乡村旅游重点村累计有 1199 个，其中黄河流域拥有 327 个，所占比重为 27.27%。黄河流域 A 级旅游景区共计 4227 个，在全国占比为 31.71%。因此，加大对文化旅游资源的开发力度成为首要任务，但同时要避免在资源开发中出现同质化、过度保护等现象。首先，需要加强宏观管理和组织，对旅游开发、经济建设、品牌塑造、大型文化活动等进行统筹协调和安排；其次，各省区、市、县要明确本地在沿黄城镇带中的产业定位和发展路径，健全各地区文化旅游合作机制，尤其是加强重点领域的交流合作，推动各地文化旅游高质量发展；再次，进一步进行沿线旅游资源的主题定位，如地质地貌游、历史古迹游、民俗体验游、生态观光自驾游、研学旅游等；最后，要加快黄河文化旅游产业与特色农业、制造加工、中医药等产业的融合发展。黄河流域地区有很多文化资源与旅游资源，各个地区的资源各具特色。文化资源和旅游资源之间有着紧密的联系，不应该将其分开来看，要将黄河文化旅游资源视作一个整体①。

具体来说，文化和旅游资源省际间分布不均匀，各省份之间在数量和类型上差异显著，区域合作尚未实现实质性突破。例如，国家级文物保护单位集中分布在内蒙古、山西、陕西、河南、山东；历史文化名城拥有量相对较多的省份是四川省、山西省和陕西省，占比分别达到了 17.78%、13.33%、13.33%；四川省是黄河流域高级别景区拥有量最多的省份，数量为 318 个，所占比重是 23.71%，山东省和河南省次之。因此，要推进黄河流域各省区文化旅游资源优势互补，促进区域协同发展。各区域间要相互合作，打破行政区域界限，遵循黄河文化旅游资源的内涵关联性以及地理空间上的邻近性，实现旅游资源共享。依托政府的牵头合作，借助各自的资源优势，进一步推进与邻近省区的战略合作，共同打造黄河文化旅游协同发展的品牌。通过交通一体化连点成线，促进旅游资源单体的开发，进一步促进旅游资源的整合利用。同时，通过与周边沿黄省区旅游企业的联合线路打造、产品开发以及媒体的合作宣传推广，推动黄河文化旅游开发中的市场共享和信息共享，最终打造出具有国际影响力的黄河国家文化公园，共同大力弘扬黄河文化。

在“健康中国”“科技强国”“体验经济”“低碳经济”背景下，旅游业进入大

① 顾金梅.黄河文化旅游资源开发研究——评《黄河文明与可持续发展文库·旅游资源开发研究——以河南省为例》[J].人民黄河，2020，42（5）：167-168.

调整时期，文化与旅游深度融合成为大势所趋。在国家文化公园建设背景下，黄河流域要加快推进黄河沿线优质文化旅游资源充分转化为文化旅游产品，实现黄河沿线文化和旅游产业的真融合、深融合、实融合和巧融合，进而促进黄河文化的保护传承弘扬和黄河流域旅游的高质量发展。

［本文系国家社科基金重大项目“建设黄河国家文化公园研究”（21ZDA081）研究成果］

（作者简介：李慧，中国旅游研究院文化旅游研究基地研究助理；程遂营，中国旅游研究院文化旅游研究基地首席专家；王伟，中国旅游研究院文化旅游研究基地研究员）

第十五章　黄河国家文化公园重点建设区（河南段）发展分析与展望

王笑天

建设黄河国家文化公园，是以习近平同志为核心的党中央作出的重大决策部署，是保护传承弘扬黄河文化的重大战略举措，是建设文化强国的重要标志和坚定文化自信的重要根基。2020 年 10 月，《中共中央关于制定国民经济和社会发展第十四个五年规划和二〇三五年远景目标的建议》中首次提出，要推动黄河国家文化公园建设。河南省大力推进黄河国家文化公园高水平建设，2021 年 2 月 5 日，河南省文化和旅游厅、河南大学共建黄河国家文化公园研究院签约揭牌仪式在河南大学金明校区举行，标志着国内首家以黄河国家文化公园为主要研究对象的研究机构正式成立。2021 年 3 月 19 日，河南省文化和旅游厅在荥阳市组织召开 2021 年度河南省国家文化公园项目建设推进会暨“十四五”文化和旅游发展规划座谈会，共谋划了 300 多项国家文化公园相关项目，其中 40 项重点项目正加紧推进。2021 年 12 月，国家《“十四五”旅游业发展规划》中表示，要将黄河国家文化公园河南段确立为国家文化公园重点建设区之一。

第一节　黄河国家文化公园重点建设区（河南段）的基础条件

（一）河南是四大国家文化公园的交汇处

河南是全国唯一一个同时拥有黄河、长城、大运河、长征四大国家文化公园的省份，在此形成以黄河文化为主线，长城、大运河、长征国家文化公园统筹建设的新格局。黄河国家文化公园主要涉及河南 14 个地市，在整个国家文化公园建设中起主导作用；长城国家文化公园主要涉及 7 个地市，主要承担春秋战国时期的楚长城、魏长城、赵长城建设保护任务；大运河国家文化公园主要涉及 9 个地市，主要承担大运河河南段（隋唐大运河主干道通济渠、永济渠以及京杭大运河会通河）的建设保护任务；长征国家文化公园主要涉及 6 个地市，主要承担大别山革命老区和红二十五军长征线路建设保护任务。

（二）河南是华夏文明主根、中华民族之魂

河南是黄河流域文明曙光最早升起之地，是中华文明探源工程的核心区域，在华夏文明中居于根源性地位。河南是中华文明的摇篮，特别是河南黄河沿线及附近地区是国家文明起源的中心区域，具有丰富的历史底蕴与文化资源。黄河流经的河南省各地市分属于不同的文化区，不同地区人们的生活与生产方式存在一定差异，形成了丰富多彩的文化。“最早的中国”——偃师二里头遗址、刚柔并济的汉族传统拳术——陈家沟太极拳、“中华之根”——新郑黄帝故里，这些物质与非物质文化遗产都是繁荣河南黄河沿岸旅游事业的宝贵资源。中国八大古都河南占据其四，以郑州、开封、洛阳、安阳等都城为代表的国家主体文化在中原地区发生发展，串联起中国古代历史演进的主脉：殷墟甲骨文的发现，把中国有文字记载的历史向前推进 1000 多年；洛阳作为天下之中，相继有十三个王朝建都于此；八朝古都开封早在千年前就成为世界第一大都市。从周公制礼到东汉建立太学，从魏晋九品中正制到隋唐科举与三省六部制，中原历史上每一次重大变革都推动了中华民族政治文明的演进。

（三）河南是黄河文化的枢纽

以河南为代表的黄河中下游地区是华夏文明的主要发祥地，也是黄河文化形成、发展、融合、传承与创新的核心区域。三皇五帝等神话传说发生在这里，中华文明探源工程和夏商周断代工程的中心在这里，中国文字的发源地、中华元典思想的诞生地也在这里。先后有 20 多个封建王朝在此建都，河南黄河流域作为全国政治、经济、文化中心长达 3000 年，成为中国历史上建都朝代最多、建都时间最长、

建都城市最广的区域。在漫长的历史长河中，不同文化在河南黄河流域附近区域竞争、扩散、交叉、融合，逐渐形成以汉民族为主干、其他少数民族共同参与的文化传承与发展格局，造就多民族共同繁荣的中华民族共同体。

（四）河南是黄河文化旅游发展的兴旺之地

大黄河流域所孕育的西安、洛阳、郑州、开封、安阳 5 大古都，4 座在河南。河南省黄河流域及沿岸附近地区拥有世界文化遗产 5 处，纳入国家规划大遗址 16 处，均位居沿黄 9 省区第一。河南仅在黄河流域及沿岸附近地区，就拥有 4 个世界级地质公园、8 个国家 5A 级旅游景区（整个黄河国家文化公园河南段拥有 14 个 5A 级旅游景区）、52 项国家级非物质文化遗产代表性项目；共计 26255 个旅游资源单体，其中自然旅游资源单体 8826 个，人文旅游资源单体 17429 个。郑、汴、洛沿黄“三点一线”自 20 世纪 90 年代提出以来，目前已形成嵩山少林寺、龙门石窟、清明上河园等一批品牌效应优势明显的旅游景区，黄河黄金文化旅游带建设已初具规模。文化旅游节会成效显著，三门峡黄河国际文化旅游节已连续举办 25 届，洛阳牡丹花会和开封菊花花会均已连续举办 37 届，社会影响力日益扩大。

第二节　打造黄河国家文化公园重点建设区（河南段）的重要意义

（一）有助于创建黄河国家文化公园先行示范区

将河南作为黄河国家文化公园的重点区段，有助于充分发挥河南在黄河国家文化公园建设过程中的先行示范作用。首先，通过打造黄河国家文化公园重点建设区，能够进一步体现河南作为文化高地的优势，对其他省黄河国家文化公园的建设起到良好的示范作用。其次，通过黄河国家公园河南段的建设，能够充分与其他国家文化公园建设及时对接，将黄河文化和其他种类的文化，如长城文化、长征文化和大运河文化相融合，形成国家文化公园之间资源统筹和优化配置的良好局面，造就以黄河为主导，多种文化繁荣发展的全新格局，有利于保护、传承和弘扬优秀的黄河文化，力争早日将黄河文化传遍全中国乃至全世界的各个角落。此外，打造黄河国家文化公园重点建设区也有利于河南重塑生态、经济和社会和谐共赢的新局面，早日实现黄河流域生态保护和高质量发展的目标。

（二）有助于打造黄河沿岸社会经济发展的核心增长极

河南以 13.01% 的河道长度、5.66% 的流域面积，养育了黄河流域省份 26% 的人口。河南是黄河沿线文化和旅游大省，2020 年全省 GDP 达到 5.5 万亿元，居民人均可支配收入 2.48 万元，常住人口 9936.6 万，总量居黄河流域省份前列。推进黄河国家文化公园重点区段建设，有利于充分发掘和利用沿黄地区富集的文化和旅游资源，将这些资源优势转化为社会经济优势和生态优势，使黄河河南段在引领社会风俗文化、改善民生福利福祉、推动产业转型升级、完善社会保障体系等方面发挥更加显著的意义，进而有助于打造整个黄河流域文旅融合发展的示范区，创立生态保护和高质量发展的标杆，促进社会经济可持续发展。

（三）有助于挖掘黄河文化内涵与时代价值

黄河国家文化公园（河南段）的建设，对于集中打造中华文化重要标志，进一步坚定文化自信，充分彰显中华优秀传统文化持久影响力、社会主义先进文化强大生命力，有着重要的国家战略意义；也有利于河南基于中原文化地域特色，挖掘黄河河南段文化内涵，解析并重构文化资源的价值并将其融入文化旅游产品体验的全过程，通过文化旅游产品和项目传播黄河文化。通过打造具有代表性文化主题的文化旅游特色产品和精品线路，挖掘流域文化内涵，凝练特色文化，分析时代价值，如对流域内嵩山少林寺、龙门石窟、清明上河园、黄帝故里、殷墟、云台山等核心景区进行文化内涵的丰富与文化可视化工作，有助于充分体现黄河文化、历史老家和精神老家的内涵，将优秀的文化资源转化为旅游精品，打响河南黄河文化旅游品牌。

（四）有助于推动黄河流域文化旅游高质量发展

建设黄河国家文化公园（河南段），有助于协同推进标准化黄河文化旅游服务体系建设，携手打造区域特征鲜明而又相互协调、联系紧密的黄河文化品牌形象。河南以建设黄河国家文化公园为契机，能够进一步树立“大黄河”理念，串珠成链、轴带贯通，通过在沿黄城市建设黄河国家文化公园、黄河国家博物馆、黄河文化遗址展示体验区、古城、沿黄生态廊道和沿黄旅游风景道等文化旅游景观，着力打造寻根之旅、爱国之旅、红色之旅、创业之旅和互鉴之旅。同时，建设黄河国家文化公园重点建设区有利于提高黄河乡村旅游的自我循环能力，塑造“乡土中国”“黄河故土”旅游体验地，把乡村作为黄河流域旅游发展的重中之重，实现沿黄城镇对沿黄乡村的反哺。

第三节　构建黄河文化旅游精品线路

（一）“古都探寻”文化旅游线路

黄河流域很早就有人类生活，人们逐水而居，繁衍生息。新石器时代黄河流域原始农耕文化领先世界，后手工业从农业分离出来，河南制陶业高度发达，金属冶炼逐步萌芽，原始宗教、建筑、纺织、绘画、陶塑、天文、数学、音乐、契刻文字得以开创，黄河流域迎来了文明曙光。夏商周时期，国家机构、礼乐制度规范，文字成熟，青铜文化文明中外，中国最早的诗歌总集《诗经》和哲理丰富的《易经》等不朽之作诞生。八大古都，在黄河流经的河南区域就有郑州、安阳、洛阳、开封四座。四大古都集中展示出了中华灿烂的黄河文化和先进的新时代文旅成果，可以参观体验的景点有：

郑州：黄河博物馆、商城遗址、河南省博物院、巩义双槐树遗址、巩义宋陵、巩义康百万庄园、天地之中历史建筑群、大河村遗址、建业电影小镇。

洛阳：龙门石窟、二里头夏都遗址博物馆、白马寺、洛阳博物馆、王城公园、天堂明堂、洛邑古城、隋唐洛阳城国家遗址公园、汉魏洛阳故城遗址、隋唐洛阳城定鼎门遗址、新安汉函谷关遗址、关林。

开封：铁塔、龙亭、大相国寺、清明上河园、包公祠、天波杨府、大梁门。

安阳：殷墟遗址、中国文字博物馆。

（二）河洛文化旅游线路

“河洛”指黄河与洛河交汇地带即今河南洛阳一带，河洛文化是中华文明的摇篮文化，是中华文化的源头和核心。《易经・系辞》上说：“河出图，洛出书，圣人则之。”《论语》上讲：“凤鸟不至，河不出图。”《竹书纪年》上讲：黄帝在河洛修坛沉璧，受龙图龟书。河洛文化不同于任何一种地域文化，中央文化、都城文化和统治文化长期占据其主导和统率地位，这些文化成为中国传统文化重要的组成部分。长期以来的考古发现与相关研究结果表明，河南龙山文化是夏文化形成的直接源头，而河洛地区则是河南龙山文化的重要分布地区，是夏文化、汉文化乃至整个华夏文明的发源地及其传播、扩散的核心区域。该线路以洛阳和三门峡为核心区域，可以参观体验的景点有：

洛阳：二里头夏都遗址博物馆、龙门石窟景区（白园、香山寺）、隋唐洛阳城国家遗址公园（天堂、明堂、应天门、九洲池）、天子驾六博物馆、洛邑古城、回洛仓。

三门峡：仰韶村遗址、庙底沟遗址、虢国博物馆。

（三）嵩山文化旅游线路

嵩山是中华文明的重要发源地之一，也是国家重点风景名胜区、世界地质公园，为五岳中的中岳。中国古代的宇宙观中，通常认为嵩山地区是天地的中心，故有了“天地之中”这一说法。这个“天地之中”是阴阳交会的地方，是万事万物发生发展的根源，因此，嵩山也被称为神山、圣山，致使历代帝王来此处祭祀和封禅。儒家的中庸之道，道家的中和之道以及佛家的圆融之道，也都与“中”有着密切的关联，儒、道、佛三教文化和“中文化”成为支撑中国传统文化的根源，在其影响下，中华民族展现出强大的凝聚力。该线路以嵩山风景区和少林文化品牌为载体，体现中华民族优秀文化遗产与武术魅力的结合，是海内外游客近距离体验中国武术独特内涵的精品旅游线路。可以参观体验的城市和景点有：

郑州：登封少林寺、东汉三阙（太室阙、少室阙、启母阙）、中岳庙、嵩岳寺塔、会善寺、嵩阳书院、观星台、禅宗少林・音乐大典。

（四）治黄水利水工研学文化旅游线路

黄河水少、沙多，常年灾害频发，尤以河南段最为凶险。为防止黄河决口改道，历朝历代投入了大量的人力、物力和财力，进行长期而艰难的治理，在此期间涌现出诸多治河名家。大禹是4000多年前尧舜时期的治水英雄，他公而忘私、不畏艰险的治水精神和“三过家门而不入”的典故被颂为千古佳话，成为中华民族精神的重要体现和代表。如今，黄河浇灌千里沃野，输入厂矿企业，泽被千家万户，充盈河口湿地，涵养生态脆弱区，成为一条造福百姓的幸福河。但我们今天更应当有责任、有义务让广大人民，尤其是青少年了解治黄水利水工的伟大历程，为实现中华民族伟大复兴的中国梦凝聚精神力量。该线路依托丰富的历史、地理、文化、水文等黄河资源，沿黄河顺流而下，历经三门峡、洛阳、济源、焦作、郑州、开封等城市，可以参观体验的景点有：

郑州：黄河国家地质公园、楚河汉界景区、河南黄河花园口风景区、黄河博物馆、南水北调穿黄工程、黄河大堤。

洛阳：黄河小浪底水利枢纽景区、陆浑水库。

开封：悬河展示馆、州桥遗址、顺天门城摞城遗址、兰考东坝头、焦裕禄纪念馆。

焦作：武陟嘉应观、青天河精神纪念馆。

商丘：民权葵丘会盟台。

三门峡：黄河三门峡大坝风景区。

安阳：滑县汉代大堤。

（五）非遗展示文化旅游线路

该线路围绕河南代表性非遗项目，整合项目所在地的旅游资源，开辟出一系列具有河南本土特色的非遗主题旅游路线，串联起非遗项目、景区、博物馆、展示馆、传习所、手工艺体验馆等丰富的环节。让参与者认识非遗的同时，亦能认识非遗背后的地方历史文化、风土人情民俗，更为生动立体地去感受中原文化魅力。可以参观体验的城市和景点有：

郑州：非物质文化遗产展示馆、河南戏曲声音博物馆、登封窑陶瓷博物馆、观星台。

开封：朱仙镇木版年画、汴绣展示馆、七盛角非遗体验馆。

洛阳：洛邑古城园区（河洛大鼓、孟津剪纸、皮雕等）、三彩小镇观唐艺术馆（唐三彩文化园）。

许昌：神垕镇、禹州钧瓷窑炉博物馆。

平顶山：中国汝瓷博物馆。

焦作：陈家沟太极拳景区。

三门峡：地坑院（窑洞营造技艺、民俗、澄泥砚、民间剪纸、捶草印花）。

周口：非物质文化遗产展示馆、淮阳泥泥狗陈列馆、文狮子舞。

鹤壁：浚县非物质文化遗产展示馆（泥咕咕）。

第四节　黄河国家文化公园（河南段）文化旅游发展实践

（一）“五个一”打造世界文化旅游胜地

1. 塑造一个主题形象

围绕老家河南、天下黄河、华夏古都、中国功夫等名片，持续打造中华姓氏根亲文化、与世界文明对话的黄河文化、展示中华厚重人文历史的古都文化、具有世界传播力的非物质文化遗产等独特标识，塑造全域旅游的主体形象。下一步，河南将进一步擦亮文化名片，抓好黄河国家文化公园重点建设区，长城、大运河、长征国家文化公园，二里头夏都遗址等重点项目，办好用好“世界文明论坛”“古都论坛”，对独特文化标识整合化利用、活态化展示、具象化传播，增强中原文化吸引力和感染力。

2. 打造一条国际旅游带

河南的根脉在黄河，优势在黄河，潜力也在黄河，打造国际化的黄河文化旅游带将成为日后文旅融合发展的重点目标。目前，河南正在建设郑州黄河历史文化主地标城市核心示范区、仰韶文化核心展示区等重点区域，700 余公里沿黄复合型生态及文化旅游廊道初具规模。河南将深度挖掘黄河文化这一全球性 IP 的文化价值、产业价值，按照党代会“快进、慢游、深体验”的思路——“快进”就是构建便利的交通网络，“漫游”就是以多元化服务吸引游客住宿停留，“深体验”就是推出系列沉浸式旅游项目，推动沿黄景区景点集群发展、高端运营、品质提升，把郑汴洛板块打造成国际文化旅游目的地。

3. 建设一批休闲康养和体育旅游基地

随着康养旅游、体育旅游迎来重大发展机遇，“旅游 + 康养”“旅游 + 体育”产业融合创新已成新常态下经济可持续发展的重要增长点，成为促进河南省旅游产业转型升级和高质量发展的新动力。目前，黄河国家文化公园（河南段）初步形成以太行山、伏牛山为重点区域，打造“黄河民宿”“嵩山民宿”等民宿集群，未来将依托自然风光、中医中药、少林太极等资源，聚焦休闲康养，打造一系列目的地，力争把河南打造为全国重要的康养目的地和康养产业集群（见表 15-1）。

表 15-1 黄河流域（河南段）康养旅游和体育旅游示范基地

基地类型	序号	基地名称
康养旅游示范基地	1	大宋中医药文化养生园
	2	龙峪湾国家森林公园
	3	滑县龙虎森林公园
	4	圣博健康产业园
	5	汤河温泉度假区
体育旅游示范基地	1	嵩皇体育小镇
	2	中岳嵩顶滑雪度假区
	3	洛阳伏牛山滑雪度假乐园
	4	林虑山国际滑翔基地
	5	新乡南太行旅游度假区
	6	温县陈家沟景区
	7	清丰县极限运动基地
	8	大中原生态汽车旅游公园
	9	睢县北湖景区

4. 探索一条全链条文创产业发展路径

河南持续打造老家河南、天下黄河、华夏古都、中国功夫等品牌，强化创意驱动、美学引领、艺术点亮、科技赋能，推动文旅文创产业高质量发展。把根扎实，把线连通，把网织好，把数用活，建成一批智慧景区、智慧博物馆、“互联网 + 文旅”示范基地，促进文创资源端、创意研发端、生产营销端相贯通，打造集创意研发、加工制造、销售流通、市场服务等为一体的文旅文创产业链，提升相关行业的影响力、竞争力、带动力，进而增强整个文化软实力。

5. 壮大一批文旅旗舰企业

目前，河南正全力实施企业传统业态升级行动，对文物遗存、非物质文化遗产、景区景点、旅游酒店、文创设计生产营销、文旅文创项目进行资源重组、布局重构、内涵重塑，进一步加大改革力度，推动一批文旅文创企业上市，做大做强文旅文创企业，提升对经济社会发展的贡献，彰显文旅文创战略的作用。近年来，河南不断加大对传统工艺非遗传承人培养力度，推出陶瓷、玉雕、汴绣“中原三宝”，打响豫剧、豫菜、豫酒、豫茶、豫药等豫字品牌，培育一批有潜力的文旅文创企业。增强现有龙头企业的带动作用，加快五星级酒店建设数字酒店步伐，推动河南中原国际旅游集团、河南国旅集团、河南中旅集团、河南中原铁道旅游集团、河南旅游集团等大型旅行社集团建设数字旅行社；支持中州国际酒店集团、建业酒店管理公司、仟那酒店管理公司、璞华酒店管理公司、喜鹊愉家旅馆管理公司等本土酒店集团化发展；推动河南中原国际旅游集团、河南国旅集团、河南中旅集团、河南中原铁道旅游集团、河南旅游集团等传统旅行社企业向产业链上下游延伸（见表15-2、表15-3）。

表 15-2　黄河流域（河南段）文化和旅游先进企业

序号	企业名称
1	郑州华强文化科技有限公司
2	河南建业文化旅游地产发展有限公司
3	开封清明上河园股份有限公司
4	洛阳龙门旅游集团有限公司

续表

序号	企业名称
5	林州市红旗渠风景区旅游服务有限责任公司
6	新乡南太行旅游有限公司
7	云台山旅游股份有限公司
8	河南省杂技集团有限公司
9	济源市文化旅游投资集团有限公司
10	河南省中豫文旅投资有限公司

表 15-3　黄河流域（河南段）文化和旅游消费示范区

序号	消费区名称
1	郑州（中牟）国际文化创意产业园区
2	开封宋都古城文化产业园区
3	洛阳市老城区
4	登封市嵩山少林文化旅游区
5	禹州市钧瓷文化产业园区
6	栾川县乡村文化旅游区
7	周口市淮阳区太昊陵文化旅游区
8	济源市王屋山文化旅游区

（二）初现多条文化长廊

1. 黄河文化遗产开发、保护与展示长廊

2020 年起，河南重点推进黄河博物馆新馆和河南博物院新馆建设步伐，规划建设古都博物馆、隋唐大运河文化博物馆、殷墟遗址博物馆、黄河流域非物质文化遗产保护展示中心、中国彩陶博物馆、黄河悬河文化展示馆、北宋东京城顺天门遗址博物馆等与黄河文化密切相关的专题博物馆，使之成为黄河国家文化公园新的亮点。二里头夏都遗址博物馆数字馆于 2021 年 1 月正式开放，从宏观层面向参观者展示二里头文化在历史坐标系、文明坐标系、世界坐标系中的地位和价值。广州凡

拓数字创意科技股份有限公司结合夏都文化特点，定制打造特色数字展项，制作三维数字影片，深层次展现二里头夏都作为“最早中国”的风貌。双槐树遗址是迄今为止在黄河流域中华文明形成初期发现的规格最高、具有都邑性质的中心聚落，被称为“早期中华文明的胚胎”现已出土仰韶文化晚期完整的精美彩陶以及与丝绸制作工艺有重要关联的最早家蚕牙雕、骨针艺术品等。根据河南省相关规划，将建立黄河沿线区域不可移动文物和可移动文物的系统性保护和展示平台，并统筹物质文化遗产和非物质文化遗产的保护和传承工作，构筑重点鲜明、虚实结合的黄河文化遗产开发、保护与展示体系，打造一条贯通黄河干支流、覆盖沿线城乡的文化遗产保护廊道，为推进黄河国家文化公园建设打下坚实的基础。

2. 世界级大遗址公园文化长廊

以黄河为轴线，以三门峡、洛阳、郑州、开封、安阳等城市为节点，通过谋划建设三门峡—洛阳—郑州—开封—安阳世界级大遗址公园走廊和文化旅游圈，仰韶文化遗址区、“五都荟洛”大遗址区、大嵩山遗址区、大宋文化遗址区和殷商文化遗址区五区联动的格局初步呈现，以大型考古遗址保护、遗存多方位展示、现代考古展示、考古科学研究、科普宣传、游览观光为一体的大遗址公园长廊初现端倪。庙底沟国家考古遗址公园、仰韶村国家考古遗址公园、隋唐洛阳城国家考古遗址公园、二里头国家考古遗址公园、大河村国家考古遗址公园、殷墟国家考古遗址公园等大遗址公园串珠成链，步伐不断加快，为黄河文化遗产与城市文脉延续以及生态环境改善的有机结合提供了重要保障。

3. 沿黄生态文旅与休闲生活廊道

为实现黄河流域生态保护和高质量发展，使人民群众从黄河流域生态文明建设中获益，河南将沿黄生态文化旅游廊道作为积极推进黄河国家文化公园建设的先行军。河南是四大国家文化公园的叠加区域，尤其是大运河国家文化公园和黄河国家文化公园在河南黄河沿岸交汇，因南水北调中线工程下穿黄河，长江和黄河也在河南得以实现连通。为串联起大运河、南水北调工程和黄河沿线的峡谷、大坝、悬河、森林以及黄河湿地公园等景观和旅游资源，河南从三门峡灵宝市至濮阳市台前县黄河沿线修建了一条集防洪绿化、文化弘扬、旅游观光、休闲健身等功能于一体的黄河生态文化旅游廊道，这条以休闲和体验“慢生活”为特色的文旅廊道，既是展示黄河自然景观、生态环境保护成果、文化旅游特色和高质量发展成就的重要载体和窗口，也成为沿线附近居民休闲娱乐的良好选择，根据相关规划，廊道内不仅配套有公交车道、人行步道、自行车道，而且设置了文化驿站及其他公共服务设施，促进“自然风光 + 黄河文化 + 慢游生活”文旅融合新业态的形成。

（三）全力塑造“行走河南 · 读懂中国”品牌

2021 年 10 月，河南省第十一次党代会提出，要实施“十大战略”之文旅文创融合战略，推动传统文化创造性转化、创新性发展，让人们真切感知到“行走河南、读懂中国”，进一步叫响“行走河南、读懂中国”品牌。河南全力塑造全域旅游品牌形象，立足河南作为华夏文明主根、国家历史主脉、中华民族之魂的战略地位，系统梳理具有重大价值、突出影响、关键意义的文化资源，集中打造中华文化重大标识，建设中华文明连绵不断的探源地、实证地和体验地，形成一批主题鲜明的文化线路，讲清楚中华文明在中原大地的演进脉络，建设具有国际影响力的黄河文化旅游带，壮大文旅市场主体（见表 15-4）。

表 15-4 “行走河南 · 读懂中国”16 条主题文化线路

线路名称	展示项目
人类起源——实证东亚人类连续演化进程	灵井“许昌人”遗址、新密李家沟遗址
文明起源——仰望中华文明的第一缕曙光	灵宝西坡遗址、仰韶村国家考古遗址公园、庙底沟国家考古遗址公园、大河村国家考古遗址公园、巩义双槐树遗址、濮阳龙源小镇（展示“中华第一龙”）
国家起源——见证中华文明的形成和发端	偃师二里头夏都遗址博物馆、淮阳平粮台古城遗址（研学旅行实践基地）
王朝历史——触摸中华文明演进的主根脉	偃师商城国家考古遗址公园（宫城核心区保护展示）、郑州商都遗址博物院、虢国博物馆、洛阳周王城天子驾六博物馆、郑韩故城国家考古遗址公园（车马坑博物馆）、信阳城阳城遗址博物馆、永城市博物馆（芒砀山西汉梁国王陵遗址博物馆）、隋唐洛阳城天街轴线形象展示系统、州桥及古汴河遗址、清明上河园
逐鹿中原——见证中华文明演进重大事件	临颍小商桥（郾城大战）、澶渊之盟博物馆
先贤追寻——回望群星闪耀的历史长河	伏羲（淮阳太昊陵）、新郑黄帝故里、周文王（汤阴羑里城）、曹操（曹操高陵、曹丞相府）、诸葛亮（南阳武侯祠）、关羽（关林关公数字文化展示中心、许昌春秋楼、霸陵桥）、岳飞（汤阴岳飞庙）、韩愈（孟州韩园）、朱载堉（沁阳朱载堉纪念馆）、赵匡胤（陈桥驿）

续表

线路名称	展示项目
姓氏寻根——回归全球华人的心灵故乡	黄帝故里（中华姓氏馆）、鹿邑太清宫、虢国博物馆、卫辉比干庙、固始陈元光祖祠、洛阳大谷关客家小镇、挥公陵园
元典思想——体悟中华民族核心价值观念	伏羲（淮阳太昊陵）、汤阴羑里城、老子（鹿邑太清宫，灵宝函谷关）、龙马负图寺、白马寺（白马寺博物馆及数字展示中心）、偃师玄奘故里、庄子（民权庄子文化馆）、魏晋玄学（竹林七贤，修武百家岩）、程朱理学（嵩县两程故里）、商丘古城（应天书院）、嵩阳书院
治黄史诗——感悟中华民族的根和魂	武陟嘉应观、三门峡大坝风景区（中流砥柱）、“城摞城”顺天门遗址博物馆、黄河博物馆、黄河悬河文化展示馆、西华黄泛区农场
科技发明——展现同时期人类文明最高峰	贾湖遗址博物馆、古荥汉代冶铁遗址博物馆、张仲景医圣祠、殷墟博物馆、登封观星台（中国天文博物馆）、阏伯台、商丘博物馆、开封博物馆、洛阳古代艺术博物馆、南阳博物馆、南阳汉画馆、张衡博物馆、济渎庙、叶县楚长城数字展示体验馆、宝丰清凉寺汝官窑遗址博物馆、神垕古镇、长垣中国烹饪文化博物馆、沁阳朱载堉纪念馆、温县小麦博物馆、内黄三杨庄汉代遗址
文字诗词——读懂绵延不绝的中国文脉	殷墟博物馆、中国文字博物馆、许慎文化园、杜甫故里、韩园、郏县三苏园、仓颉陵、百泉风景区
文明互鉴之旅——彰显中华文明的开放包容	函谷关、崤函古道石壕段、隋唐大运河文化博物馆、偃师玄奘故里、浚县古城、滑县道口古镇、黎阳仓遗址
四大古都之旅——追寻古代王朝的盛世荣光	河南博物院、二里头夏都遗址博物馆、洛阳博物馆数字馆、隋唐洛阳城天街轴线形象展示系统、龙门石窟（数字展示中心）、开封市老博物馆改造（河南城市考古博物馆）、汴梁小宋城二期工程、开封城墙、开封铁塔、殷墟遗址博物馆、曹操高陵、郑州商都遗址博物院、黄帝故里、巩县石窟
中国功夫之旅——感悟刚柔并济的中华文化	中国太极拳博物馆（陈家沟）、太极拳实验室（河南理工大学）
考古发现之旅——感悟中国考古学的生动实践	渑池仰韶村遗址、殷墟、安阳后岗、鹤壁辛村遗址、二里头遗址、豫北纱厂考古文旅小镇
红色中原之旅——赓续红色血脉传承革命文化	新县鄂豫皖苏区首府革命旧址博物馆、冀鲁豫边区革命根据地旧址纪念馆、刘邓大军渡黄河纪念馆、罗山何家冲红二十五军长征出发地、红二十五军鏖战独树镇纪念馆、竹沟革命纪念馆、红旗渠、愚公移山纪念馆、焦裕禄同志纪念馆、郑州博物馆老馆（南水北调出土文物展）、国家方志馆南水北调分馆、嵖岈山人民公社旧址（遂平）

（四）标志性工程建设

1. 黄河国家博物馆

黄河国家博物馆项目位于郑州市文化路与黄河大堤路交叉口东南角，占地约

135 亩，总建设面积约 10 万平方米。博物馆建筑高度 40 米，地下一层，地上四层。建筑内容涵盖黄河国家博物馆及服务配套设施，主要包括基本陈列厅、专题陈列厅、临时展厅、文创产品展示体验区、观众服务区、展览筹备储备区、文物库房、图书资料档案室、多功能学术厅、后勤服务设施等。博物馆的造型外观呈“Z”字形，源自对黄河精神的浓缩提炼，刚柔并济，蜿蜒的体型使得建筑自然融入整个生态之中。建筑主体如一方磐石，由堤岸山峦中孕育而出，流线型外观与自然景观浑然一体。绿化屋面设计，将自然风光延伸至屋顶平台，在此享有非凡的观景视野，向北一览雄浑壮美的滔滔黄河，向南远眺优美的郑州城市天际线。与之形成强烈对比的是，沉稳坚实的外立面设计，俨然一面可抵挡汹涌激流侵袭的护墙。

2. 汴河遗址公园

汴河遗址公园总占地面积约 3000 亩，位于郑州市丰硕街—丰业街—北四环—S312 道路一带。公园的总体定位是：一处展示运河成就与繁荣场景的沉浸空间，一条展示运河家国与国之命脉的时空标尺。建设内容为“一核”“一廊”“四园”“五馆”。其中，“一核”依托古惠济桥打造惠济桥运河国际文化村，形成一座展示运河聚落的露天博物馆；“一廊”将通济渠故道打造成一条展示大运河盛景的文化景观廊道；“四园”是在景观廊道周边建设展示运河水利、运河农业、运河文化、运河漕运的专题游园；“五馆”分别为中国农业博物馆分馆、古代水利科技馆、国际手作艺术馆、考古博物馆、运河聚落博物馆。

3. 大河村国家考古遗址公园

大河村国家考古遗址公园位于郑东新区 CBD 西北角，北邻连霍高速，西邻中州大道。项目规划占地 2400 亩，以讲好仰韶文化故事为主线，以原始地貌水系，模拟展示史前时期大河村所处地域环境，种植大河村出土史前作物及历史作物，展示史前黄河流域农耕粟作文化，营造大河村遗址历史景观氛围。公园按照“一核”“两节点”“三片区”进行布局。“一核”是文化遗产保护展示核心区，以文物本体保护展示为主，展示大河村先民们遗留下来的环壕、房基、手工作坊、墓葬等珍贵文化遗存。“两节点”是指中国仰韶文化博物馆、中原考古研究展示中心，“三片区”指生态湿地修复区、原始农耕种植区、互动体验休闲区。

4. 殷墟遗址博物馆

殷墟遗址博物馆是核心位于安阳市洹河北岸，以中华文明的国之重器——鼎为设计意向，形成具有殷墟文化内涵和考古学意义的“四方之极”，以及鼎立中华大地之上的文明重器。博物馆占地面积 268 亩，建筑规模 5.1 万平方米，已于 2020 年 11 月开工建设。主要包括殷墟考古发掘史展厅、出土遗迹厅、殷商社会生活史展厅、甲骨文厅、玉器厅、青铜器厅及精细考古实验室等，配套建设馆区道路、绿化景观等。目前，主体建筑施工正在加快推进，陈展文本、脚本等方案正在深化完善，已列出文物清单近 7000 件（套），计划 2022 年年底建成开馆。

5. 黄河悬河文化展示馆

黄河悬河文化展示馆位于开封市北部，西临开柳路东侧为清水河一级水源保护区，南临连霍高速下站口，规划总面积约 16.27 公顷。悬河文化展示馆通过采用数字化手段系统介绍黄河的历史、现状和开封悬河世界奇观，揭示悬河和开封“城摞城”的关系，展示开封“由水而生、依水而兴、因水而衰”的城河历史文化以及中华人民共和国成立以来治理黄河取得的巨大成就，进而增强千百年来中华儿女百折不挠、生生不息的斗争精神。

6. 仰韶村国家考古遗址公园

仰韶村国家考古遗址公园位于河南渑池县城北 6 公里的仰韶镇仰韶村，总面积 189.89 公顷。公园采用点、线结合的形式，将仰韶文化博物馆、发掘纪念点、文化层断面、考古展示区等串联起来，形成“一中心（游客服务中心）、两馆两环（仰韶文化博物馆、安特生纪念馆、仰韶环壕、龙山环壕）、三广场（韶源广场、韶乐广场、韶华广场）、四点（仰韶村遗址四次发掘纪念点）、五园（考古展示园、考古体验园、原始聚落园、仰韶陶醉园、韶脉水乐园）”的展示结构，集遗址保护、考古价值阐释、考古发掘展示和科学研究、休闲观光等多功能于一体的考古景观。

［本文系国家社科基金重大项目“建设黄河国家文化公园研究”（21ZDA081）研究成果］

（作者简介：王笑天，中国旅游研究院文化旅游研究基地研究员）

后 记

“太难了”是在业界经常听到的声音，不由得心情十分沉重。回顾2021年，郑州更是经历了7·20特大暴雨和多轮疫情冲击，景区、酒店和旅行社业遭受到前所未有的危机，中原地区最强的文旅集团也曾一度告急，甚至被迫出售明星文旅项目的股权。“疫情什么时候能结束？”“敢问路又在何方？”是每一位文旅人心中迫切需要解答的问题，报告没有办法回答前者，但力图对后者做出一些回应。

2021年，文化旅游研究基地启动国家社科基金重大项目“建设黄河国家文化公园研究”，参与编制《河南省“十四五”文化旅游融合发展规划》，起草河南省《乡村旅游民宿质量要求》，开展中国（河南）自由贸易试验区开封片区创建国家文化与金融合作示范区前期研究，完成《开封市黄河文化保护传承弘扬规划》等多个委托项目，为产业服务的能力得到了进一步提高，感恩社会各方面给予的支持和帮助！

相比于去年，这份报告的体量有明显的增幅，单列了市场篇和专题篇，但最终的评价还是要交给读者朋友们。如果您对报告有任何批评和建议，衷心欢迎来信来函（693082044@qq.com），真诚感谢您的帮助和支持！

责任编辑：王　从　路雅璇
责任印制：冯冬青
封面设计：谭雄军
封面供图：云台山风景区

图书在版编目（CIP）数据

中国文化旅游发展报告．2021 / 中国旅游研究院文化旅游研究基地，河南文化旅游研究院编著．-- 北京：中国旅游出版社，2022.8

ISBN 978-7-5032-7021-5

Ⅰ．①中… Ⅱ．①中… ②河… Ⅲ．①旅游业发展－研究报告－中国－2021 Ⅳ．①F592.3

中国版本图书馆CIP数据核字(2022)第151178号

书　　名：中国文化旅游发展报告 2021

作　　者：中国旅游研究院文化旅游研究基地　河南文化旅游研究院　编著
出版发行：中国旅游出版社
（北京静安东里 6 号　邮编：100028）
http://www.cttp.net.cn　E-mail:cttp@mct.gov.cn
营销中心电话：010-57377108，010-57377109
读者服务部电话：010-57377151
排　　版：北京旅教文化传播有限公司
经　　销：全国各地新华书店
印　　刷：三河市灵山芝兰印刷有限公司
版　　次：2022 年 8 月第 1 版　2022 年 8 月第 1 次印刷
开　　本：787 毫米 × 1092 毫米　1/16
印　　张：18
字　　数：270 千
定　　价：68.00 元
I S B N　978-7-5032-7021-5
